Matthias Schopp

Kaiserstuhl

mit Tuniberg und Rheinaue

40 ausgewählte Touren

ROTHER
BERGVERLAG

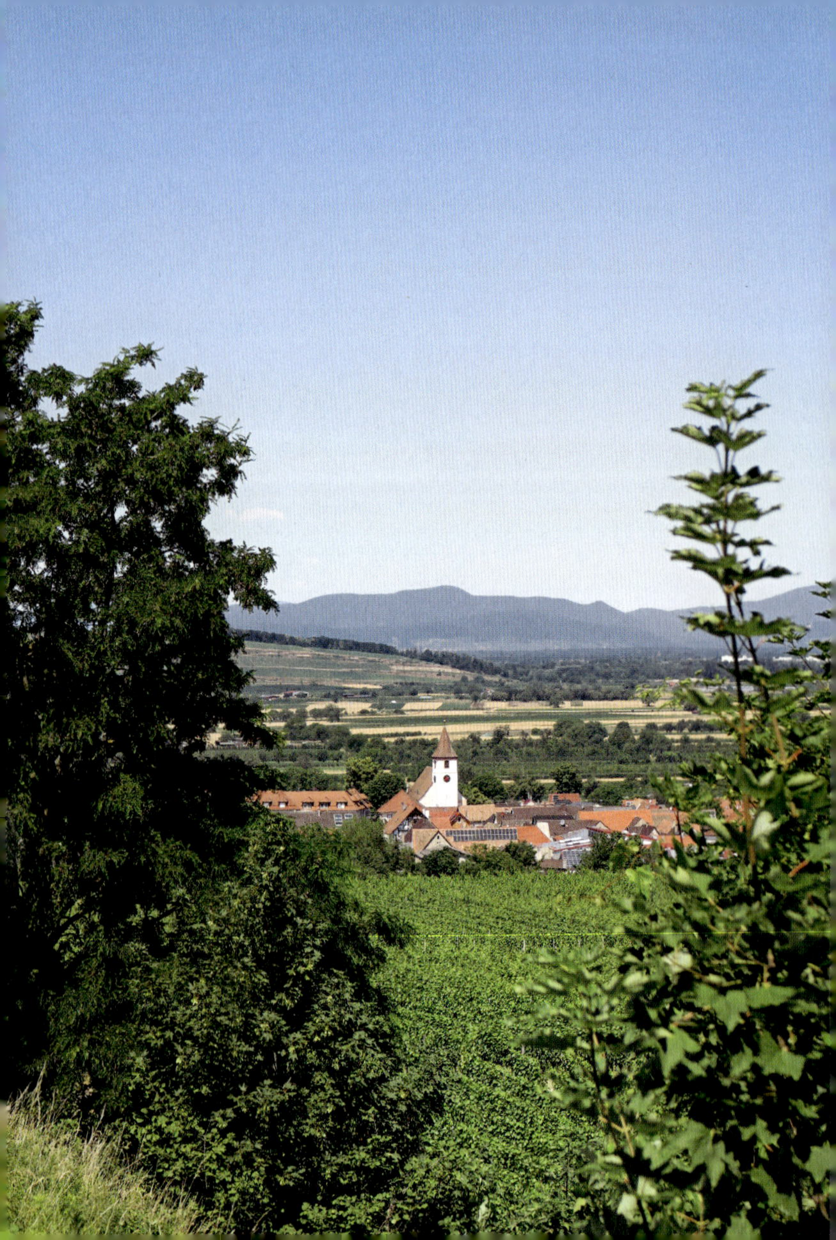

VORWORT

Einer Insel gleich erhebt sich der Kaiserstuhl aus dem Oberrheinischen Tiefland. Auf unzähligen Schwarzwaldwanderungen bildet er eine unverwechselbare Landmarke. Nicht nur, aber vor allem im Frühling und im Herbst zieht auch das kleine Vulkangebirge immer mehr Besucher an. Während sich der Sommer eher zu einem Ausflug an einen der zahlreichen Badeseen eignet, sind es gerade die Übergangsjahreszeiten, in denen der Kaiserstuhl seine Reize ausübt. In jüngster Vergangenheit hat die ohnehin bereits populäre Ferienregion noch einmal an Attraktivität hinzugewonnen. Immer mehr Menschen möchten auch lohnende Nahziele entdecken und sich sportlich an der frischen Luft betätigen.
Der vorliegende Wanderführer erschließt den Kaiserstuhl sowie seine Randgebiete in 40 Tourenvorschlägen. Neben einigen eher kürzeren (Rund-)Wanderungen und lokalen Themenwegen werden alle der klassischen Kaiserstühler Themenpfade vorgestellt. Diese führen ausnahmslos als Streckentouren von A nach B durch das Gebirge und bilden ein attraktives Wegenetz mit unzähligen Kombinationsmöglichkeiten. Außer zum Kaiserstuhl führt Sie dieser Wanderführer in die Schwarzwald-Vorberge, in die Auenlandschaft des Altrheins sowie über den Nimberg und den Tuniberg, die Obstgärten der Breisgaumetropole Freiburg.
Die Routen stellen Ihnen die schönsten Plätze vor, die unsere Region zu bieten hat: Von Aussichtstürmen überhöhte Gipfel, erfrischende Baggerseen, einladende Gaststätten – der Kaiserstuhl ist reich an erkundenswerten Zielen. Vom lockeren Spaziergang durch die Rheinauen bis hin zur fordernden Konditionstour über die höchsten Gipfel bietet dieser Führer für jedes Interesse und jeden körperlichen Anspruch die passende Wanderung. Alle Tourenvorschläge orientieren sich am hervorragenden Wegenetz des Schwarzwaldvereins, auch, um den Anforderungen seitens des Naturschutzes gerecht zu werden. Die Schönheit der Kultur- und Naturlandschaft auch weiterhin gemeinsam erleben und genießen zu können bleibt vorrangigstes Ziel.
Für Ihren Aufenthalt im Kaiserstuhl wünsche ich Ihnen intensive und spannende Eindrücke, vor allem aber eine erholsame Zeit mit vielen positiven Erlebnissen.

Kirchzarten, im Frühling 2024
Matthias Schopp

Auf dem Kirschbaumpfad fällt der Blick auf Königschaffhausen.

INHALTSVERZEICHNIS

In der charmanten Altstadt von Burkheim.

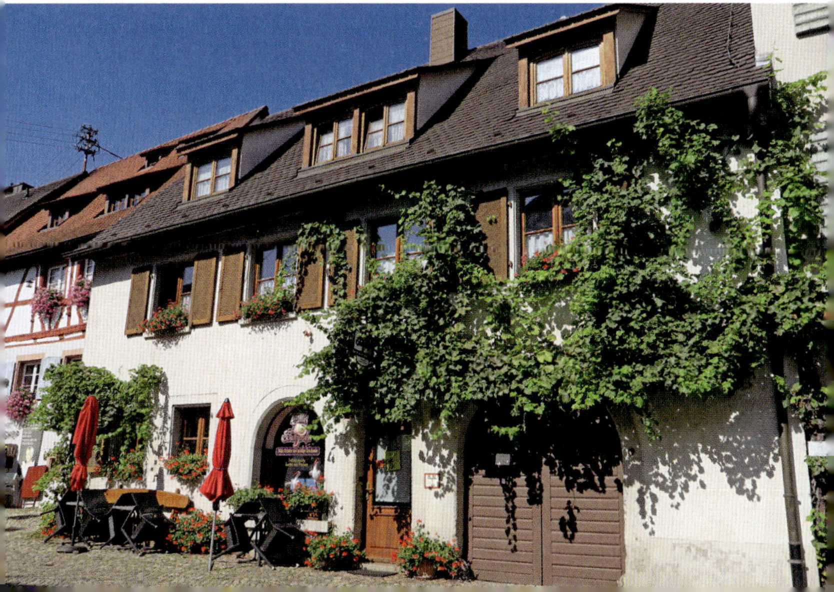

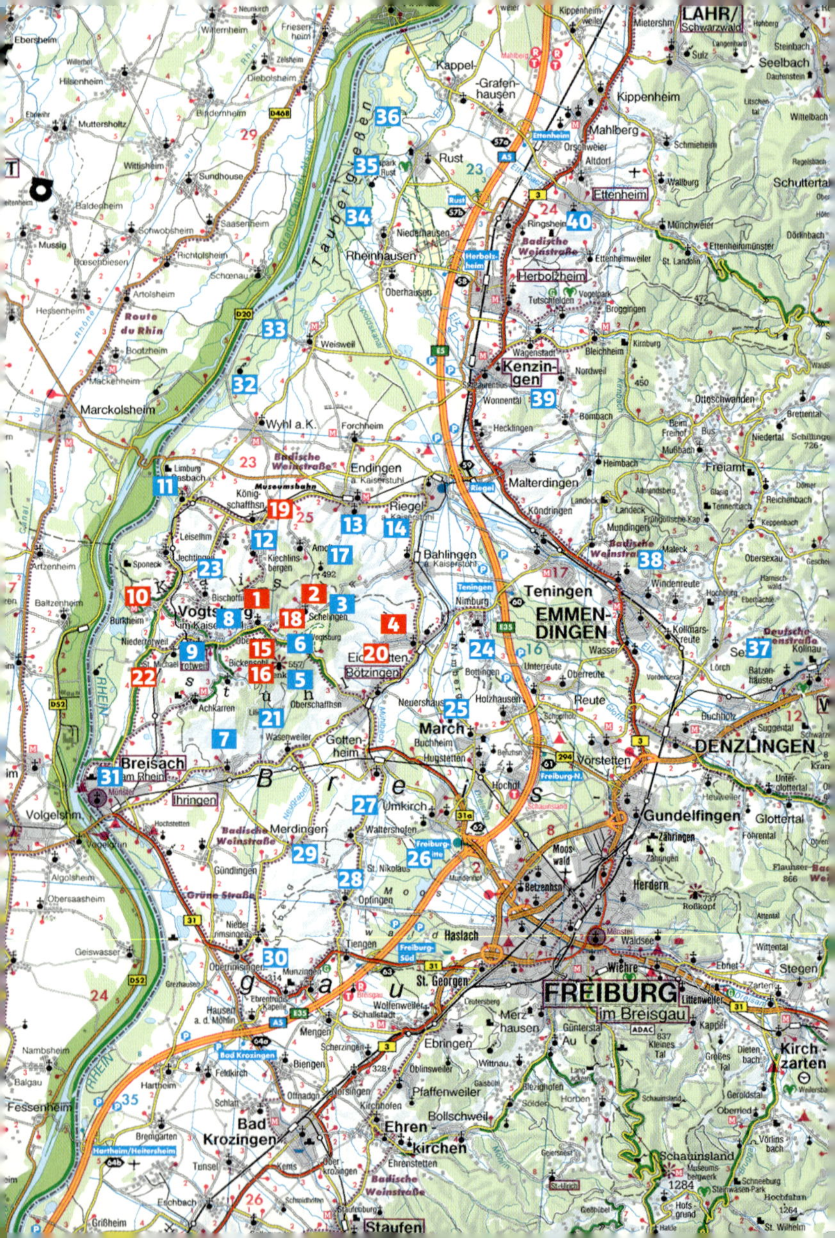

LAHR/ Schwarzwald
Seelbach
Kippenheim
Mahlberg
Ettenheim
Rust
Kappel-Grafenhausen
Schuttertal
Münchweiler
Ringsheim
Herbolzheim
Rheinhausen
Niederhausen
Oberhausen
Weisweil
Kenzingen
Wyhl a.K.
Forchheim
Endingen a. Kaiserstuhl
Riegel
Malterdingen
Bahlingen a. Kaiserstuhl
Teningen
EMMENDINGEN
Nimburg
Freiamt
Denzlingen
Vogtsburg im Kaiserstuhl
Breisach am Rhein
Ihringen
Bötzingen
March
Gottenheim
Umkirch
Merdingen
Gundelfingen
Glottertal
Freiburg im Breisgau
Kirchzarten
Stegen
St. Georgen
Ebringen
Pfaffenweiler
Bollschweil
Ehrenkirchen
Bad Krozingen
Staufen
Schauinsland
Marckolsheim
Volgelsheim
Fessenheim
Route du Rhin
Badische Weinstraße
Kaiserstuhl
Breisgau
Tuniberg
Museumsbahn
Grüne Straße
Deutsche Uhrenstraße
1 2 3 4 5 6 7 8 9 10 11 12 13 14 15 16 17 18 19 20 21 22 23 24 25 26 27 28 29 30 31 32 33 34 35 36 37 38 39 40

Der Umwelt zuliebe ...

Auch beim Wandern hinterlassen wir einen ökologischen Fußabdruck, aber im Einklang mit der Natur unterwegs zu sein, ist gar nicht so schwer!

VORBEREITUNG UND ANFAHRT

- Sich vorab informieren, worauf in Bezug auf Natur und Umwelt in der jeweiligen Wanderregion besonders zu achten ist.
- Soweit möglich mit Bahn und Bus anreisen, Wander- und Rufbusse nutzen.
- Ist eine Anfahrt mit dem Auto nötig, Fahrgemeinschaften bilden.
- Bei weiten Anfahrten Mehrtagestouren planen oder von einem Quartier vor Ort aus mehrere Touren absolvieren.
- Flugreisen möglichst reduzieren und durch Beiträge zu Klimaschutzprojekten kompensieren.

KLEIDUNG UND AUSRÜSTUNG

- Beim Kauf von Outdoor-Kleidung auf umweltfreundliche und faire Herstellung achten und Kleidungsstücke möglichst viele Jahre nutzen.
- Ausrüstung kann man eventuell auch gebraucht kaufen oder ausleihen.
- Reparieren statt neu kaufen.

VERPFLEGUNG

- Beim Einkauf Bio-Ware, regionale und saisonale Erzeugnisse bevorzugen.
- Hütten und Gasthäuser auswählen, die regionale Produkte verwenden.
- Auf Einwegflaschen und Plastikverpackungen verzichten, stattdessen wiederverwendbare Trinkflaschen und Brotzeitboxen benutzen.

ÜBERNACHTUNG

- Bei lokalen Anbietern buchen, damit Menschen vor Ort profitieren.
- Auf Hütten und in anderen Unterkünften Strom und Wasser sparen.

UNTERWEGS

- Wege benutzen und Abkürzer vermeiden.
- Sperrungen von Wegen und Schutzgebieten respektieren.
- Keine Blumen pflücken und keine Pflanzen entnehmen.
- Waldbrandgefahr beachten.
- Müll wieder mit nach Hause nehmen und dort entsorgen.
- Toilettengänge in freier Natur möglichst vermeiden.
- Lärm vermeiden.
- Hunde an die Leine nehmen.

ROTHER
BERGVERLAG

TOP-TOUREN

Was eine lohnende Wanderung zu einer besonderen macht, sind oft die persönlichen Erlebnisse, die Stimmung unterwegs, aber auch äußere Einflüsse wie Wetter, Wegbeschaffenheit und vieles andere mehr. Insofern fällt es nicht leicht, aus den beschriebenen Touren die attraktivsten unter ihnen herauszustellen, da jede Wanderung ihren eigenen Reiz ausübt. Dennoch stechen folgende Touren als »erste unter gleichen« hervor:

Oberrotweil – Totenkopf – Katharinenberg
Eine der lohnendsten Wanderungen im Kaiserstuhl überhaupt ist die Begehung des gesamten Gebirgskamms mit Überschreitung der höchsten Gipfel. Die Tour vereint sonnige Reblagen mit zauberhaften Laubwaldpassagen, führt über butterweiche Wiesenwege und stramme Gebirgspfade. Die konditionsfordernde Tagestour eignet sich ideal für sonnige Herbsttage *(Tour 1, 6.00 h)*.

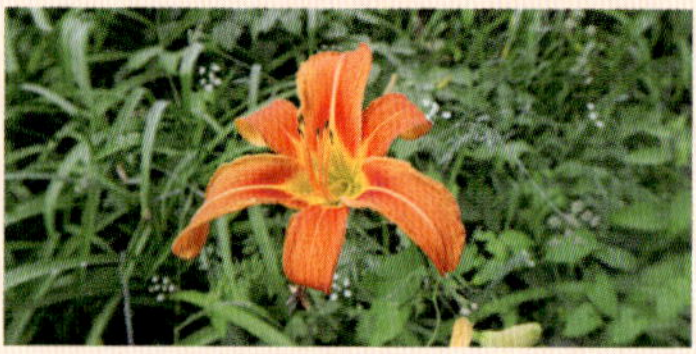

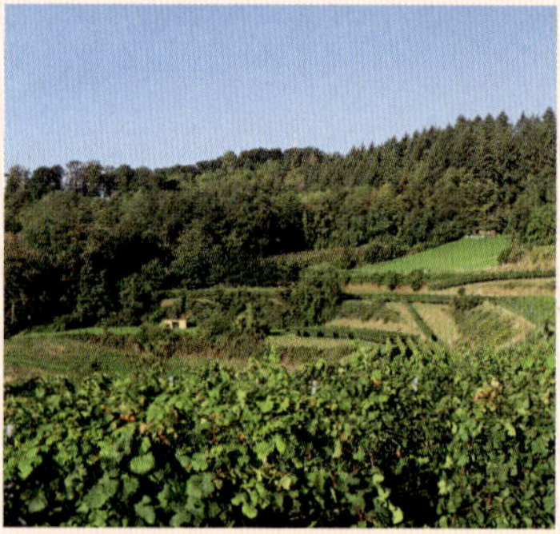

Lösshohlwegepfad Bickensohl
Eine kurze, jedoch besonders lehrreiche Wanderung führt rund um den Vogtsburger Stadtteil Bickensohl. Die Eingriffe in die Landschaft durch die Flurneuordnung haben im Kaiserstuhl die meisten der Lösshohlwege zerstört. Hier können wir noch einige dieser wertvollen ökologischen Nischen erkunden. Sie dienen Vögeln und Insekten häufig als Lebensraum *(Tour 8, 2.10 h)*.

Liliental
Insbesondere im Frühjahr steht der Besuch des Arboretums im Liliental hoch im Kurs. Bekannt ist das Areal nicht nur für seine Mammutbäume, auch Orchideen und verschiedene Strauchgewächse erfreuen die Besucher. Wer sich für Botanik begeistern kann, findet in diesem Tourenvorschlag einen geeigneten und zudem sehr einfachen Spaziergang *(Tour 5, 1.50 h)*.

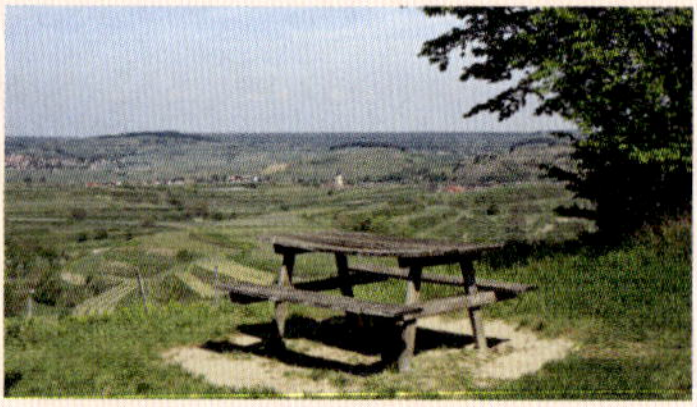

Sasbach – Limberg
Die Ruinen einer mittelalterlichen Höhenburg, verwunschene Waldpfade und zum Abschluss ein Badesee: Diese Halbtageswanderung lässt reichlich Spielraum, Interessantes am Wegesrand zu entdecken und sich an einem Sommertag im Wasser zu erfrischen *(Tour 11, 2.15 h)*.

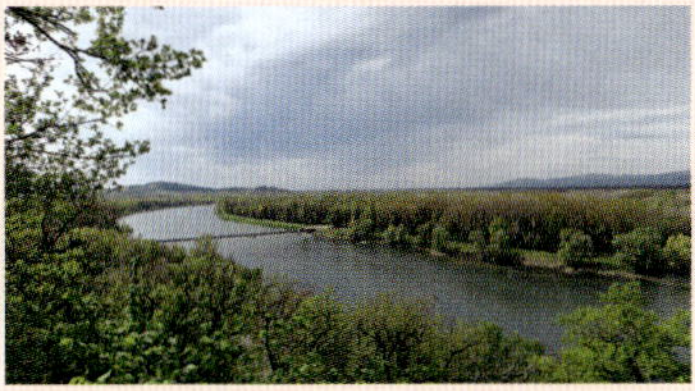

Kaiserstuhlpfad
Der Premiumweg unter den Kaiserstühler Themenpfaden leitet Wanderer stets optimal beschildert von Nord nach Süd über das kleine Vulkangebirge. Dank der Anbindung der Ortschaften Endingen und Ihringen an die Breisgau-S-Bahn kommt man wie bei vielen anderen Routen im Tourengebiet ohne PKW aus. Selbstverständlich kann man die Tour auch in umgekehrter Richtung begehen *(Tour 15, 6.30 h)*.

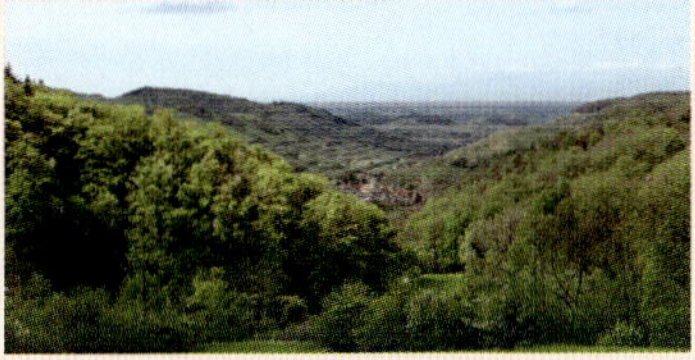

Munzingen – Erentrudiskapelle
Weil der Tuniberg nach Nordosten ins Oberrheinische Tiefland eintaucht, zeigt sich die Südwestecke in Form eines steilen Abbruchs. Herrliche Ausblicke zu Schwarzwald und Vogesen genießt man von der Erentrudiskapelle oberhalb von Munzingen *(Tour 30, 2.15 h)*.

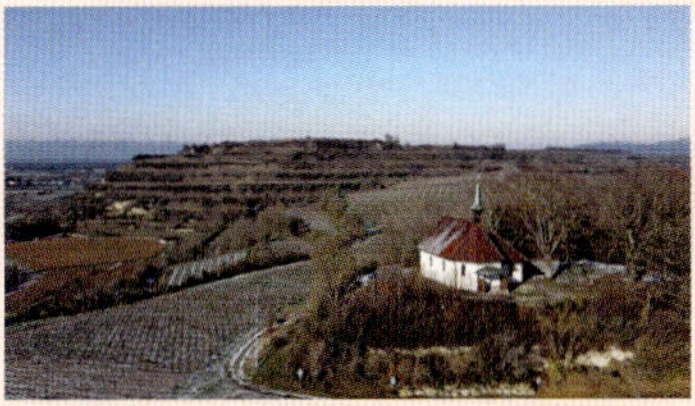

Naturlehrpfad Rheinaue Wyhl
Eine einfache Unternehmung für die ganze Familie ist ein Spaziergang auf dem Naturlehrpfad Rheinaue bei Wyhl. Spannende Infos zum Lebensraum Rheinaue und anregende Wegpassagen machen die Tour zum Erlebnis. Hier kann man auch mal eine Tour bei nicht idealem Wetter unternehmen *(Tour 32, 1.00 h)*.

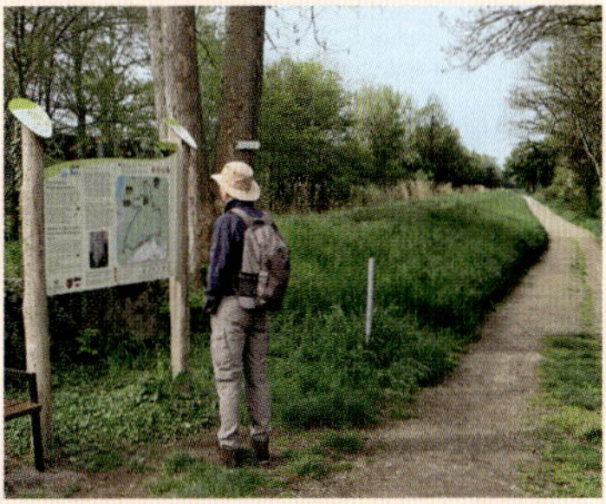

Buchholz – Ruine Hochburg – Emmendingen
Eine mit mehreren Highlights gespickte Streckentour mit Start im Waldkircher Stadtteil Buchholz und Ziel im sehenswerten Zentrum von Emmendingen mit dem charmanten Stadtgarten. Unterwegs begeistern die Ruinen der sagenumwobenen Hochburg, der riesige Eichbergturm und die Wöpplinsberger Kapelle *(Tour 38, 4.30 h)*.

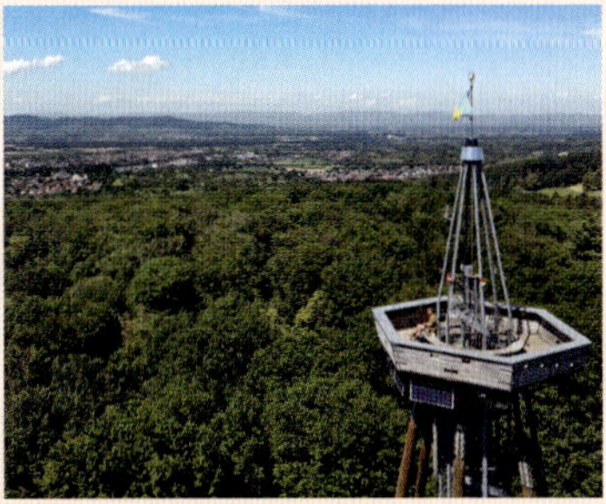

WICHTIGE HINWEISE FÜR UNTERWEGS

Anforderungen

Die Anforderungen der einzelnen Touren sind durch Farben in Gruppen eingeteilt:

SCHWIERIGKEITSKATEGORIEN

■ = Leicht

Einfache Touren, die bei entsprechender Fitness auch für Anfänger gut geeignet sind. Die Routen enthalten – wenn überhaupt – nur kurze steilere oder abschüssige Passagen. Absturzgefahr kann bei normalem Verhalten in der Regel ausgeschlossen werden. Bei trockenen äußeren Bedingungen sind Halbschuhe für diese Wanderungen ausreichend.

■ = Mittel

Mittelschwere Touren weisen zusätzlich Passagen auf, die gute Trittsicherheit und solides Schuhwerk erfordern. Kurze Passagen können ausgesetzt sein und eine Abrutsch-/Absturzgefahr mit ernstem Verletzungsrisiko beinhalten. Außerdem können längere Steilpassagen enthalten sein. Trekkingschuhe, die über den Knöchel reichen, sind empfehlenswert.

■ = Schwierig

Schwierige Touren sind im Tourengebiet dieses Wanderführers nicht vorhanden.

Diese Einteilung kann nur einen ersten Überblick über den technischen Anspruch der jeweiligen Tour geben. Die Schwierigkeit hängt zudem in hohem Maße von den äußeren Bedingungen ab und wird von jedem Einzelnen subjektiv wahrgenommen und bewertet.
Neben dem technischen Anspruch sind auch weitere Kriterien wie Länge, Orientierung, etc. hinzuzuziehen. Diese Faktoren wurden bei der o. g. Einteilung nur sekundär berücksichtigt. In der Kurzinfo bzw. dem Höhenprofil zu den einzelnen Touren werden diese Kriterien aber gegebenenfalls gesondert aufgeführt.

Gehzeiten

Die bei den Touren angegebenen Zeiten verstehen sich nur als grobe Orientierungshilfe. Allein aus den konditionellen Unterschieden ergibt sich bei der tatsächlichen Gehzeit eine breite Streuung. Wetter, Wegbeschaffenheit, Tagesform, Gruppengröße und Orientierung sind weitere Faktoren, die das Gehtempo beeinflussen.
Eine gängige Methode für die Marschzeitberechnung für Wanderungen im Sommer ist folgende:

Für 4 km Horizontaldistanz rechnet man 1 Std., genauso 1 Std. für 400 Höhenmeter im Aufstieg, Abstiegshöhenmeter werden nicht berücksichtigt. Der kleinere Wert wird halbiert, und danach werden beide Werte addiert. Beispiel: Eine Strecke führt über 12 km, wobei 400 Hm überwunden werden: 12 km Horizontaldistanz ergeben 3 Std., 400 Hm 1 Std. (dieser Wert wird halbiert, also 0.30 Std.); die Addition ergibt 3.30 Std.
Diese Angaben können als Richtwert bei guten äußeren Bedingungen im abwechslungsreichen Gelände herangezogen werden. Bei sommerlicher Hitze oder auf regennassen Pfaden wird man deutlich länger brauchen. Dagegen werden konditionsstarke Geher auch schneller unterwegs sein. Generell müssen Zeiten für Erholungs- und Fotopausen sowie für Karten- und Geländestudium der ermittelten Zeit hinzugerechnet werden. Insbesondere Anfängern sei daher empfohlen, die eigene Gehzeit auf kürzeren Touren einzuschätzen zu üben.

Ausgangspunkt und Anreise

Unter »Ausgangspunkt« wird jeweils kurz der mit dem PKW zu erreichende Ort genannt, an dem man losgeht. Bei der Anfahrt mit dem PKW sollte man bedenken, dass die Parkmöglichkeiten bei einigen Touren kostenpflichtig, seltener auch recht überschaubar sind.

Die Reben bei Alt-Vogtsburg im goldenen Oktoberlicht.

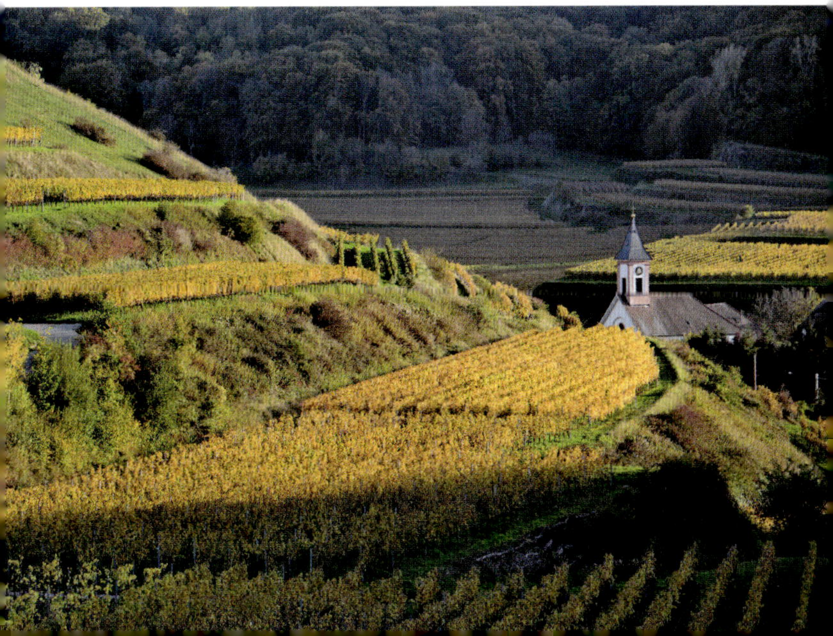

SYMBOLE

	Symbole im Tourenkopf	†	Gipfel
	mit Bahn/Bus erreichbar	)(	Pass
	Einkehrmöglichkeit	)(	Brücke
	für Kinder geeignet		Höhle
			Kirche, Kapelle
	Symbole im Höhenprofil		Burg, Ruine
	Ort mit Einkehrmöglichkeit		Aussichtsturm
	Einkehrmöglichkeit		Aussichtsplatz
	Unbewirtschaftete Schutzhütte		Picknickplatz
P	Parkplatz		Bademöglichkeit

Die meisten Ausgangspunkte lassen sich gut mit öffentlichen Verkehrsmitteln erreichen. Beinahe alle Ortschaften im Kaiserstuhl sind über die Breisgau-S-Bahn an das Schienennetz angebunden. Für Streckentouren von A nach B ist die Benutzung der Bahn ohnehin unumgänglich. Daher wird jeweils auch auf eine mögliche Anreise mit ÖPNV hingewiesen. Besonders interessant sind öffentliche Verkehrsmittel für Übernachtungsgäste in der Region: Mit der KONUS-Gästekarte fahren sie im gesamten Tourengebiet kostenlos (weitere Informationen unter: schwarzwald-tourismus.info/service/konus2). Da Fahrpläne nur begrenzt Gültigkeit besitzen, wurde bei den Tourenbeschreibungen auf Informationen dieser Art grundsätzlich verzichtet. An dieser Stelle sei auf die Fahrplanauskunft hingewiesen: bahn.de.

Wetter und beste Jahreszeit

Im Oberrheinischen Tiefland kann man das ganze Jahr hindurch wandern. Im **Winter** sind die Routen so gut wie immer schneefrei und können problemlos begangen werden.

Im **Frühling** beginnt die erste von zwei Wandersaisons im Kaiserstuhl. Die Temperaturen sind meist schon angenehm warm. Während die hohen Gipfel von Schwarzwald und Vogesen noch von Altschnee bedeckt sind, präsentiert sich der Kaiserstuhl bereits als Blütenmeer.

Im **Sommer** werden viele Menschen die hohen Temperaturen im Oberrheinischen Tiefland als nicht wanderfreundlich empfinden. In den benachbarten Gebirgen herrschen nun ideale Tourenbedingungen. Aufgrund von nachmittäglichen Gewittern empfiehlt sich meist ein früher Aufbruch.

Für viele ist der **Herbst** die schönste Jahreszeit. Insgesamt geht es deutlich ruhiger zu, die Blätter färben den Wald zu einem bunten Farbenteppich und die Fernsicht wird zunehmend besser. Bei Inversionswetterlage befindet sich unser Tourengebiet jedoch oft unter einer zähen Nebeldecke.

Ausrüstung

Für den Kaiserstuhl kann folgende Liste als Standardausrüstung angesehen werden:

- Wanderschuhe mit Profilsohle, Halbschuhe oder knöchelhoch, Kategorie A oder A/B. Schwere Bergschuhe sind ungeeignet, ebenso Laufschuhe mit glatter Sohle und Trekkingsandalen.
- Dem Wetter angepasste Kleidung nach dem Zwiebelprinzip, je nach Bedingungen inklusive Kälteschutz und Nässeschutz. Bei Wind sinkt die gefühlte Temperatur weiter ab.
- Rucksack (ca. 20 Liter)
- Proviant (mehr dazu im Kapitel »Verpflegung«)
- Kopfbedeckung, Sonnenbrille, Halstuch, Regenschirm
- Teleskop-Trekkingstöcke
- Notfall-Apotheke
- Smartphone

Verpflegung und Einkehrmöglichkeiten

Eine ausreichende Energiezufuhr ist unabdingbare Voraussetzung für jede Art von Bewegung im Gelände. Etwas Rucksackproviant in Form von Wasser und Müsliriegeln sollte grundsätzlich mitgeführt werden. Je

Der Martinshof: ein beliebtes Einkehrziel bei Ihringen.

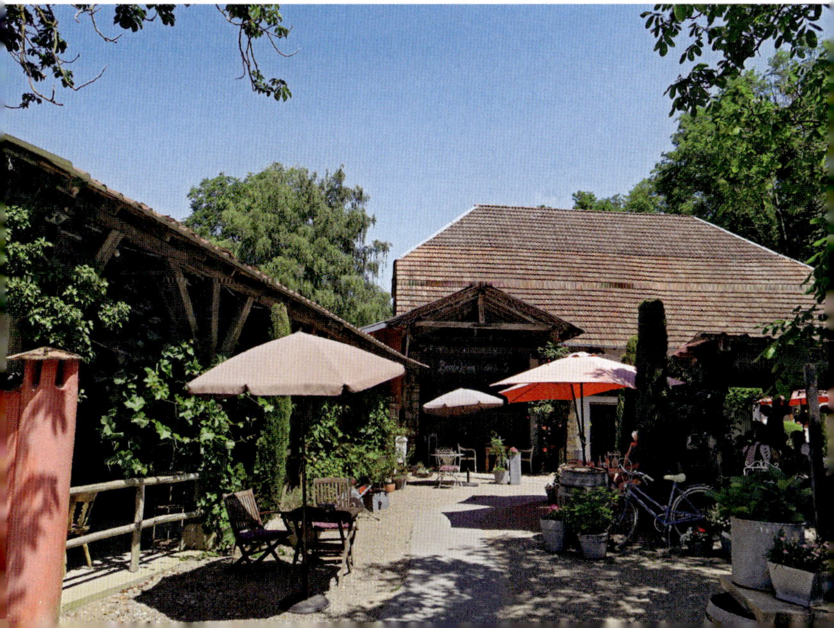

nach Tourenlänge, Wegbeschaffenheit, Wetterbedingungen und anderen Faktoren kommt rasch ein nennenswerter Kalorienbedarf zusammen. Die regelmäßige Flüssigkeitsaufnahme, beispielsweise bei einer langen Tour im Hochsommer, ist dabei besonders wichtig. Es ist keine Seltenheit, dass mehrere Liter an Getränken benötigt werden, die man im Zweifel auch tragen muss. Zwar beinhalten manche Tourenbeschreibungen Hinweise auf Brunnen und Quellen, sich ausschließlich darauf zu verlassen, kann jedoch schnell gefährlich werden, wenn diese wie in den vergangenen Sommern austrocknen.
Oft, aber nicht immer, hat man die Gelegenheit, während der Tour einzukehren. Unterwegs bieten sich dafür etliche Gasthöfe und Straußen an. Sofern die Tour durch ein Symbol für eine Einkehrmöglichkeit gekennzeichnet ist, bedeutet dies, dass sich ein Gastronomiebetrieb entweder an der Route oder – bei Touren unter 2.30 h – am Ausgangs- oder Endpunkt befindet. Aus Platzgründen werden die Gasthöfe innerhalb von Ortschaften nicht separat aufgezählt. Bei (längeren) Touren ohne Einkehrsymbol ist dennoch oft ein Gasthof oder eine andere Verpflegungsmöglichkeit (Bäckerei/Supermarkt) im Ausgangs- und/oder Zielort vorhanden. Der Stand der Informationen bezieht sich auf den Redaktionsschluss (Frühling 2024). Aufgrund rascher Veränderungen, beispielsweise durch einen Pächterwechsel, wurde auf die Angabe konkreter Öffnungszeiten verzichtet. Diese und andere aktuelle Informationen erhalten Sie auf den jeweiligen Internetpräsenzen.

CAMPINGPLÄTZE UND STELLPLÄTZE (AUSWAHL)

- Campingplatz Münsterblick, Hochstetter Straße 11, 79206 Breisach am Rhein, münsterblick-camping.de
- Reisemobilstellplatz Weingut Köbelin, Altweg 131, 79356 Eichstetten am Kaiserstuhl, weingut-koebelin.de
- Mathilde Wohnmobilstellplatz, Schambachhof 3, 79346 Endingen am Kaiserstuhl, mathilde-kaffee-wein.de
- Müllersee Camping und Freizeit, Müller-See 1, 79359 Riegel am Kaiserstuhl, muellersee.de
- Kaiserstuhl Camping, Sportzentrum Nachtwaid 5, 79241 Ihringen, kaiserstuhlcamping.de
- Maienbrunnen Wohnmobilstellplatz, Maienbrunnenstraße 72, 79241 Ihringen
- Wohnmobilstellplatz Rischbühl Vogtsburg-Bickensohl, 79235 Vogtsburg im Kaiserstuhl, vogtsburg.de
- Wohnmobilstellplatz Friedhof Vogtsburg-Burkheim, Am Kirchberg, 79235 Vogtsburg im Kaiserstuhl, vogtsburg.de
- Wohnmobilstellplatz Gutsschenke zur Scheune, Roßmattenhöfe 1, 79361 Sasbach am Kaiserstuhl, gutsschenkezurscheune.de

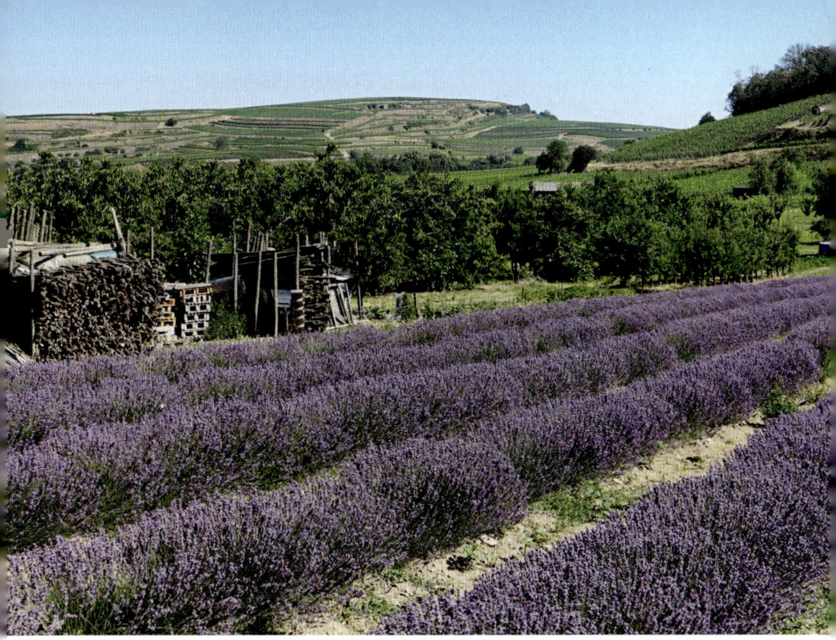

Was für ein Duft: Lavendelfeld bei Bischoffingen.

Familienfreundlichkeit

Viele der vorgeschlagenen Wanderungen eignen sich auch für Familien mit Kindern. Wichtiger als das bloße Alter sind die Kondition und die Wandererfahrung, nicht zuletzt natürlich die Tatsache, ob Kinder Freude am Wandern haben. Sofern bei der Tourenbeschreibung das Symbol »für Kinder geeignet« auftaucht, handelt es sich um Touren, die für Kinder besonders interessant sind und/oder auch hinsichtlich der Länge gut von Familien begangen werden können.

Folgende Touren sind besonders familienfreundlich:

- Liliental (Tour 5)
- Wendelin-Wiedehopf-Erlebnispfad (Variante von Tour 7)
- Lösshohlwegepfad Bickensohl (Tour 8)
- Sasbach – Limberg (Tour 11)
- Amolterer Kräuterpfad (Variante von Tour 12)

Karten und Orientierung

Die mit Abstand beste Karte für die Region ist die **Neue Grüne Serie** des Schwarzwaldvereins im Maßstab 1:25.000. Entscheidender Vorteil dieser Karte ist, dass die Wegweiser im Gelände sowie die bunten Rauten auch im

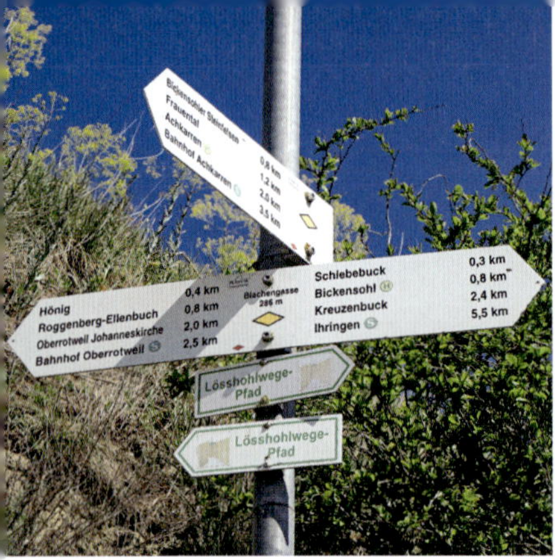

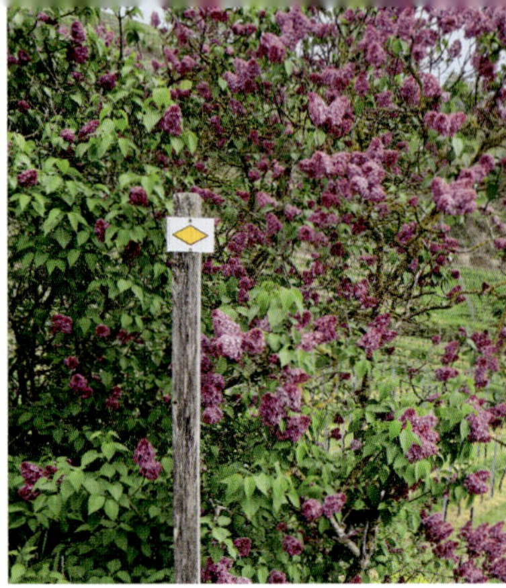

Wegweiser und Farbrauten sorgen flächendeckend für bestmögliche Orientierung.

Kartenwerk verzeichnet sind, was die Orientierung merklich erleichtert. Viele andere Karten enthalten keine oder nur spärliche topografische Information wie Höhenlinien und Bewuchs – unabdingbare Informationen für jegliche Art von Sport in der Natur, sodass einzig das offizielle Kartenwerk zu empfehlen ist. Die Kurzinfo bei den Tourenbeschreibungen informiert jeweils darüber, welche Karte Sie für die jeweilige Tour benötigen.

Das Tourengebiet wird durch die drei folgenden Kartenblätter dargestellt:

- Breisach am Rhein (W246) – Kaiserstuhl, Tuniberg (Touren 1–34, 39, 40)
- Freiburg im Breisgau (W247) (Touren 37, 38)
- Lahr/Schwarzwald (W239) – Mittleres Kinzigtal, Hausach (Touren 35, 36, 40)

Der Kaiserstuhl und seine Randgebiete verfügen über ein hervorragend ausgebautes, gepflegtes und markiertes Wanderwegenetz. Die Wegweiser des Schwarzwaldvereins sorgen flächendeckend für bestmögliche Wegfindung. Insbesondere in den Weinbergen bedarf es dennoch eines guten Routenspürsinns. Im Vergleich zum Schwarzwald ist die Orientierung hier ungleich anspruchsvoller. Dies liegt einerseits am dichten, oft unübersichtlichen Wegenetz. Andererseits sind wir hier in einer sich ständig wandelnden Kulturlandschaft unterwegs, sodass hin und wieder Markierungen aufgrund von Umbaumaßnahmen fehlen. Daher ist es empfehlenswert, in den Reblagen auf den GPS-Track zurückzugreifen, ansonsten wird man sich wahrscheinlich verlaufen.
Mit ganz wenigen Ausnahmen verlaufen sämtliche Wegabschnitte dieses Buchs auf ausgewiesenen Wanderrouten, die durch die Rautenmarkierung beschildert sind:

- Örtliche Wanderwege sind in Gelände und Karte durch die **gelbe Raute** gekennzeichnet.
- Regionale Wanderwege sind in Gelände und Karte mit der **blauen Raute** markiert.
- Der Querweg Schwarzwald – Kaiserstuhl – Rhein besitzt die **rote Raute auf gelbem Grund** als Kennzeichen. Das Symbol des Rheinauenwegs sind **zwei Wellen in einer Raute**. Der Breisgauer Weinweg wird durch eine **rote Raute mit grünem Weintraubensignet** markiert. Alle Fernwanderwege sind mit diesen Zeichen auch in der offiziellen Wanderkarte kenntlich gemacht.
- Die Themenpfade sind zusätzlich durch farbige Streifen auf den Wegweisern bzw. durch eigene Wegweiser markiert, besitzen jedoch keine separate Farbraute.

Die Wegweiser im Gelände geben Auskunft über:
- den Standort (in der Mitte des Wegweisers)
- die Höhe (sofern diese deutlich von der topografischen Karte abweicht, wurde der Wert aus der Karte übernommen)
- die Entfernungen der nächsten Ziele (Nahziele, Fernziel)
- touristische Ziele (Einkehr, Bus-/Bahnanschluss, Parkplatz, Aussicht etc.)

Wenngleich großer Wert auf Aktualität gelegt wird: Jedes Wegenetz ändert sich mit der Zeit. So ist es möglich, dass bei der Routenrecherche die Gegebenheiten im Gelände anders waren, als es bei Ihrem Besuch der Fall ist. Ich empfehle Ihnen daher, sich auf jede Tour mithilfe der Routenbeschreibung sowie einer guten topografischen Karte vorzubereiten. Zudem erleichtert das Internet mit seinem reichhaltigen Angebot an digitalen Karten, Satellitenbildern etc. die Tourenvorbereitung enorm.

GPS-TRACKS UND KOORDINATEN DER AUSGANGSPUNKTE

Auf **gps.rother.de** stehen zu diesem Wanderführer GPS-Tracks und die Koordinaten der Ausgangspunkte zum kostenlosen Download bereit. Dieser QR-Code führt direkt zum Download.
1. Auflage, Passwort: **474401ksr**
Die GPS-Tracks können in die **Rother App** importiert werden. In der App kann man unterwegs stets sehen, wo man gerade ist und wo es langgeht. **Anleitungen dazu: rother.de/gps**
Trotz sorgfältiger Prüfung können wir Fehler und zwischenzeitliche Veränderungen nicht ausschließen. Verlassen Sie sich für die Orientierung niemals einzig und allein auf die GPS-Daten, sondern beurteilen Sie die Verhältnisse vor Ort.

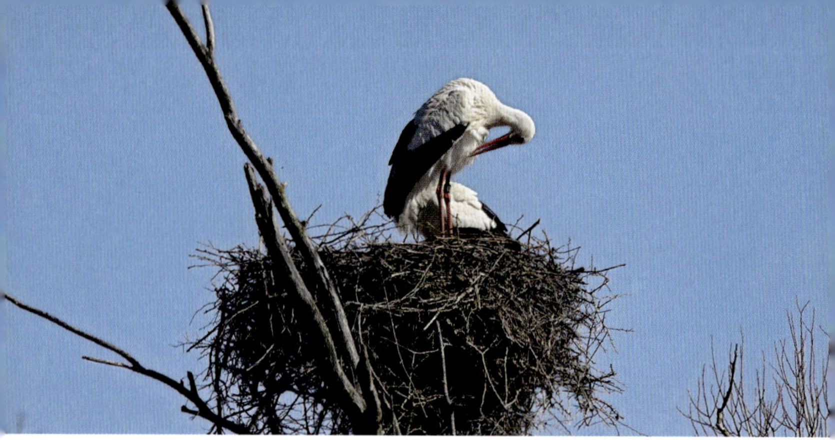

Storchennester gehören in vielen Dörfern zum Ortsbild.

Abschließend sei hier gesagt: Trotz intensiver Recherche vor Ort und über digitale Karten kann nicht ausgeschlossen werden, dass Fehler unterlaufen sind. Auch können sich bestehende Regularien ändern. In diesem Falle freuen sich Verlag und Autor über eine entsprechende Leserzuschrift, um die Informationen für folgende Auflagen zu korrigieren bzw. auf dem aktuellsten Stand zu halten.

Sicher unterwegs

Wandern ist eine Outdoorsportart und daher mit einem gewissen Unfallpotenzial verbunden. Wenngleich sämtliche Risiken im hier vorgestellten Tourengebiet im Vergleich zum Hochgebirge wesentlich geringer sind, sind sie dennoch nicht gänzlich auszuschließen. Eine solide Vorbereitung, das Tragen bzw. Mitführen der richtigen Kleidung und Ausrüstung und ein verantwortungsvolles Handeln beugen Unfällen vor. Dazu gehört der Blick auf den Wetterbericht, auch helfen die zahlreichen Webcams der Gemeinden oder der Restaurants.

Auch im Kaiserstuhl kann man in bedrohliche Situationen geraten. Wer je nach Jahreszeit auf wenig frequentierten Routen am Spätnachmittag allein unterwegs ist, kann sich mit einem gebrochenen Knöchel bereits in ernste Gefahr begeben. Manche Orte im Gelände weisen nur eine sehr schlechte Netzabdeckung auf, sodass man nicht immer auf schnelle Hilfe hoffen kann. Die Grundregel »Nie alleine gehen« zu befolgen sowie eine Info bei der Familie oder beim Vermieter zu hinterlassen, können bösen Überraschungen vorbeugen.

Eine Tour, die bereits zu Hause mit der Karte solide vorgeplant ist und im Zweifel Alternativen bereithält, wird alle Wanderer begeistern und heil wieder nach Hause bringen.

INFORMATIONEN UND ADRESSEN

- Kaiserstuhl Tourismus: Naturgarten Kaiserstuhl, Marktplatz 16, 79206 Breisach. Tel.: +49(0)7667/942673, naturgarten-kaiserstuhl.de
- Schwarzwaldverein – Hauptgeschäftsstelle: Schlossbergring 15, 79098 Freiburg. Tel.: +49(0)761/380530, schwarzwaldverein.de
- Bergwacht Schwarzwald – Landesleitung – Scheffelstraße 49, 79199 Kirchzarten, bergwacht-schwarzwald.de; Notruf: 112
- **Europäische Notrufnummer: 112**

Auswahl von Ausflugszielen in der Umgebung

Ein Großteil der Routenvorschläge in diesem Wanderführer ist als Halbtagestour durchführbar. Oft bleibt genügend Zeit, um noch ein weiteres Ausflugsziel am selben Tag aufzusuchen. Nachfolgende Übersicht kann als Anregung dienen:

Museen

- Achkarren: Kaiserstühler Weinbaumuseum (Tour 9)
- Breisach: Museum für Stadtgeschichte (Tour 31)
- Endingen: Käsereimuseum (Touren 13, 14)
- Endingen: Vorderösterreich-Museum (Touren 13, 14)
- Endingen-Königschaffhausen: Kirschenmuseum (Tour 12)
- Riegel: Kunsthalle Messmer (Tour 14)
- Riegel: Römermuseum (Tour 14)
- Vogtsburg-Burkheim: Korkenziehermuseum (Tour 10)

Baggerseen mit Bademöglichkeit

- Breisach-Niederrimsingen: Rimsinger Baggersee
- Endingen: Erleweiher (Touren 13, 14, 16)
- Freiburg-Hochdorf: Silbersee/Tunisee
- Freiburg-Landwasser: Moosweiher
- Freiburg-Opfingen: Opfinger See/ Kleiner Opfinger See (Tour 26)
- Riegel: Badesee (Touren 14, 19)
- Sasbach: Sasbacher Badesee (Touren 11, 22)
- Teningen-Nimburg: Nimburger Baggersee (Tour 24)

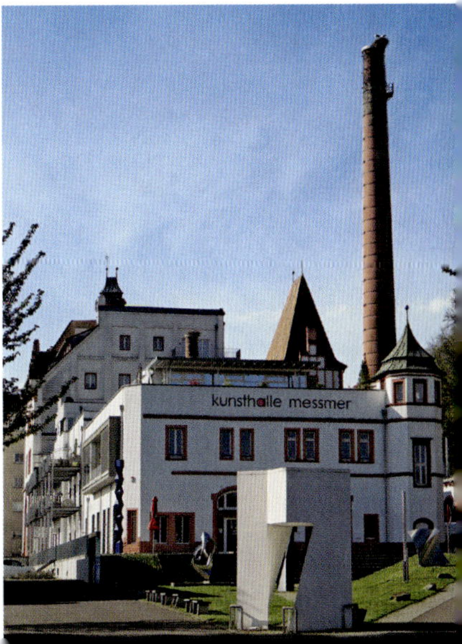

Kunsthalle Messmer in Riegel.

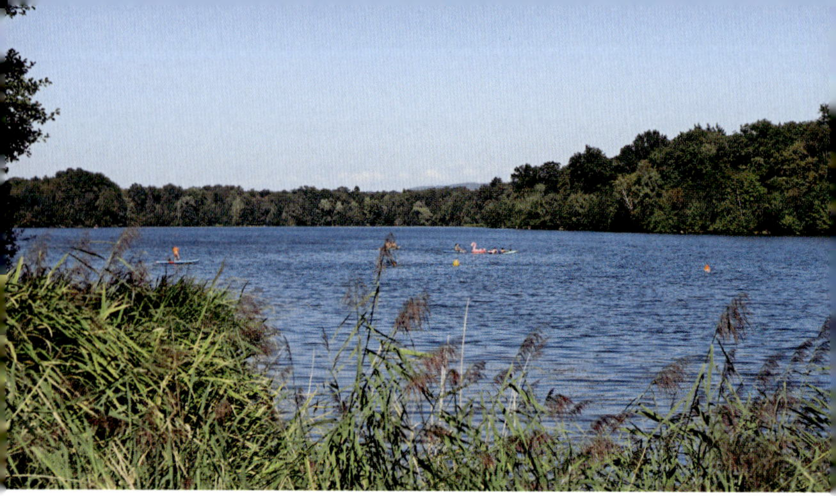

Oben: Am Opfinger Baggersee.
Unten: Heubergturm bei Ettenheim.

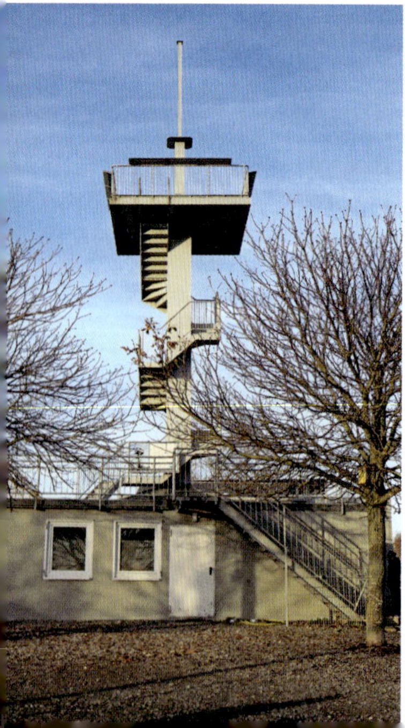

- Vogtsburg-Burkheim: Burkheimer Badesee (Tour 10)
- Wyhl: Wyhler Baggersee (Tour 32)

Schwimmbäder
- Bötzingen: Schwimmbad (Tour 20)
- Breisach: Waldschwimmbad (Touren 21, 31)
- Freiburg-St. Georgen: Eugen-Keidel-Bad

Aussichtstürme
- Eichstetten: Eichelspitzturm (Touren 1, 3, 4, 15)
- Freiburg-Opfingen: Weinlehrpfad-Turm (Tour 28)
- Ihringen: Neunlindenturm (Touren 1, 6, 15, 16)
- Ettenheim: Heubergturm (Tour 40)

Tiergehege
Freiburg-Rieselfeld: Mundenhof

Freizeitpark
Rust: Europapark

ZUR REGION

Kaiserstuhl – ein Überblick über die Tourenregion

Der 557 Meter hohe Kaiserstuhl (100 km^2) ist nach dem Kyffhäuser (70 km^2) das flächenmäßig zweitkleinste Mittelgebirge in Deutschland. Seine Entstehung ist einer Reihe an geologischen Vorgängen zu verdanken und zeitlich in das Jungtertiär (= Neogen) einzuordnen. Im Zusammenhang mit der im Alttertiär (= Paläogen) beginnenden alpidischen Gebirgsbildung kam es auch zur pultschollenartigen Hebung von Schwarzwald und Vogesen bei gleichzeitigem Einbrechen des Oberrheingrabens. Spannungen in der Erdkruste führten zu Brüchen und Verwerfungen. Unterhalb des Kaiserstuhls treffen sich drei dieser tektonischen Leitlinien: der Oberrheingraben, der Bonndorfer Graben sowie die Elztalstörung. Da die Erdkruste im Schnittpunkt der Verwerfungen verhältnismäßig dünn ist, konnte sich das Magma einen Weg an die Oberfläche bahnen und einen Schichtvulkan entwickeln. Dennoch ist es im geologischen Sinne zu einfach, den Kaiserstuhl ausschließlich als Vulkan zu betrachten, denn dies trifft nur auf die westlichen zwei Drittel seiner Gesamtfläche zu. Der Ostteil des Gebirges ähnelt in seiner Entstehung dem Tuniberg. Beim Ostkaiserstuhl handelt es sich um eine Grabenrandscholle, die aus Sedimentgesteinen des Jura und des Tertiär aufgebaut ist. Weite Teile des Hügellands wurden am Ende der Eiszeit mit Löss überdeckt, auf dessen Böden und dank des Klimas ideale Voraussetzungen zur Kultivierung von Wein herrschen. Die Weinterrassen und bewaldeten Gipfellagen lassen den Kaiserstuhl als landschaftliche Einheit erscheinen, die ihre unterschiedliche Geologie erst auf den zweiten Blick offenbart.

Vulkanismus

Wie eingangs erwähnt ist der Kaiserstuhl zu etwa zwei Dritteln aus vulkanischem Gestein aufgebaut und hinsichtlich seiner Entstehung ins Tertiär zu datieren. Die vulkanische Tätigkeit umfasste etwa 3 Millionen Jahre (-19 Mio. bis -16 Mio. Jahre). Heute finden wir dort ein breites Spektrum unterschiedlicher Vulkanite, von denen einige am und rund um den Kaiserstuhl ihre Typlokalität besitzen, jenen Fundort, wo das Mineral erstmals untersucht und beschrieben wurde. Beispielsweise erhielt der Limburgit seinen Namen vom Limberg bzw. von der Limburg nördlich von Sasbach.
Die äußeren Bereiche sind gleich einem nach Osten offenen geologischen Hufeisen aus Laven und Tuffen (u. a. Tephrit) aufgebaut. Entgegen dem geologischen Untergrund bildet der Kaiserstuhl morphologisch betrachtet ein nach Westen geöffnetes Hufeisen. Im davon umschlossenen Bereich sowie an den höchsten Erhebungen am Totenkopf finden sich vorwiegend Essexite. Im Zentrum des Hufeisens liegen die waldfreien Kuppen von Badberg, Haselschacher Buck und Degenmatten. Sie sind u. a. aus Karbonatiten und Phonolithen aufgebaut. Der Karbonatit ist ein Vulkangestein,

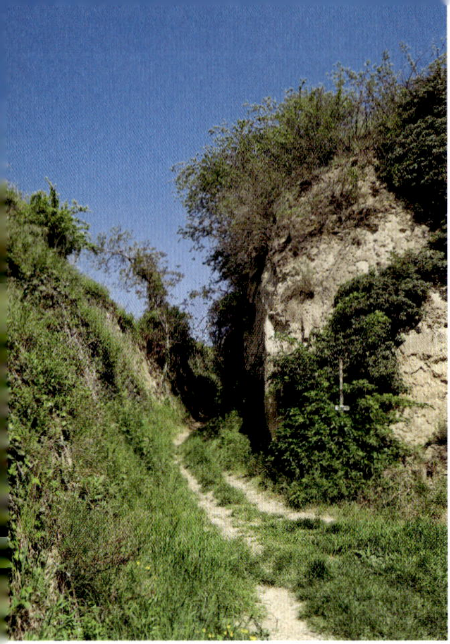

Lösshohlwege – ein typisches Landschaftselement im Kaiserstuhl.

welches sich durch einen Karbonatanteil von mindestens 50 % definiert. Er wurde an den Steinbrüchen am Ohrberg und am Badloch abgebaut. Am Badloch befinden sich einige Quellen, aus denen 21 °C warmes, sehr schwach radioaktives Wasser austritt.

Löss

Löss ist ein vom Wind verfrachtetes Sediment, welches gut 10 % der Landfläche der Erde bedeckt. Auf dem gelb-grauen karbonatreichen Sediment konnten sich fruchtbare Böden, wie beispielsweise die Parabraunerde, entwickeln, welche weltweit die landwirtschaftlichen Gunsträume prägen.
Die Entstehung des Löss verdanken wir der letzten Eiszeit: Nach Abschmelzen des Eises lagen die Grundmoränengebiete frei. Durch den Gletscher hervorgerufene kalte Fallwinde trugen kleinste Mineralpartikel in eisfreie Steppengebiete, wo sich nur in geringer Höhe bescheidene Pflänzchen und Gräser entwickeln konnten. Diese wiederum dienten dem Löss als Haltestelle, er ging quasi »in die Falle« und lagerte sich v. a. in den vom Wind abgewandten Seiten natürlicher Hindernisse ab.
So entstanden die im Oberrheinischen Tiefland weit verbreiteten Lössdecken, welche auch aufgrund ihrer hervorragenden Eigenschaften als Wasserspeicher ideale Bedingungen zum Kultivieren der Weinrebe schufen. Weitere Vorteile liegen in der einfachen mechanischen Bearbeitbarkeit, aber auch in der hohen Standfestigkeit des Sediments, was eine Terrassierung der Hänge und damit eine bessere ackerbauliche Nutzbarkeit ermöglicht. Die Lössdecken am Kaiserstuhl erreichen eine Mächtigkeit von über 30 Metern, stellenweise, wie bei Riegel, sogar bis zu 60 Metern, was sie zu den mächtigsten Lössvorkommen in Deutschland macht.

Klima

Der Kaiserstuhl zählt zu den wärmsten Regionen in Deutschland – mehrfach wurden Temperaturen über 40 °C gemessen. Dennoch ist bei klimatischen Superlativen oft Vorsicht geboten. »Kältester, wärmster, trockenster Ort von ...« sind naturgemäß nicht beständig, sondern können sich verän-

dern. Zudem sind sie auch ein guter Werbeträger für die Tourismuswirtschaft und eifern mit der Konkurrenz um die Wette.
Interessanter als die nüchternen Zahlen ist jedoch die Ursache der klimatischen Gunst der Kaiserstuhlregion. Für sie ist neben der südlichen Lage in Deutschland und der geringen Höhe von weniger als 200 Metern vor allem die geografische Konstellation im Oberrheinischen Tiefland verantwortlich. Deutschland liegt in der Westwindzone; unser Wetter ist häufig von Druckgebieten geprägt, welche von Westen nach Osten über uns hinwegziehen. Wenn dabei Luftmassen aus Frankreich nach Baden-Württemberg strömen, regnen sich große Teile der in der Luft enthaltenen Feuchtigkeit bereits an den Vogesen ab. Dadurch profitiert der Kaiserstuhl doppelt: Östlich des Vogesenkamms lösen sich die Wolken auf, was eine hohe Sonnenscheindauer bewirkt. Zudem wärmt der Vogesenföhn das Land am Oberrhein, wenngleich der Föhneffekt hier weniger ausgeprägt als im Alpenvorland ist.

Landschaftsveränderung

In den 1960er und 70er Jahren fanden im Kaiserstuhl die umfassendsten Eingriffe in das bestehende Landschaftsbild statt. Die über Generationen praktizierte Realteilung des Besitzes hatte zur Folge, dass die eigenen Rebstücke immer kleiner wurden und zudem weit verstreut lagen. Der Weinbau in den zersplitterten Parzellen, der auf den schmalen Terrassen von Hand erfolgen musste, war unwirtschaftlich geworden, was zur Abwanderung der Bevölkerung führte. Um diese Entwicklung zu stoppen, entschloss man sich, die steilen Hänge mit massivem Einsatz von Maschinen neu zu modellieren.
Auf diese Weise sind Großterrassen entstanden, die mit kleinen Traktoren befahren werden können. Auch durchzieht ein dichtes Netz kleiner Asphaltstraßen die neu geformte Landschaft. Die einzelnen Besitztümer sind heute neu angeordnet, sodass die Weinbauern ungleich weniger Arbeit beim Bestellen ihrer jeweiligen Rebstücke haben.
Um Erosionsschäden zu vermeiden, sind die Terrassen leicht zum Hang hin geneigt, was sich allerdings auch negativ auf das Mikroklima auswirkt. Die kalte Luft sammelt sich in Senken und schädigt die Reben. Der größte Teil der früher weit verbreiteten Lösshohlwege fiel dem Eingriff zum Opfer, wodurch zahlreiche Tiere ihren Lebensraum verloren. Die übrigen Hohlwege stehen als sehenswerte Naturdenkmäler heute unter Schutz.

Weinbau

Der Kaiserstuhl gilt als eine der bedeutendsten Weinbauregionen Deutschlands und genießt weit über die Grenzen hinaus großes Ansehen für seine exzellenten Weine. Die Region, geprägt von Lössböden auf vulkanischem Gestein sowie dem günstigen Mikroklima, bietet ideale Bedingungen für den Weinbau.

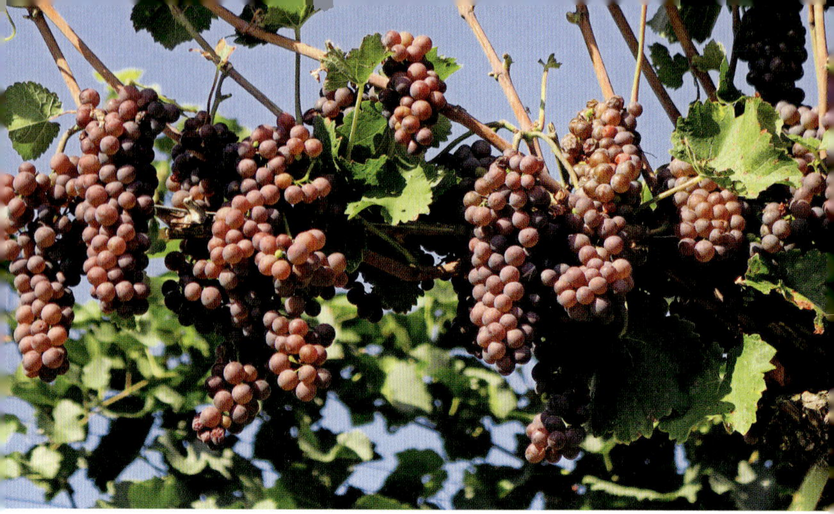

Der Ertrag harter Arbeit: Weintrauben im Tuniberg.

Die dominierenden Rebsorten sind der Spätburgunder und der Ruländer (Grauburgunder). Der Spätburgunder, auch als Pinot Noir bekannt, nimmt etwa ein Drittel der Rebfläche ein (am Tuniberg sogar knapp 50 %). Aus seinen Trauben entstehen elegante Rotweine von bemerkenswerter Finesse. Der Grauburgunder hingegen, ein enger Verwandter des Pinot Gris, offenbart sich als erfrischender Weißwein. Müller-Thurgau und Weißburgunder sind ebenfalls weit verbreitet.

Die Weinverkostung am Kaiserstuhl ist nicht nur für Feinschmecker ein besonderes Erlebnis. Weinproben und Kellerbesichtigungen werden in allen Ortschaften angeboten, entweder direkt bei den jeweiligen Weingütern oder in der örtlichen Winzergenossenschaft, darunter auch im Badischen Winzerkeller in Breisach. Beliebt sind auch die Ausfahrten mit einem Traktorengespann. Auf diese Weise lassen sich die Weine direkt in den Rebhängen verkosten. Auf mehreren Wanderungen besteht die Möglichkeit, Wein in Hofläden, kleinen Verkaufsständen oder Automaten zu erwerben.

Rheinaue

Die heutige Rheinaue umfasst nur einen Bruchteil der natürlichen Auenlandschaft, die einst das Gebiet entlang des Rheins prägte. Was wir heute sehen, ist das Ergebnis der von Johann Gottfried Tulla eingeleiteten Rheinkorrektur im 19. Jahrhundert. Das Ziel dieser Maßnahme war es, den Flusslauf des Rheins zu begradigen und damit die Schifffahrtsbedingungen zu verbessern, Seuchen zu bekämpfen sowie Überschwemmungen in den angrenzenden Gebieten zu minimieren. Die Rheinbegradigung wurde zwischen 1817 und 1876 durchgeführt und beinhaltete die Umleitung von Flussarmen, die Aushebung von Kanälen und die Errichtung von Dämmen und Deichen. Nach wie vor ist die Aue am Oberrhein ein bedeutendes Flussökosystem, das sich heutzutage 170 Kilometer entlang des Rheins zwischen Basel und Karlsruhe erstreckt. Die Auenlandschaft beherbergt eine hohe Artenvielfalt an Pflanzen und Tieren und ist damit ein wichtiger Lebensraum für etliche gefährdete Arten. Aufgrund von Überschwemmungen durch den Rhein entstehen immer wieder neue Lebensräume und Veränderungen in der Vegetation und den Habitatstrukturen. Dadurch wird die Rheinaue zu einem dynamischen Ökosystem, das sich kontinuierlich verändert und anpasst.

Für Besucher sind die ausgedehnten Waldflächen zwischen den urigen Flussarmen ein beliebtes Naherholungsgebiet, welches wir auf mehreren kleinen Exkursionen aufsuchen. Hier kann man auch mal bei weniger schönem Wetter wandern, denn Aussichtspunkte gibt es ohnehin fast keine. Stattdessen begeistern kleine Dinge wie die urigen Flussschlingen und die allgegenwärtige Geräuschkulisse der Singvögel die Besucher. Nach ergiebigen Regenfällen können manche Abschnitte unpassierbar sein, denn die Aue ist per Definition Überschwemmungsgebiet und Rückhaltezone für das Wasser des Rheins. Nicht unerwähnt bleiben sollen die Massen an Mücken, die besonders im Sommer das Wandererlebnis erheblich schmälern können.

Nächste Doppelseite: Sonnenblumen am Schlossberg bei Achkarren.
Unten: Birkenansammlung im Liliental.

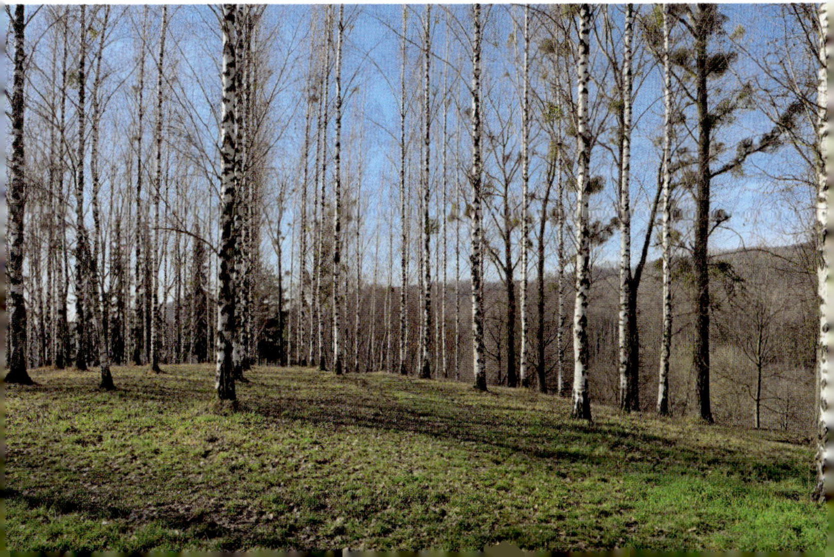

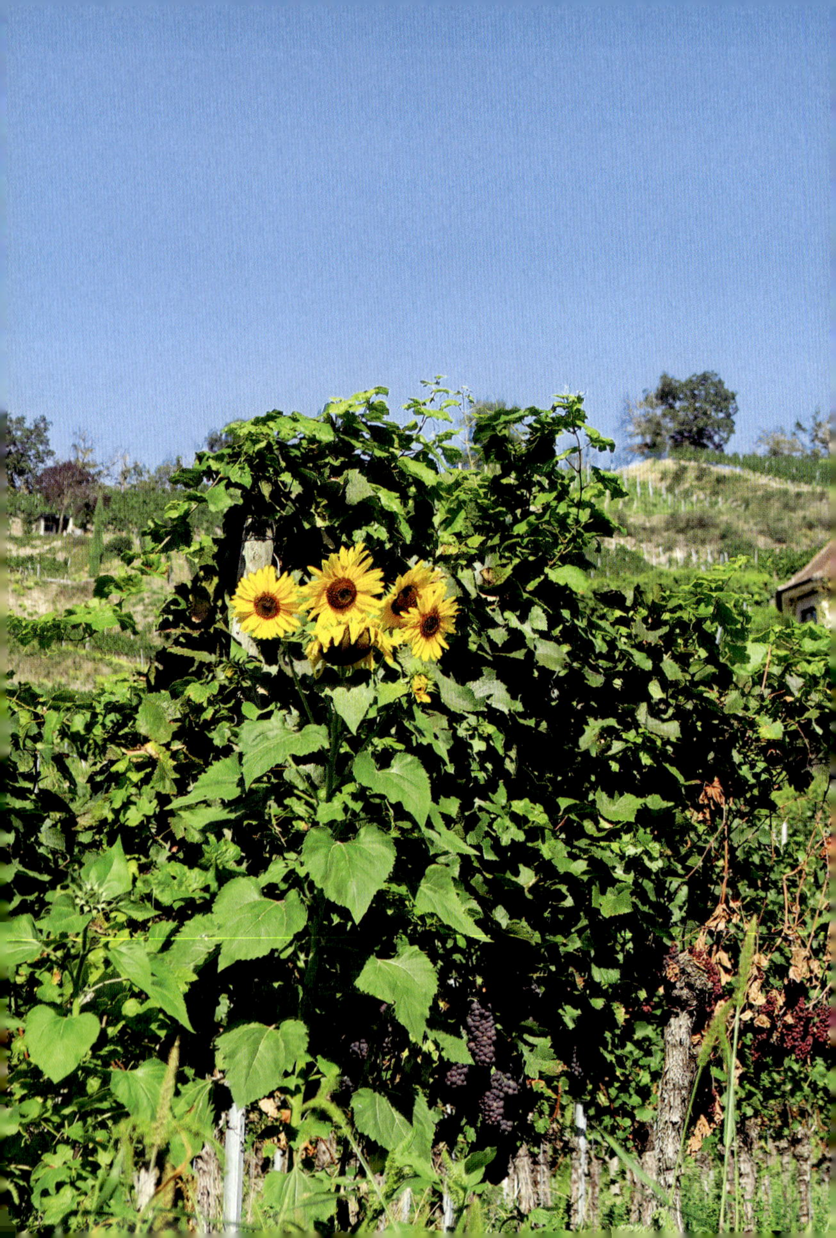

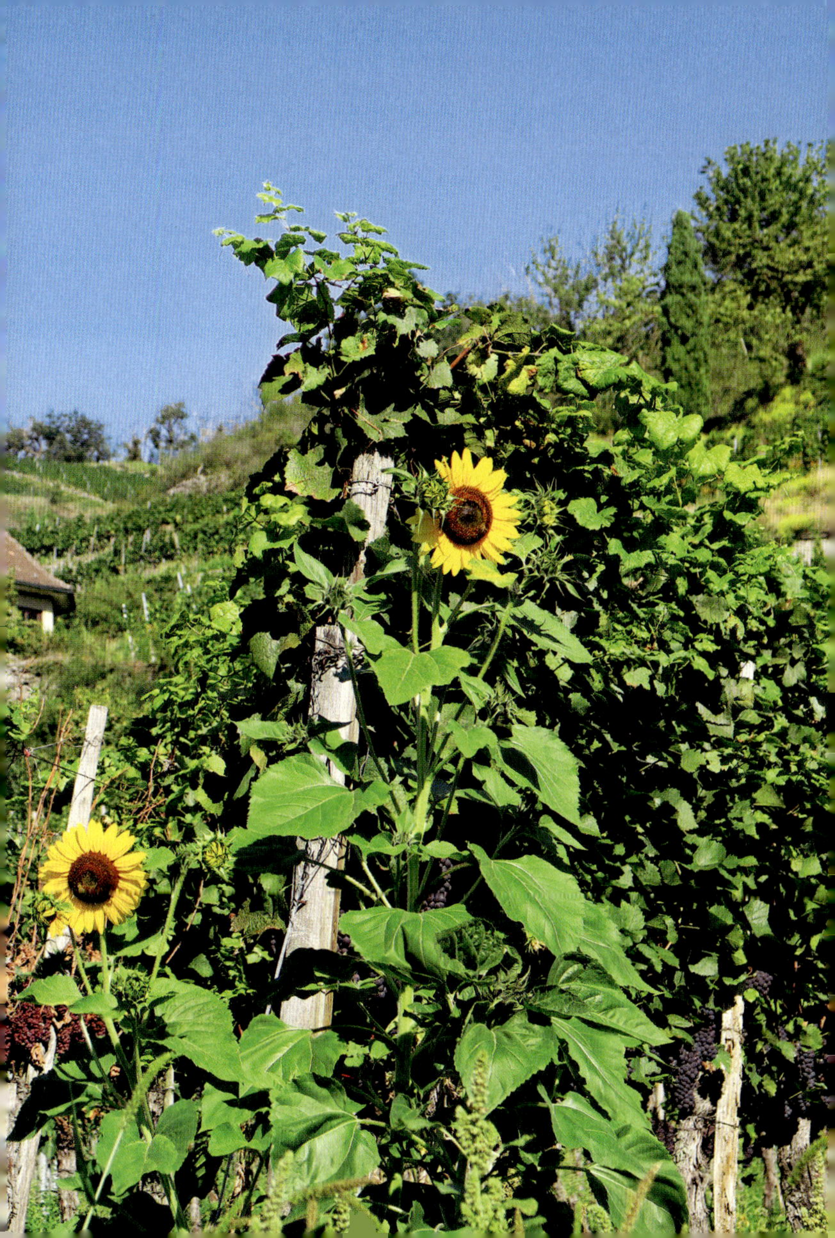

TOP

1

↗ 740 m | ↘ 740 m | 20.1 km

Oberrotweil – Totenkopf – Katharinenberg

6.00 h

Königstour im Kaiserstuhl

Die erste Wanderung dieses Tourenführers ist zugleich eine der eindrucksvollsten Unternehmungen im Kaiserstuhl überhaupt. In einer durchaus ambitionierten Tageswanderung überschreiten wir die höchsten Gipfel des Gebirges und legen dank des ständigen Auf und Ab allerhand Höhenmeter zurück. Aufgrund einiger Steilpassagen zählt die Wanderung zu den anspruchsvollsten Touren im Kaiserstuhl, belohnt dafür aber mit der gesamten Vielfalt, die unsere Tourenregion zu bieten hat. Der Wechsel aus Wald und Reben, das Panorama von zwei Aussichtstürmen und der abschließende Blick von der Mondhalde ins Rheintal machen Vorfreude auf weitere Streifzüge durch das kleine Vulkangebirge.

Ausgangspunkt: Oberrotweil (Stadt Vogtsburg im Kaiserstuhl), 206 m, Parkmöglichkeiten am Bahnhof in der Bahnhofstraße; weitere Parkplätze am Schwimmbad und am Friedhof.
ÖPNV: Breisgau-S-Bahn nach Oberrotweil.
Karte: Breisach am Rhein (W246).
Anforderungen: Teilweise durchaus steile Pfade, die Trittsicherheit verlangen; das häufige Auf und Ab erfordert zudem Kondition; zwischendurch auch immer wieder Abschnitte zur Erholung.
Einkehr: Mehrere Möglichkeiten in Oberrotweil; keine regelmäßig geöffnete Einkehr unterwegs, Kiosk auf dem Katharinenberg, im Sommerhalbjahr an den Wochenenden geöffnet.

Wir beginnen unsere Wanderung am **Bahnhof** in **Oberrotweil** ❶ und begeben uns mit der gelben Raute in die Ortsmitte. Entlang des kanalisierten Bachlaufs durchqueren wir den Ort auf der Bachstraße und erreichen via Obermühlenweg das **Schwimmbad** am Ortsrand. Nach dem Überqueren der Hauptstraße (L115) beginnt auf einer Fahrstraße der Anstieg zum **Waldparkplatz Rüttibuck** ❷. Steil präsentiert sich der Aufstieg zur wunderschön gelegenen Schutzhütte **Strümpfeköpfle**, ehe wir auf einer eher flachen Passage zwischen Wald und Reben ein wenig durchschnaufen können. Im Wald geht es vom **Dachsbuck** weiter hinauf zu einer Kehre der Zufahrt zum

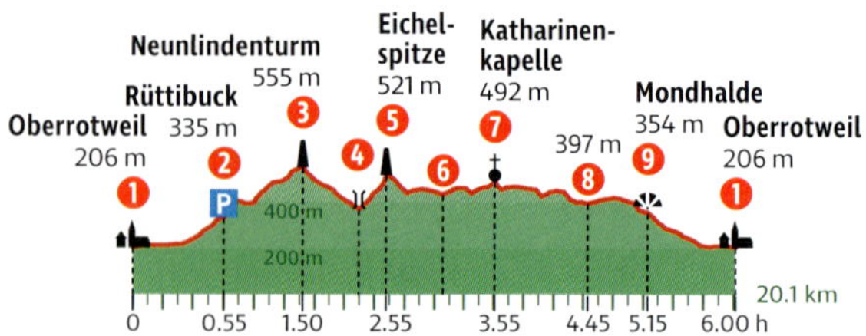

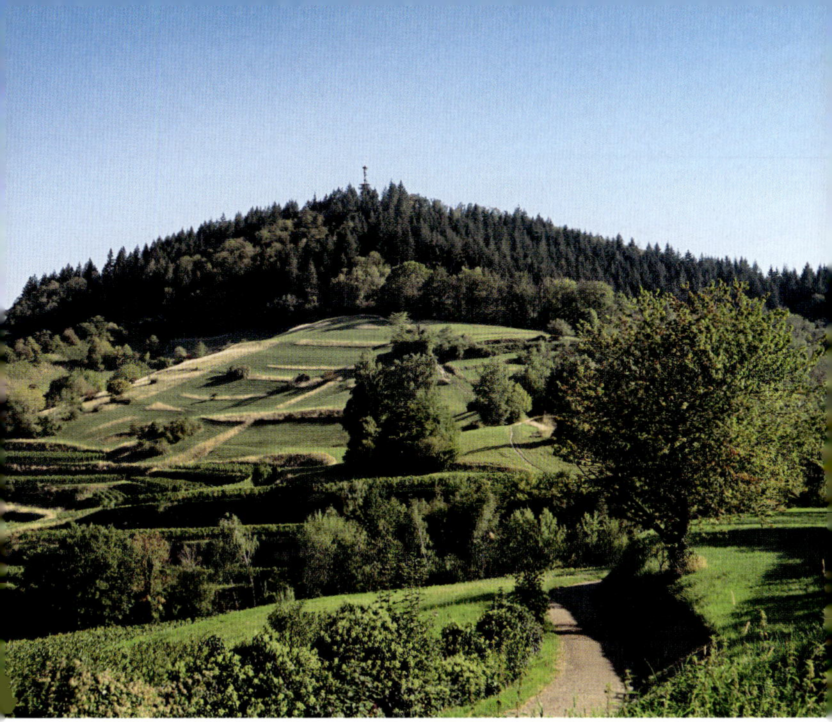

An der Schönen Aussicht oberhalb des Vogelsangpasses öffnet sich der Blick zu Eichelspitze.

Fernsehturm und von dort rechtshaltend auf einer Forststraße in den **Adlerhorstsattel**. Der Schlussanstieg zum **Totenkopf**, 557 m, führt nach links in den Sattel zwischen den beiden Gipfelpunkten (Abstecher zum höchsten Punkt links, unscheinbar) und weiter zum **Neunlindenturm** ❸ auf der Ostkuppe. Unterhalb des historischen Aussichtsturms laden Tische und Bänke zu einer Rast.

In mehreren teils steilen Stufen senkt sich der Kammweg im Wald hinab, tritt bei der **Schönen Aussicht** in offene Rebflur ein und erreicht am **Vogelsangpass** ❹ die L115. Auf der gegenüberliegenden Seite erfolgt der Aufstieg zum Abzweig **Blassendobel** und weiter, wiederum sehr steil, zum Gipfel der **Eichelspitze** ❺, 521 m. Auch am zweithöchsten Gipfel des Kaiserstuhls öffnet sich das Panorama erst nach Besteigung des Aussichtsturms. Diesmal ist der Rundblick noch umfassender als vom Neunlindenturm, die Mühen des Anstiegs lohnen sich. Nach dem Abstieg zur **Robert-Meier-Hütte** führt ein echter Genießer-Abschnitt über die grasige Kuppe des **Degen-**

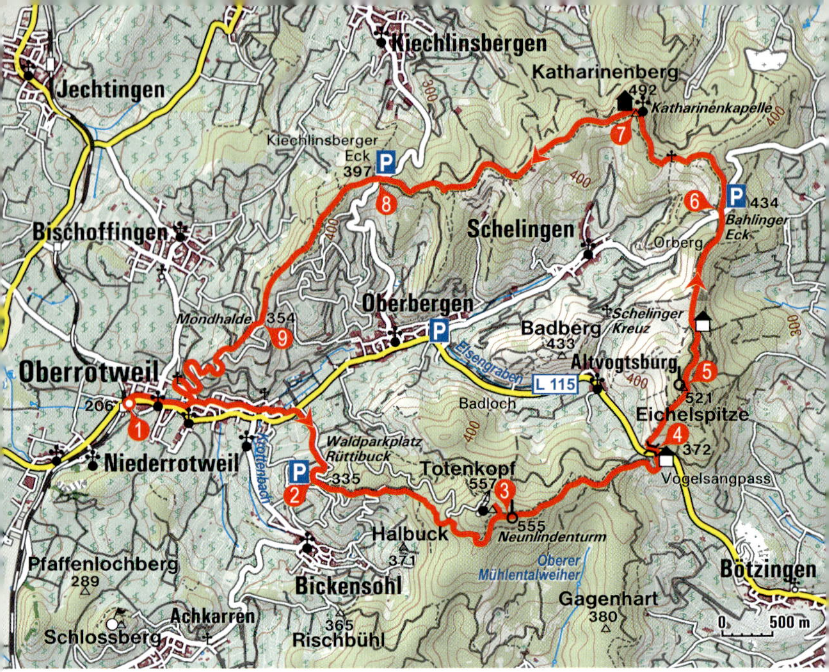

matten zum Wanderparkplatz am **Bahlinger Eck** ❻. Wenige Meter weiter tritt von rechts der Querweg hinzu, dessen rote Raute uns entlang alter Grenzsteine zum **Endinger Eck** führt. Mit dem Aufstieg zur **Katharinenkapelle** ❼ auf dem Katharinenberg, 492 m, vollenden wir die Besteigung der drei höchsten Berge im Kaiserstuhl, doch liegen bei Weitem noch nicht alle zu absolvierenden Höhenmeter hinter uns. Tische und Bänke machen den Platz vor der Kapelle zu einem idealen Ort für eine weitere Pause.

Der nächste Steilabstieg bringt uns zum **Amolterer Eck** und im Gegenhang über den Bisamberg zur **Schelinger Jungviehweide**. Nach Überschreitung des Staffelbergs senkt sich der Kammweg zum **Kiechlinsberger Eck** ❽. Ein letztes Mal für heute sammeln wir die Kräfte für einen Aufstieg, ehe wir am Pavillon auf der **Mondhalde** ❾ endgültig durchschnaufen und das prächtige Panorama über das Rheintal zu den Vogesen genießen können. Der Abstieg entlang der roten Querweg-Raute erfolgt kurz auf Asphalt, dann auf einem Lösspfad durch die Reben und schließlich wieder auf kleinen Straßen zum **Friedhof** von **Oberrotweil**. Entlang der Bruckmühlenstraße gelangen wir zurück in die Ortsmitte und wandern von dort zurück zum **Bahnhof** ❶.

↗ 340 m | ↘ 340 m | 8.7 km

2.30 h

Oberbergen – Badberg – Schelingen

2

Im Herzen des Kaiserstuhls

Der im Zentrum des Gebirges gelegene Badberg nimmt mit seinen Nachbarn Degenmatten und Haselschacher Buck eine Sonderstellung im Kaiserstuhl ein. Unterschiede bestehen nicht nur im geologischen Bau, sondern auch hinsichtlich Vegetationsbedeckung und historischer Nutzung. Beinahe überall bestimmen ansonsten die Weinterrassen das Landschaftsbild, und die höheren Bereiche sind von Laubwald bestanden. Der Badberg und seine Nachbarn ragen hingegen als kleine Wieseninseln in die Wald- und Rebflur hinein. Sie dienten traditionell als Weideflächen. Hat man die recht steilen Flanken erst einmal erklommen, lässt es sich auf den grasigen Kuppen herrlich flanieren mit reichlich Platz, die Picknickdecke auszupacken.

Ausgangspunkt: Oberbergen (Stadt Vogtsburg im Kaiserstuhl), 263 m, Parkplatz Mondhalde an der L115.
ÖPNV: Breisgau-S-Bahn nach Breisach, Bus Linie 104 (Breisach – Vogtsburg), Haltestelle »Oberbergen, Badbergstraße«.
Karte: Breisach am Rhein (W246).

Anforderungen: Aufstieg zum Badberg auf sehr steilen und bei Nässe rutschigen Pfaden, die etwas Kondition erfordern; danach bequeme Wege und Pfade.
Einkehr: Jeweils Möglichkeiten in Oberbergen und in Schelingen.

Vom Badberg fällt der Blick auf Schelingen.

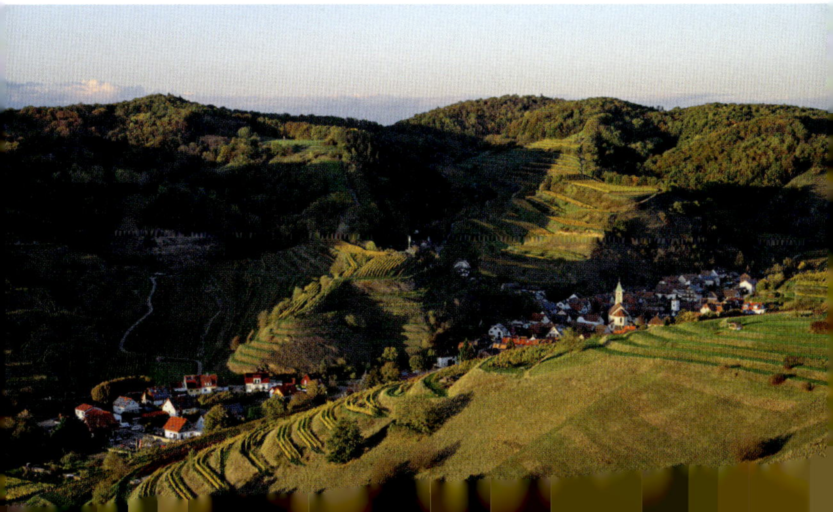

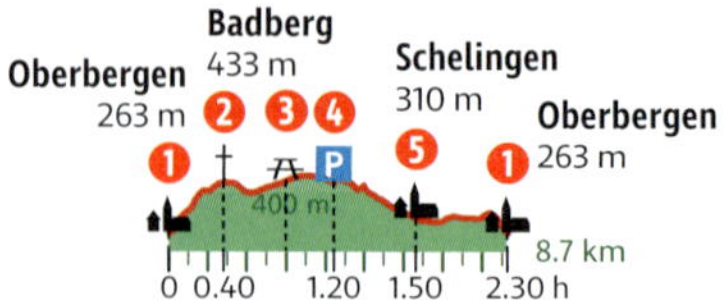

Die Wanderung über den Badberg startet am **Parkplatz Mondhalde** im Osten von **Oberbergen ❶**. Zunächst steigen wir in wenigen Minuten zum Abzweig **Steinriese** an, wo unser Rundkurs beginnt. Für den Aufstieg folgen wir dem Badbergpfad, der uns in einigen teils sehr steilen Aufschwüngen zunächst auf den Westgipfel und weiter zum höchsten Punkt auf dem **Badberg ❷**, 433 m, führt. Von dort genießt man schöne Blicke in die Täler von Schelingen und Altvogtsburg. In einem kurzen Zwischenabstieg senkt sich die Route zum **Schelinger Kreuz**, ehe der sofortige Wiederaufstieg zum Abzweig **Schofmatten** beginnt. Hier trennen wir uns vom Bergkamm, bleiben aber dem Badbergpfad treu und wandern halbrechts weiter in den Sattel **Öhmdsmatten ❸**, wo man am Rastplatz oder in der benachbarten **Robert-Meier-Hütte** eine Pause einlegen kann. Weiter geht es nach links auf den sanft geschwungenen Höhen, zunächst über den grasigen **Degenmatten** und weiter durch stimmungsvollen Hochwald zum Wanderparkplatz am **Bahlinger Eck ❹**. Wir überqueren den Parkplatz diagonal nach links, wo wir auf einen Pfad treffen, der uns in einem kurzen Anstieg auf eine Waldkuppe leitet. Attraktive Wege führen durch das Waldstück zum Steinbruch auf dem **Ohrberg**. Wer am Rand des Steinbruchs ein Stück absteigt, kann die Gesteine im Untergrund (u. a. Karbonatite) gut einsehen. Anschließend geht es auf einem Wiesenweg in die Weinberge, über eine kleine Asphaltstraße an den Ortsrand von Schelingen und geradeaus in das Dorf hinein. Am Kirchplatz in **Schelingen ❺** behalten wir die Richtung bei, passieren die Kirche auf ihrer linken Seite und verlassen den Ort über die **Allmendgasse**. Nach einem kurzen Stück parallel zur Fahrbahn wechselt die gelbe Raute nach links in die Reben, wo der Aufstieg zum Wegweiser **Steinriese** ansetzt. Über den Weg vom Beginn gelangen wir rasch zurück zum **Ausgangspunkt ❶**.

Schutzhütte und Rastplatz am Schelinger Kreuz.

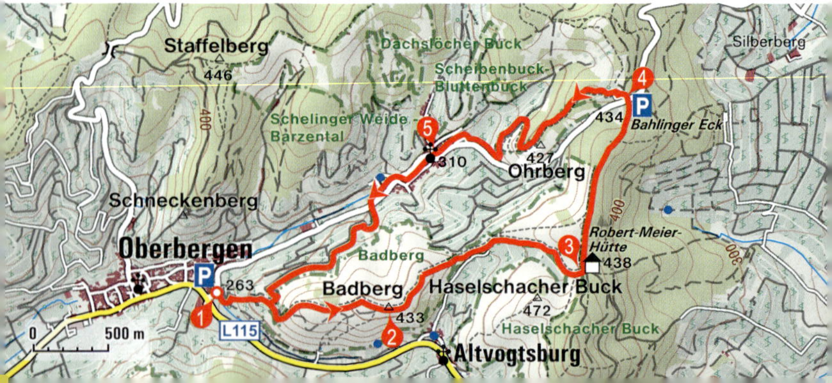

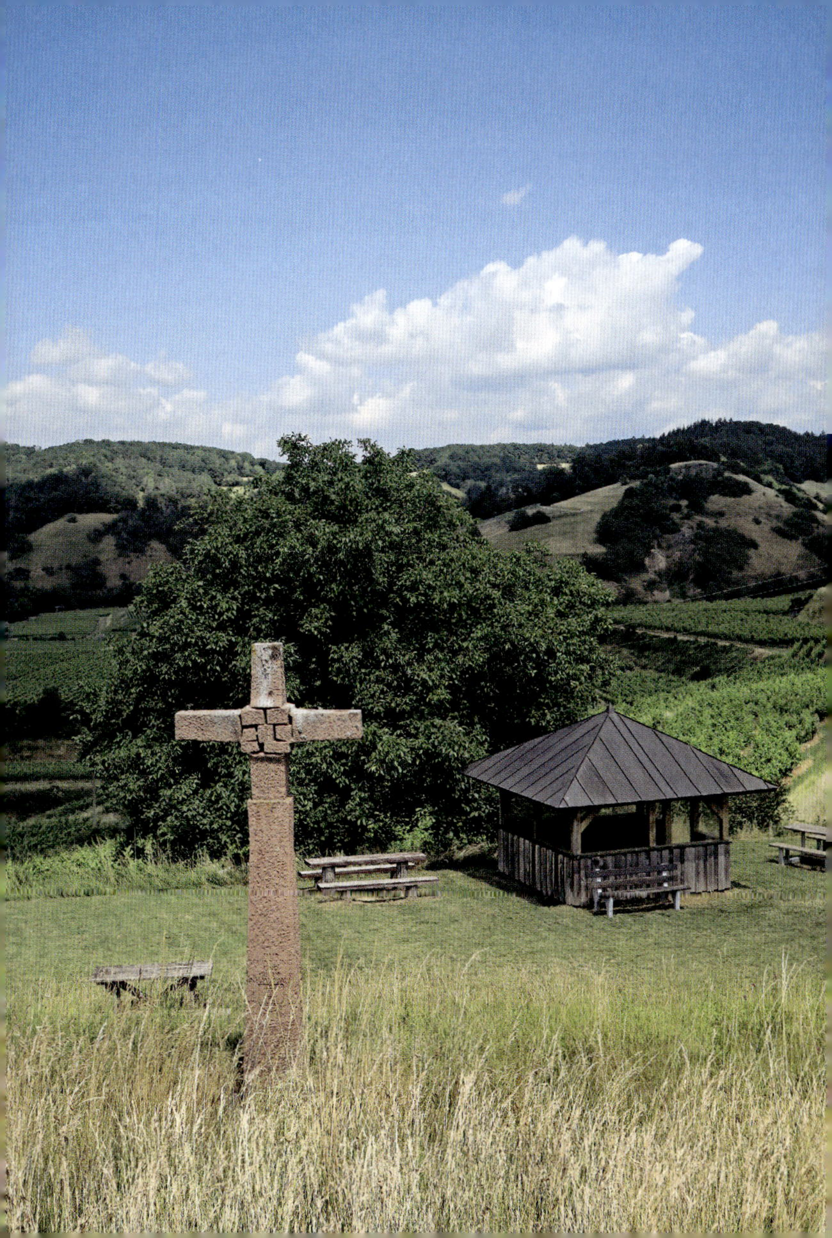

↗ 230 m | ↘ 230 m | 5.7 km

3 Bahlinger Eck – Eichelspitze

1.40 h

Spaziergang durch das Naturschutzgebiet Badberg

Das traditionelle Weidegebiet Badberg – Degenmatten – Haselschacher Buck zeichnet sich vorwiegend durch Trocken- und Halbtrockenrasen aus. Mit seiner Wasserarmut und sommerlichen Hitze nimmt das Mikroklima an einigen Stellen bereits mediterrane Züge an. Das NSG Badberg geht in seiner heutigen Ausdehnung auf das Jahr 1979 zurück und dient insbesondere der Bewahrung der Kulturlandschaft, dem Schutz gefährdeter Tier- und Pflanzenarten wie Smaragdeidechse und Gottesanbeterin sowie dem Erhalt des Gebiets zu Forschungszwecken in den Bereichen Geologie, Botanik und Zoologie. Die ausgedehnten Wiesen zu Füßen der Eichelspitze eignen sich hervorragend für einen gemütlichen Spaziergang ab dem Wanderparkplatz auf dem Bahlinger Eck.

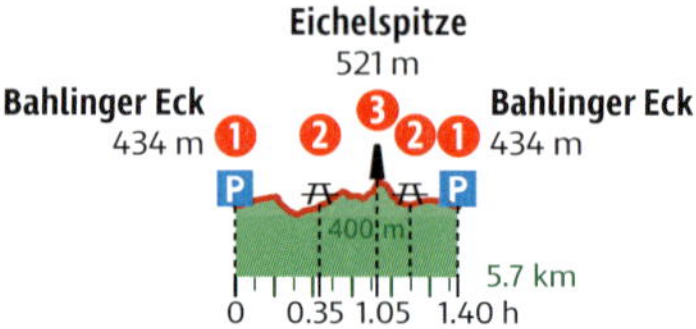

Ausgangspunkt: Wanderparkplatz Schelinger Höhe (= Bahlinger Eck), 434 m, an der Passstraße zwischen Bahlingen und Schelingen (Stadt Vogtsburg im Kaiserstuhl), Parkmöglichkeiten.

ÖPNV: Nein.
Karte: Breisach am Rhein (W246).
Anforderungen: Aufstieg zur Eichelspitze steil, jedoch technisch nicht schwierig; ansonsten sehr einfach.
Einkehr: Keine Möglichkeit.

Wir beginnen unseren Spaziergang am häufig gut belegten **Wanderparkplatz** am **Bahlinger Eck** ❶, überqueren in südlicher Richtung die Straße (K4976) und schlendern zunächst durch herrlichen Hochwald, bald über freie Flächen auf die Kuppe des **Degenmatten**. Nun nach rechts zu einem erstklassigen Pausenplatz und dann mit weitem Blick nach Westen einige Höhenmeter hinab zum Wegweiser **Schofmatten**. Hier biegen wir

Smaragdeidechse.

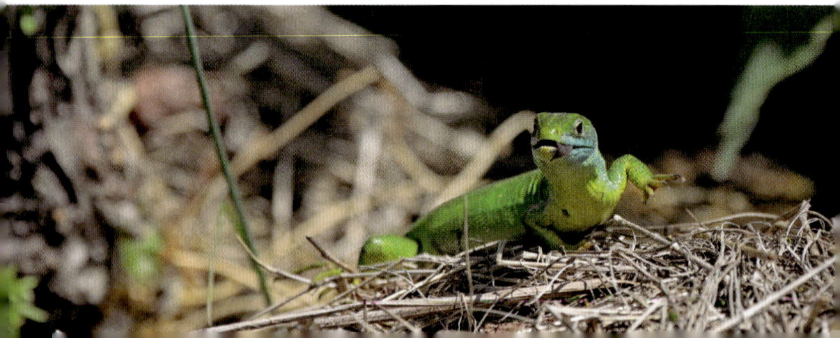

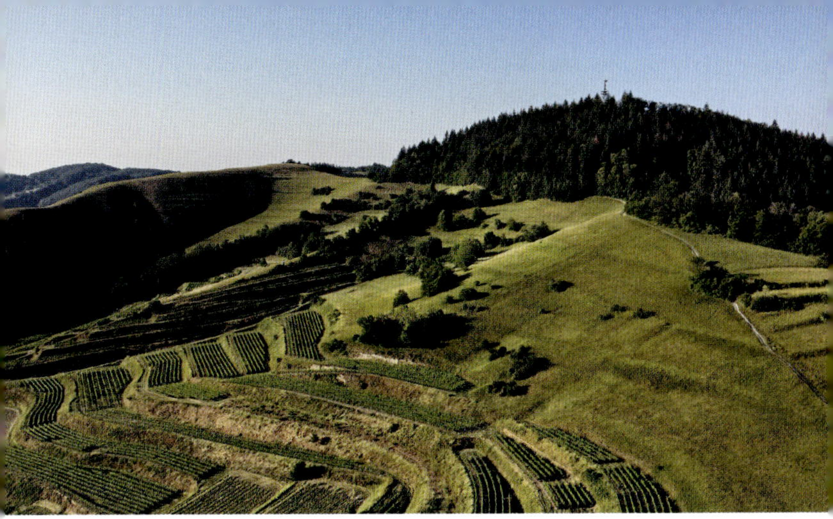

Die bewaldete Eichelspitze über dem Vogelsangpass, links der unscheinbare Haselschacher Buck.

scharf links ab und steuern in einem insgesamt sanften Anstieg den Sattel **Öhmdsmatten** ❷ mit der **Robert-Meier-Hütte** an. Für eine Rast stehen die Hütte selbst sowie ein Tisch mit Bänken zur Verfügung.

Der Weiterweg führt uns unterhalb der Eichelspitze am Waldrand entlang einige Meter bergauf, ehe sich rechts der unbeschilderte Abstecher zum **Haselschacher Buck** lohnt. Von der Gipfelkuppe bietet sich der eindrucksvollste Blick auf den lang gestreckten Badberg. Weiter geht es auf dem Wanderweg zum Abzweig **Blassendobel**, wo wir linker Hand auf einen steilen Pfad einbiegen, der uns nach einem strengen, jedoch kurzen Aufstieg zum Gipfel der **Eichelspitze** ❸, 521 m, führt. Von der Aussichtsplattform des Turms genießen wir einen umfassenden Rundblick in alle Himmelsrichtungen.

Für den Abstieg wählen wir die flachere Variante (Geopfad Eichstetten), die uns rasch zurück zur **Robert-Meier-Hütte** im Sattel **Öhmdsmatten** ❷ führt. Von dort folgen wir der Länge nach dem Kammweg über den **Degenmatten** zurück zum **Bahlinger Eck** ❶.

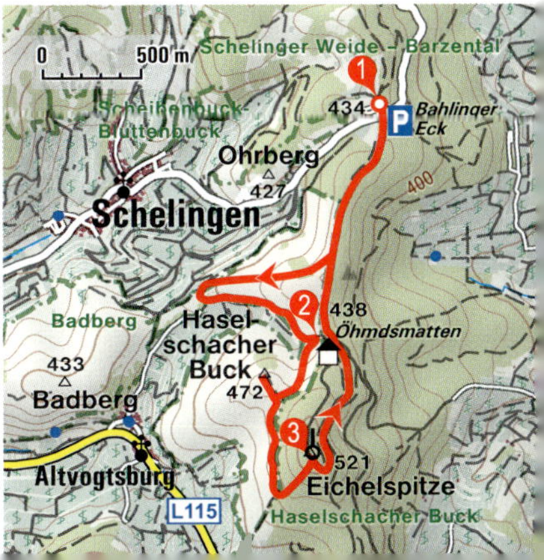

4 Geopfad Eichstetten

4.30 h

Geographischer Lehrpfad zur Eichelspitze

Dank seiner wechselvollen Entstehungsgeschichte zählt der Kaiserstuhl zu den spannendsten Exkursionszielen in Südwestdeutschland. Nirgendwo anders lassen sich so viele verschiedene Disziplinen der Geologie und Geografie hautnah auf einem derart kleinen Raum erleben: Tektonik, Vulkanismus und Lössbedeckung, darüber hinaus Landschaftsveränderung durch Rohstoffgewinnung und natürlich der allgegenwärtige Weinbau. Diese und mehr Themen veranschaulicht der Geopfad zur Eichelspitze anhand von 13 Stationen.

Ausgangspunkt: Eichstetten, 192 m, Parkmöglichkeiten am Bahnhof in der Bahnhofstraße.
ÖPNV: Breisgau-S-Bahn nach Eichstetten.
Karte: Breisach am Rhein (W246).
Anforderungen: Wechsel aus Schotter- und Asphaltwegen sowie Wald- und Wiesenpfaden, insgesamt meist leicht; Aufstieg zum geologischen Aufschluss steil und anspruchsvoll.
Einkehr: Unterwegs keine; mehrere Möglichkeiten in Eichstetten.

Vom **Bahnhof** in **Eichstetten** ❶ gehen wir zunächst entlang der Hauptstraße zur Kirche in der Ortsmitte. Nun nach links über den Kirchhof und auf dem Altweg der Länge nach durch den Ort. Beim **Samengarten** ❷ erreichen wir den Beginn des Geopfads, über den hier eine Infotafel Auskunft gibt. Die separat angebrachten Wegweiser leiten uns noch einen Moment entlang der Straße, dann nach links in den Reben zu einem Lössstollen und mit einigen Richtungswechseln ins **Rusental**, wo über verschiedene Gesteine informiert wird. Nach einer kurzen Asphaltpassage gelangen wir zur kleinen **Karl-Otto-Hütte** hinauf, mit herrlicher Sicht nach Osten. Wo einst noch Wein angebaut

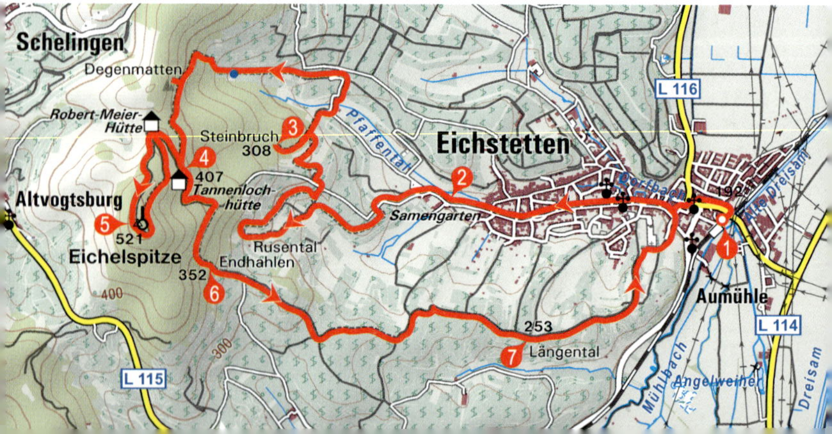

wurde, tauchen wir wenig später in den Wald ein; der terrassierte Untergrund bezeugt die ehemalige landwirtschaftliche Nutzung. Kurz darauf macht der Geopfad einen Abstecher (gut 150 m hin und zurück) zum alten **Steinbruch Meisensatz** 3.

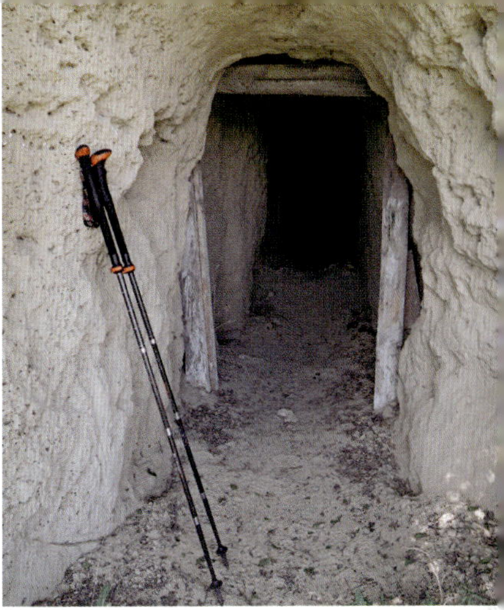

Lössstollen am Geopfad.

Der weitere Waldaufstieg zur Eichelspitze wird noch einmal von einer Passage in den Reben unterbrochen. Nachdem wir den Wegweiser **Überm Pfaffental** sowie einige Tafeln, die Auskunft zur Flurbereinigung sowie zur Entstehung von Lösskindeln geben, passiert haben, erreichen wir die Kreuzung **Rütte**. Nun nach links und bald über einfache Waldpfade weiter bergwärts. Ein zweiter Stichweg führt steil hinauf zu einem zweiten geologischen Aufschluss (Vorsicht, bei Nässe durchaus heikel). An der **Tannenlochhütte** 4 biegen wir scharf rechts ab und erreichen bei der **Robert-Meier-Hütte** den Bergkamm. Beide Schutzhütten gewähren Unterschlupf bei Regen. Der Schlussanstieg zum zweithöchsten Berg der Region erfolgt auf dessen flacherer Ostseite. Wenige Minuten später stehen wir unter dem im Jahr 2006 eingeweihten Aussichtsturm auf der **Eichelspitze** 5, 521 m, die mit ihrem dichten Waldpelz ansonsten keine Aussicht bietet. Umso lohnender ist der Aufstieg zur 28 Meter über dem Boden befindlichen Plattform des Stahlgerüsts. Die Rundsicht über die Umgebung wird auf Schautafeln erklärt. Zu Füßen des Turms erlauben Tische und Bänke eine gemütliche Rast.

Die etwas steilere westliche Variante führt uns vom Gipfel direkt zur **Robert-Meier-Hütte** zurück, und auf bekannter Strecke wandern wir weiter zur **Tannenlochhütte** 4. Auf dem Rückweg nach Eichstetten passieren wir die Wegweiser **Spitzenhalde** und **Endhahlen** 6, wo wir vom Wald wieder in offenes Rebland wechseln. Am **Kreuzweg** halten wir uns links und steigen via **Lerchenberg** und **Degental** ins **Längental** 7 ab. Von dort gelangen wir in einem weiten Bogen zum Friedhof und in die Ortsmitte von **Eichstetten**. Über die Route vom Beginn wandern wir zum **Bahnhof** 1 zurück.

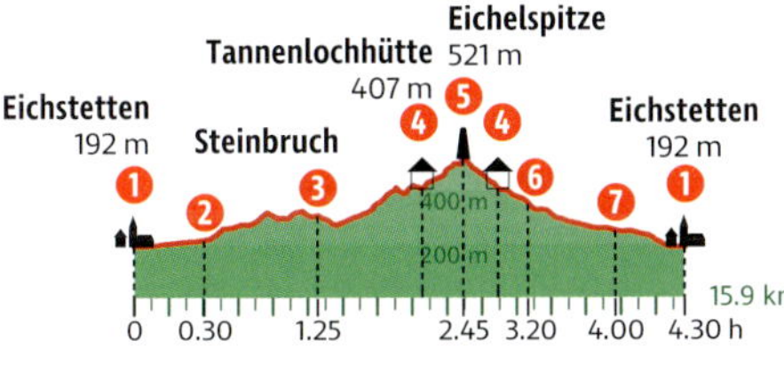

TOP

5 Liliental

↗ 180 m | ↘ 180 m | 6.8 km

1.50 h

Genussrunde für Botanikfans

Wenn auf den Höhen des Schwarzwalds die letzten Schneereste schmelzen, stehen am Rhein Sträucher, Obstbäume und andere Gewächse bereits in voller Blüte. Den Auftakt bilden die Mandeln, ab Ende März blühen für gewöhnlich die Kirschbäume. Es folgen Birn- und Zwetschgenbäume und schließlich die Apfelblüte. Die Vegetationsperiode setzt aufgrund der klimatischen Gunstlage mehrere Wochen früher ein als im benachbarten Schwarzwald. Das Liliental bei Wasenweiler ist in der Region eines der spannendsten Ziele für botanisch Interessierte. In den 1950er-Jahren wurden hier durch die Forstliche Versuchs- und Forschungsanstalt Baden-Württemberg (FVA) Flächen aufgekauft und ein Versuchsgelände eingerichtet. Das Arboretum beherbergt neben den heimischen Baumarten auch Exoten wie die Mammutbäume oder eine Sammlung japanischer Baumgewächse. Zudem finden sich 20 unterschiedliche Orchideenarten. Drei kleine Rundwege erschließen das Liliental – in diesem Wandervorschlag zu einer Runde kombiniert.

Ausgangspunkt: Gasthaus Zur Lilie im Liliental (Gemeinde Ihringen), 290 m, mehrere Parkplätze; an sonnigen Wochenenden und Feiertagen oft überfüllt; an der Zufahrt Halteverbot.
ÖPNV: Nein.

Karte: Breisach am Rhein (W246).
Anforderungen: Sehr einfache Rundwanderung, die durchgehend auf bequemen Wegen verläuft.
Einkehr: Am Ausgangspunkt: Gasthaus Zur Lilie, Mo. und Di. Ruhetag, lilie-liliental.de.

Ausgangspunkt für alle Spaziergänge im Liliental ist das **Gasthaus Zur Lilie** ❶. Wir beginnen die Tour im Gleichklang mit dem Knabenkrautpfad, der links am Gasthof vorbei taleinwärts führt. Am Abzweig **Hüttenweg** ❷ biegen wir links ab und wandern unterhalb der Japanischen Baumsammlung an einer Lösswand mit Infotafel vorbei zum **Unteren Wetzentalweg**. Während der Knabenkrautpfad links abzweigt, laufen wir geradeaus weiter zum Wegpunkt **Fasanenweg** ❸. Hier halten wir uns rechts und passieren die Kirschenplantage sowie kurz darauf die Fasanenberghütte. Wenige Minuten später kreuzt bei der Infostele zum Thema Mischwald der Hundskehlenweg. Hier wandern wir rechter Hand zurück zur Kreuzung **Hüttenweg** ❷, wo die erste, kürzere Runde endet und man geradeaus rasch wieder das Gasthaus Zur Lilie erreicht.

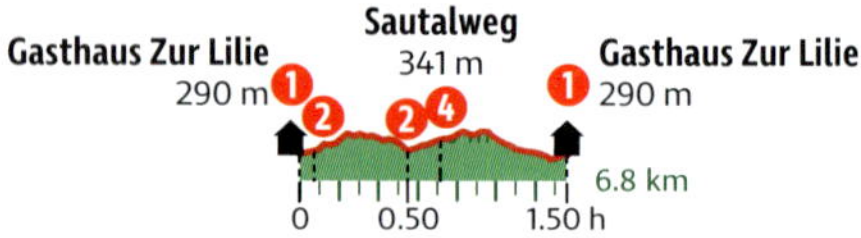

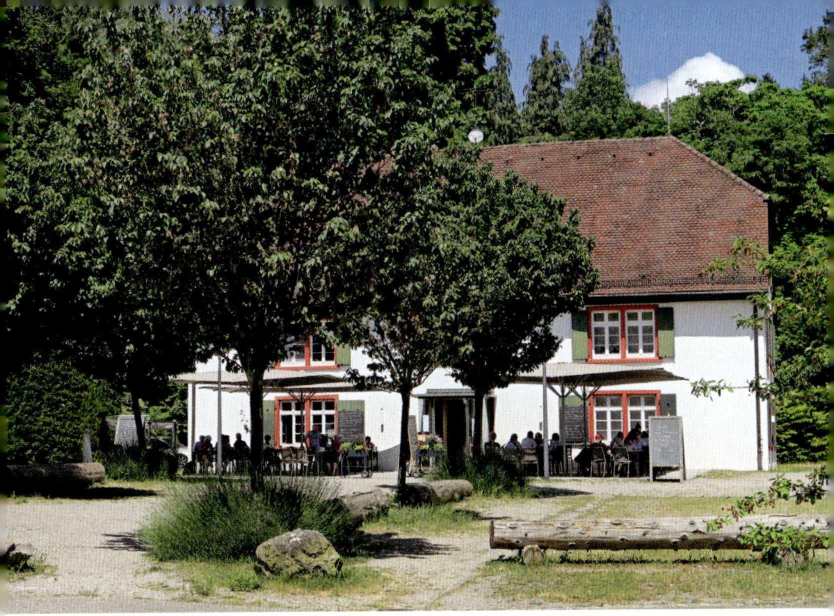

Gasthaus Zur Lilie im Liliental.

Der zweite Teil beginnt mit dem sanften Aufstieg nach links. Zunächst stehen Eichen und Ahorne am Weg, dann gelangen wir zur ansehnlichen Birkensammlung und unmittelbar danach zu den Mammutbäumen am Abzweig **Sautalweg** 4. Nun verlassen wir für eine Weile das mit der gelben Raute markierte Wegenetz vom Schwarzwaldverein und folgen dem geschotterten Sautalweg (Rundweg III) zu einer markanten Kehre. Vom höchsten Punkt der Tour (380 m) senkt sich die Trasse am Oberen Mühlentalweiher vorbei zum **Unteren Fischweiher** hinab. Hier finden wir einige Bänke, von denen aus man oft Wasservögel beobachten kann. Ein letzter kurzer Anstieg bringt uns nach rechts zum **Gasthaus Zur Lilie** 1 zurück.

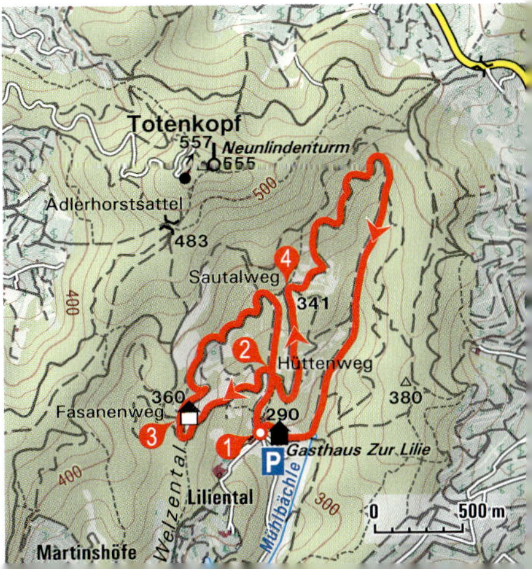

↗ 550 m | ↘ 550 m | 16.0 km

6 Wasenweiler – Totenkopf – Lenzenberg

4.40 h

Von Süden auf den höchsten Berg im Kaiserstuhl

In einer großzügigen Schleife umrunden wir auf dieser Tour das Liliental und steigen über den Gagenhart zum Totenkopf auf, dem 557 Meter hohen Dach des Kaiserstuhls, bevor der Weg über den Gierstein zurück ins Tal führt. Die Wanderung ist eine lohnende, kürzere Alternative zu Tour 1 und vom Charakter her vergleichbar. Oft im Wald verlaufend und mit häufigen An- und Abstiegen, wird auch hier etwas Kondition verlangt. Dafür besteht zum Ende hin gleich zweimal die Möglichkeit zur Einkehr: Aussichtsreich auf dem Lenzenberg oder nicht minder rustikal bei den Martinshöfen. Beide Wirtschaften sind für ihre regionalen Erzeugnisse weithin bekannt und geschätzt.

Ausgangspunkt: Wasenweiler (Gemeinde Ihringen), 191 m, Parkmöglichkeiten am Bahnhof im Schachenweg.
ÖPNV: Breisgau-S-Bahn nach Wasenweiler.
Karte: Breisach am Rhein (W246).
Anforderungen: Zu Beginn und am Ende kurze Steilstufen auf schmaler Pfadspur; ansonsten mehrheitlich bequeme Wege und Pfade.
Einkehr: An der Route: Gasthof Lenzenberg, Di., Mi. und Do. Ruhetag, lenzenberg.de; Martinshof, Mo. und Di. Ruhetag, martinshof-ihringen.de; an der Variante: Gasthaus Zur Lilie, Mo. und Di. Ruhetag, lilie-liliental.de; Möglichkeiten in Wasenweiler.
Variante: Vom zweiten Wegweiser Adlerhorstsattel Abstieg entlang der gelben Raute via Fasanenweg und Unterer Wetzentalweg zum Gasthaus Zur Lilie im Liliental. Von dort zum Unteren Fischweiher, dort rechts und durch das wunderschöne Mühletal zum Schützenhaus Ihringen und weiter auf der Hauptroute (1,2 km und 20 Min. kürzer).

Am **Bahnhof** in **Wasenweiler** ❶ orientieren wir uns mit dem Steinkauzpfad nach Norden und wandern auf dem Schachenweg und über einen Fußweg zur Merdinger Straße (K4929). Sie leitet uns in die Ortsmitte mit dem **Dorfbrunnen**. Nach dem Überqueren der Hauptstraße (L114) verlassen wir Wasenweiler via Kaiserstuhlweg und Burgunderstraße und tauchen sogleich in die Reben ein. Über einen schmalen Bergpfad gewinnen wir den

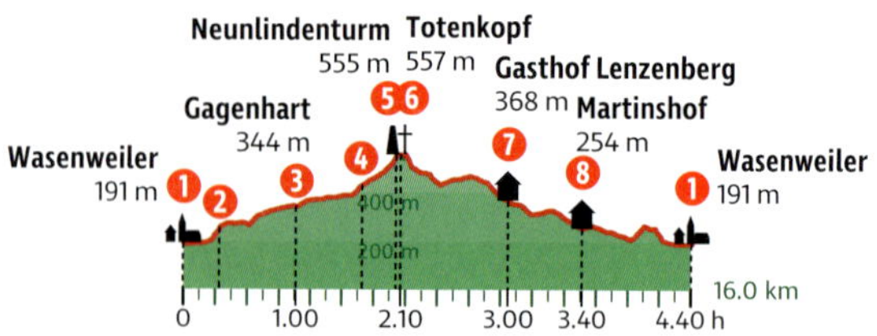

Lindenplatz 2, wo der Rundkurs im Gegenuhrzeigersinn beginnt. Zunächst folgen wir weiterhin dem Steinkauzpfad, der bald hangparallel durch die Weinberge führt und dann einen weiteren Taleinschnitt erklimmt. Oben angekommen wandern wir am **Kastanienplatz** vorbei zum Aussichtspunkt Schwarzwaldblick. Kurz darauf werden wir von einem zauberhaften Laubwald empfangen, was insbesondere im Sommer eine dankbare Abkühlung verspricht. Am Wegweiser **Gagenhart** 3 verabschieden wir uns vom Steinkauzpfad, dafür tritt wenige Minuten später der Knabenkrautpfad zur Route. Stets gemütlich ansteigend geht es am **Hohrain** vorbei zur Verzweigung **Gagenhartwald** 4, wo wir auf den Prädikatswanderweg Kaiserstuhlpfad wechseln.

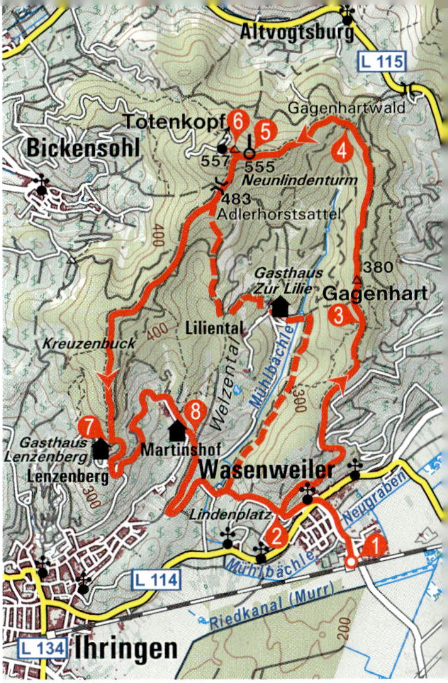

Spätsommer oberhalb von Wasenweiler.

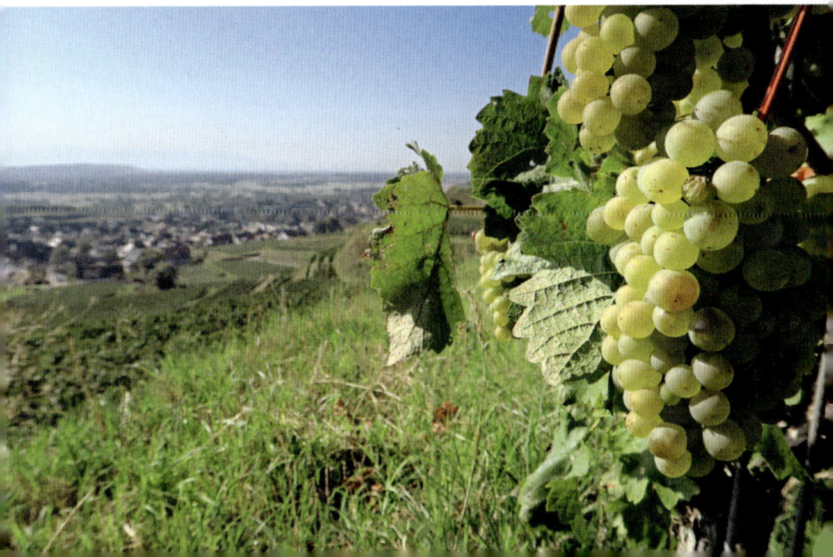

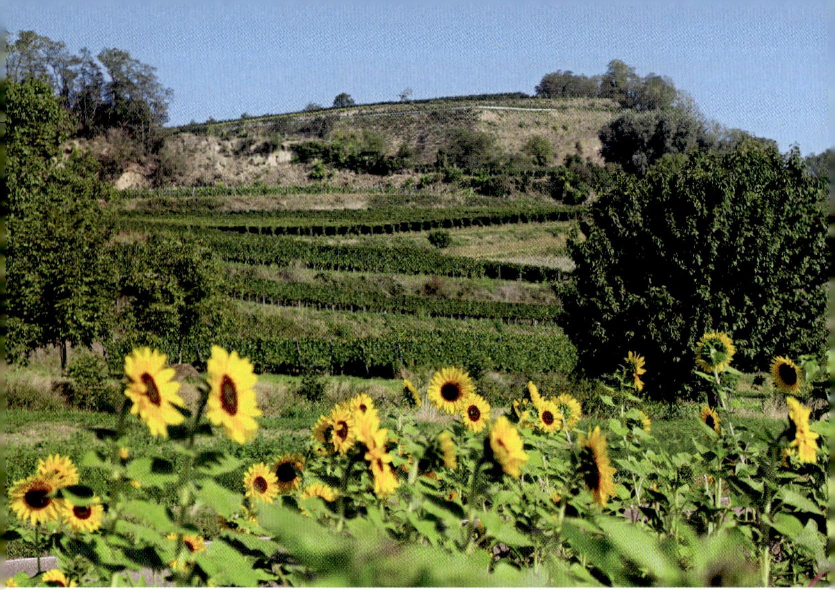

Auf nahezu jeder Wanderung können wir die Blütenpracht der Region erleben.

Auch hier empfängt uns ein leicht zu begehender Weg, der nur auf dem letzten Abschnitt aufsteilt und uns etwas kräftezehrend zu den Sitzbänken am **Neunlindenturm** 5, 555 m, führt. Für den Kaiserstuhl typisch bietet der Gipfel selbst keine Aussicht, sodass die meisten Besucher auch noch den Turm erklimmen.

Nachdem wir wenige Meter abgestiegen sind, bietet sich für Gipfelsammler noch der kurze Abstecher auf den **Totenkopf** 6, 557 m, an, ist dies doch der höchste natürliche Geländepunkt des kleinen Gebirges überhaupt und damit das offizielle Dach des Kaiserstuhls. Beim Abstieg in den **Adlerhorstsattel** verlieren wir weitere Höhenmeter und haben hier auch die Möglichkeit, unsere Tour durch das Liliental fortzusetzen (siehe Variante).

Die Hauptroute folgt dem Neunlindenpfad in hügeligem Terrain auf angenehmen Waldpfaden zum **Gierstein**, von wo sich das Gelände rasch zum **Gasthof Lenzenberg** 7 hinabsenkt. Sofern wir die Einkehr noch ein wenig hinausschieben möchten, folgen wir vom nahen Abzweig **Himmelburg** dem Knabenkrautpfad talwärts und stoßen im Betzental auf den **Martinshof** 8. Nach dem optionalen Besuch des gemütlichen Wirtshauses gelangen wir via **Vordere** und **Hintere Eck** zum **Schützenhaus Ihringen**, dem Vereinigungspunkt mit der Variante. Gemeinsam geht es in einem letzten Anstieg zurück zum **Lindenplatz** 2, von wo wir auf bekannter Route zum **Bahnhof** von **Wasenweiler** 1 zurückwandern.

↗ 220 m | ↘ 220 m | 8.5 km

2.20 h

Ihringen – Pöppital

7

Einfacher Spaziergang durch die Reben

Dieser lockere Spaziergang führt uns vom sonnenreichsten Ort Deutschlands durch die Weinberge am Südrand des Kaiserstuhls. Je nach Jahreszeit und mit etwas Glück können wir Bienenfresser oder andere Zugvögel wie Wiedehopfe oder Stare beobachten. In jedem Fall bleibt reichlich Zeit für eine weitere Aktivität im Anschluss an diese gemütliche Halbtagesunternehmung. Dafür finden sich in dem Winzerort zahlreiche Möglichkeiten zur Einkehr. Eine lohnende Alternative für Familien mit Kindern ist der Wendelin-Wiedehopf-Erlebnispfad (siehe Variante).

Ausgangspunkt: Ihringen, 196 m, Parkmöglichkeiten am Bahnhof in der Bahnhofstraße.
ÖPNV: Breisgau-S-Bahn nach Ihringen.
Karte: Breisach am Rhein (W246).
Anforderungen: Zu Beginn einige Treppen im Weinberg; danach durchgehend bequeme Wege auf Schotter und Asphalt.
Einkehr: Unterwegs keine; zahlreiche Möglichkeiten in Ihringen.
Variante: Wendelin-Wiedehopf-Familienpfad: Vom Abzweig Schlichten in der Schlichtengasse am Friedhof (Parkmöglichkeit) vorbei zum Wegweiser Lenzenbergstraße. Nun nach links und die Runde im Uhrzeigersinn begehen; sie führt durch sehenswerte Lösshohlwege und beinhaltet attraktive Pfadpassagen (vom Friedhof 2,4 km, 120 Hm, 0.45 Std.; Schwierigkeit: leicht).

Der bequeme Halbtagesausflug nimmt seinen Ausgang am **Bahnhof** in **Ihringen** ❶, von wo wir gemeinsam mit dem Neunlinden- und dem Bienenfresserpfad die Winzerstraße entlang nach Norden gehen und an der Neunlindenschule vorbei den **Kirchplatz** ansteuern. Hier beginnen wir unseren Rundweg im Uhrzeigersinn. Zunächst geht es auf der Kirchstraße für wenige Meter geradeaus zur Breisacher Straße (L114). Dieser folgen wir ein Stück und biegen beim Eselsbrunnen rechts in die **Achkarrenstraße**. Sie führt uns in einem Bogen bis nahe an den Ortsrand, ehe wir Ihringen auf dem **Wie-**

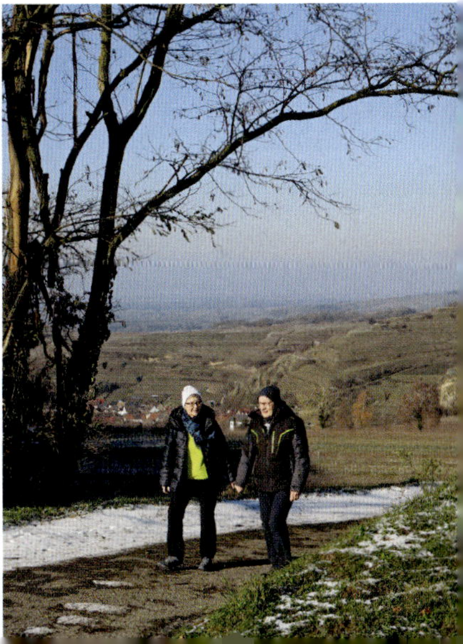

Die einfachen Wege sind auch im Winter gut begehbar.

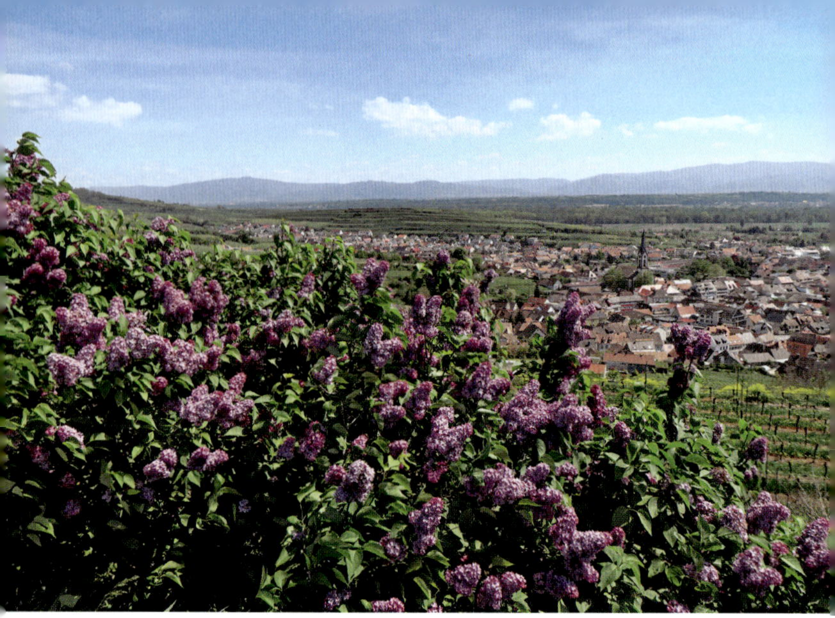

Frühling in den Rebhängen oberhalb von Ihringen.

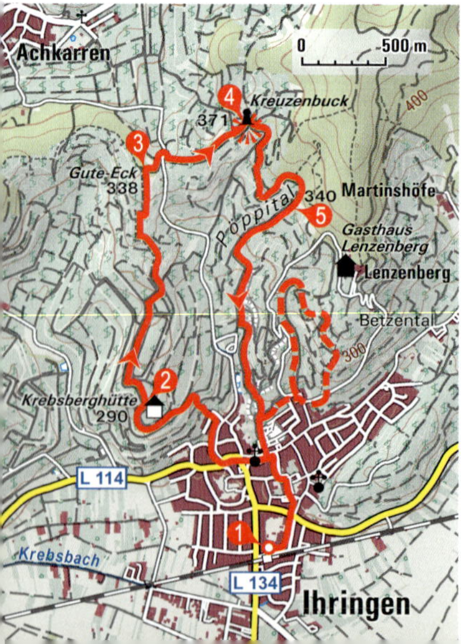

gentalweg nach links verlassen. Auf mehreren schmalen, mit Geländern gesicherten Treppen gewinnen wir rasch an Höhe und genießen dabei wunderschöne Ausblicke über den Ort.

An der **Krebsberghütte** 2, einer Schutzhütte mit Parkmöglichkeit, biegen wir links ab. Ohne nennenswerte Höhenunterschiede leitet uns die gelbe Raute auf einem kleinen Asphaltweg an einer Geländekuppe vorbei. Bald wird der Blick zum Gasthaus auf dem Lenzenberg frei, und wir wechseln wieder auf Schotterwege, die uns in den Reben ansteigend zum **Gute-Eck** 3 führen. Gemeinsam mit dem Knabenkrautpfad senkt sich der Weg in einem kurzen Zwischenabstieg zum **Kreu-**

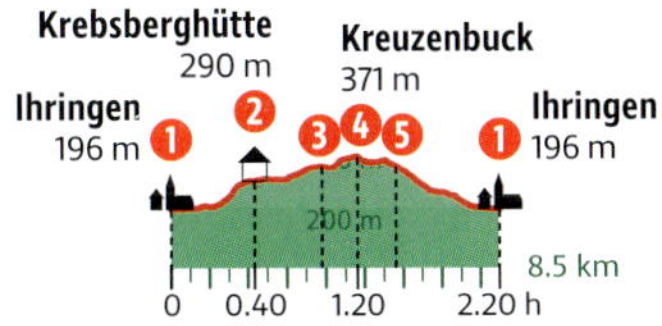

zenbuck-Pass an der Verbindungsstraße zwischen Ihringen und Achkarren hinab, ehe der direkte Wiederaufstieg zum aussichtsreichen **Jägerdenkmal** auf dem **Kreuzenbuck** ❹, 371 m, leitet. Der Rastplatz oder die Bank etwas oberhalb eignen sich hervorragend für eine Pause.

Anschließend wandern wir für wenige Minuten auf Asphalt bergab und biegen halblinks der Markierung folgend in einen flachen Schotterweg ein. Dieser führt uns bald am Waldrand entlang ins **Pöppital** ❺, wo wir vom Knabenkraut- auf den Bienenfresserpfad wechseln. In der Pöppigasse genießen wir die Vorzüge des Wanderns in einer typischen Lösshohlgasse: Das im Kaiserstuhl weit verbreitete Landschaftselement besitzt meist ein angenehm kühleres Mikroklima. Gleiches gilt für die Schlichtengasse, welche uns zum Abzweig **Schlichten** (siehe Variante) und zum **Kirchplatz** in Ihringen zurückführt. Wer einkehren möchte, hält sich rechts und findet entlang der Durchgangsstraße mehrere Gaststuben. Ansonsten folgen wir nach links dem Hinweg zum **Ausgangspunkt** ❶ zurück.

Vom Kreuzenbuck zeigt sich der Schlossberg oberhalb von Achkarren.

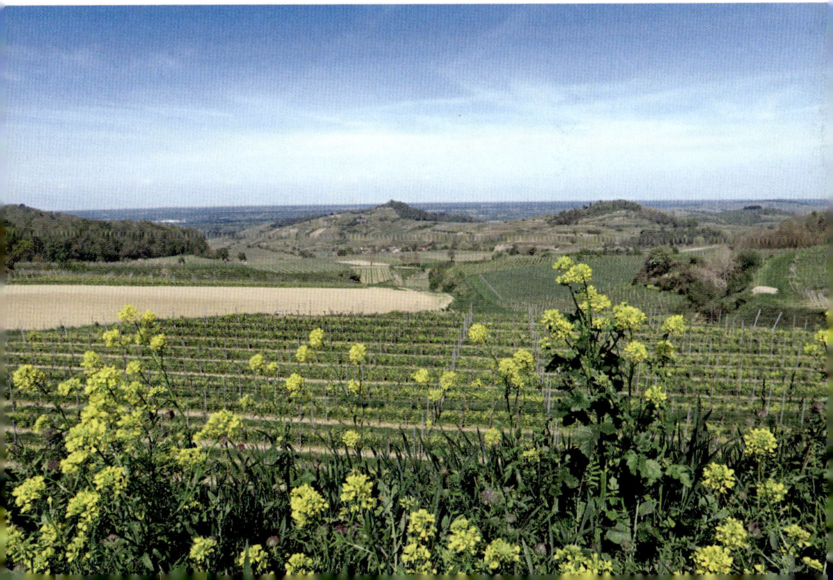

TOP

8

↗ 280 m | ↘ 280 m | 7.4 km

Lösshohlwegepfad Bickensohl

2.10 h

Spannende Exkursion in die Lösshohlgassen

Das vom Wind verfrachtete Sediment Löss ist ein charakteristischer Bestandteil der Kaiserstühler Landschaft und besitzt neben dem Klima maßgeblichen Anteil an der landwirtschaftlichen Gunst der Region. Ein Merkmal des Löss ist die Wasserdurchlässigkeit bei gleichzeitiger Speicherfunktion. Wird das Sediment verdichtet, verliert der Boden diese Eigenschaften, es kommt zu vermehrtem Oberflächenabfluss und dadurch zur Tiefenerosion. Durch das Befahren mit Fuhrwerken entstanden auf diese Weise metertiefe Hohlwege, von denen sich einige besonders beeindruckende um den kleinen Ort Bickensohl befinden. Die gelb leuchtenden Lösswände gelten heute als wertvolle ökologische Nische und sind Heimat für eine Vielzahl an Tieren wie den ansehnlichen Bienenfresser. 17 Infotafeln geben auf dem Lösshohlwegepfad Auskunft rund um das Sediment aus der Eiszeit.

Ausgangspunkt: Bickensohl (Stadt Vogtsburg im Kaiserstuhl), 264 m, wenige Parkplätze am Rebstockgarten in der Neunlindenstraße; alternativer Ausgangspunkt am Wanderparkplatz Rischbühl ❹.
ÖPNV: Breisgau-S-Bahn nach Breisach, Bus Linie 104 (Breisach – Vogtsburg) Haltestelle »Bickensohl, Ort«.
Karte: Breisach am Rhein (W246).
Anforderungen: Unschwierige Wanderung mit nur kurzen Steilstufen; bei Nässe in den Hohlwegen rutschig.
Einkehr: Unterwegs keine; Möglichkeiten in Bickensohl.

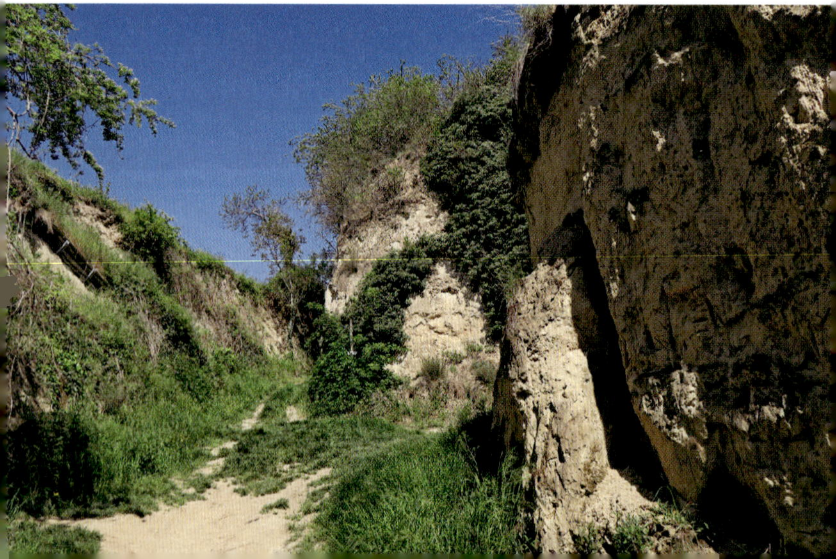

Der spannende Ausflug in die Lösshohlwege beginnt am **Rebstockgarten** unweit der **Ortsmitte** von **Bickensohl** ❶. Am Hotel Rebstock vorbei führen Neunlindenstraße und Hohlgasse an den Ortsrand mit dem unteren **Einstieg** in die **Eichgasse**, den vielleicht schönsten Hohlweg im Kaiserstuhl. Gelb leuchten die mächtigen Lösswände, um uns herum ist oft das Konzert der Singvögel zu vernehmen. Beim Aufstieg verjüngt sich der Hohlweg zunehmend, ehe wir am Abzweig **Geiser**, hier scharf links, für einige Minuten in typische Weinberglandschaft eintreten. **Arnos Hüttle** passierend gelangen wir zum Wegpunkt **Käfer** und steigen rechter Hand steil im Wald zur aussichtsreichen Schutzhütte auf dem **Strümpfeköpfle** ❷ an. Von der Panoramaliege oder aus der Hütte heraus genießen wir einen herrlichen Blick über die Umgebung zu den Vogesen.

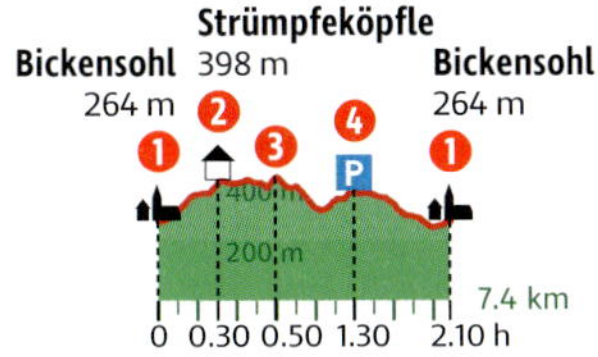

Nach der Rast geht es unterhalb der Hütte ohne markante Steigungen zum **Dachsbuck**, wo ein weiterer Waldabschnitt beginnt. In Schatten spendendem Laubwald leiten uns die Richtungspfeile zum Wegweiser **Roßläger** ❸, unterwegs schweift der Blick über Bickensohl und Oberbergen nach Burkheim. Wir halten uns rechts und steuern, bald wieder mit weitem Blick, den **Halbuck** an. Dieser wird vom Lösshohlwegepfad zu drei Vierteln umrundet, bevor sich die Route bequem nach **Obermatten** hinab senkt. Vor dem ersten Haus biegen wir scharf links ab und gewinnen auf einem kleinen Weglein eine höher gelegene Weinterrasse. Die **Ensentalhütte** passierend führt danach ein weiterer Hohlweg im Wald bergan, der am **Wanderparkplatz Rischbühl** ❹ endet.

Ein abermals herrlich aussichtsreicher Abschnitt verläuft auf grasigen Wegen und auf Schotter zum Vogesenblick am Abzweig **Wingstel** mit Panoramaliege. Dahinter taucht der Pfad in die idyllische **Blachengasse** ein. An deren Ende überqueren wir die Achkarrer Straße und wandern noch einige Minuten durch die Reben, ehe uns die Markierung beim Wegpunkt **Hönig** rechter Hand in ein Waldstück dirigiert. Zwischen den Bäumen gelangen wir auf einer Pfadspur hinab zu einem Wohngebiet mit der Straße Im Riedgarten. Hier rechts, am Ende links und wiederum rechts zurück in die Ortsmitte von **Bickensohl** ❶.

Die Eichgasse zählt zu den am besten erhaltenen Lösshohlwegen im Kaiserstuhl.

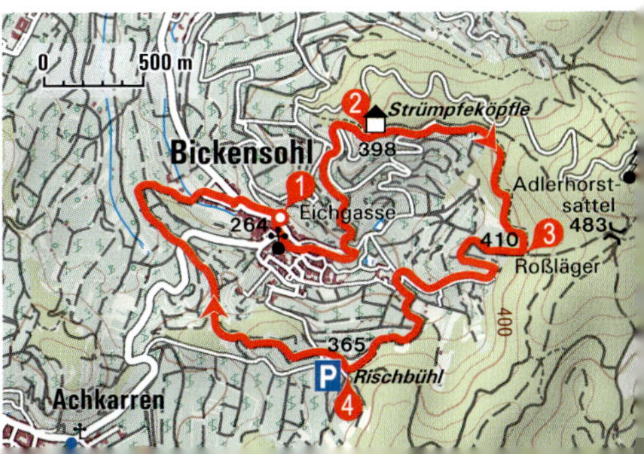

↗ 300 m | ↘ 300 m | 7.5 km

9 Achkarren – Schlossberg

2.15 h

Gipfelziel über dem Achkarrer Tal

Mit dem Schlossberg und dem Schneckenberg erheben sich nördlich von Achkarren zwei nahezu gleich hohe Berge, die besonders vom Kreuzenbuck bei Ihringen als markantes Gipfelpaar hervortreten. Der westliche der beiden trug einst die Burg Höhingen, die jedoch im ausgehenden Mittelalter zerstört und Mitte des 17. Jahrhunderts vollends aufgegeben wurde. Seither dienten die Mauern als Steinbruch. Der Schlossberg selbst besteht aus Vulkangestein, welches am Rittersprung abgebaut und unter anderem bei historischen Bauten in der Umgebung verwendet wurde, beispielsweise für Renovierungsarbeiten am Stephansmünster und am Rheintor in Breisach.

Ausgangspunkt: Achkarren (Stadt Vogtsburg im Kaiserstuhl), 187 m, Parkmöglichkeiten am Bahnhof in der Straße Am Bahnhof.
ÖPNV: Breisgau-S-Bahn nach Achkarren.
Karte: Breisach am Rhein (W246).

Anforderungen: Mehrheitlich einfache Rundwanderung mit kurzen Steilstufen; im Weinberg wechselnd auf Asphalt, Schotter und Gras; im Wald auch schmale Pfade.
Einkehr: Mehrere Möglichkeiten in Achkarren.

Zu Beginn unserer Tour orientieren wir uns an der roten Raute auf gelbem Grund, die den Querweg Schwarzwald – Kaiserstuhl – Rhein markiert, und wandern vom etwas außerhalb des Ortskerns liegenden **Bahnhof** in **Achkarren** ❶ in nordöstlicher Richtung zur Kreuzung **Feldacker**. Um die Runde im Gegenuhrzeigersinn zu begehen, biegen wir rechts auf den Wiedehopfpfad ab. Zunächst durch Wald, später in sonniger Rebflur umrundet dieser die Kuppe des **Böhmischbergs** zum dortigen **Kreuz** ❷. Kurz darauf taucht der Weg erneut in den Wald ein und gewinnt den Abzweig **Kohlplatz**, wo man vermutlich einst Holzkohle produzierte. Hier verabschieden wir den Wiedehopfpfad nach rechts, biegen selbst links ab und wandern auf herrlichen Waldpfaden zum Grillplatz an der **Castellberghütte** ❸. Eine kleine Straße senkt sich nun ins Zentrum von **Achkarren** hinab, wo wir uns am Dorfbrunnen erfrischen und in verschiedenen Gaststätten einkehren können.

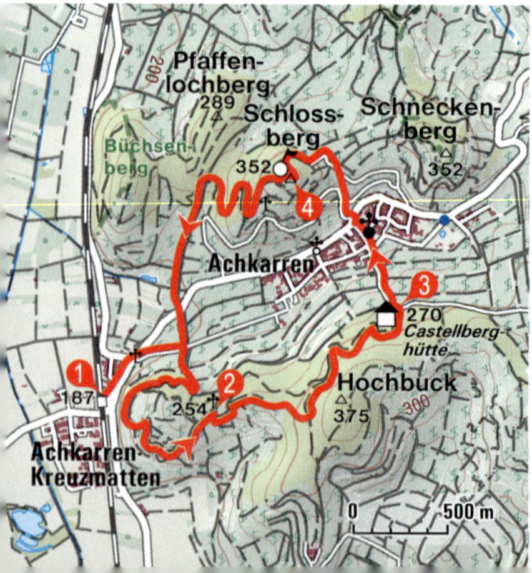

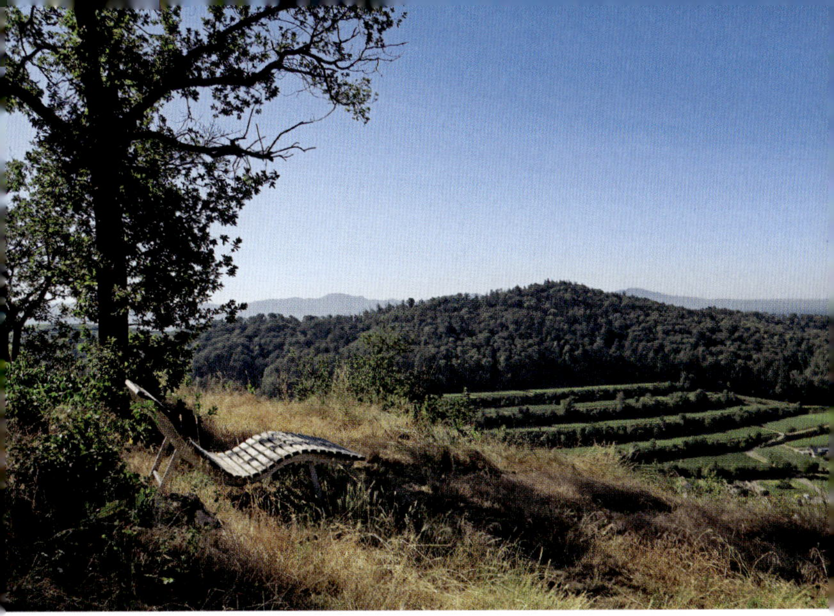

Panoramaliege auf dem Schlossberg.

Der zweite Anstieg des Tages führt mit der bekannten Querweg-Raute in nördlicher Richtung aus der Bebauung hinaus und recht steil hinauf zum **Hofacker-Kreuz**. Erneut wechseln wir vom Querweg auf den Wiedehopfpfad, folgen diesem aber nur kurz bis zum **Oberen Ebnet**, denn der Themenpfad umgeht unser Gipfelziel auf bequemen Waldwegen. Daher wandern wir, von der gelben Raute geleitet, auf sehr schönen Pfaden zunächst zur **Lourdes-Grotte** hinauf. Danach ist es nicht mehr weit zum Gipfel des **Schlossbergs** 4, 352 m. Neben den Mauerresten empfangen uns ein Unterstand und eine Panoramaliege. Der Ausblick reicht über das Achkarrer Tal bis zum Schwarzwald mit dem dominanten Belchen und zu den Vogesen.

Nach der Gipfelrast steigen wir auf der anderen Bergseite im Bereich des Waldrands und unter Flaumeichen ab. Nach einer kurzen Flachpassage zum **Ritterfelsen-Steinbruch** sind es wiederum schmale Pfade, auf denen sich der Abstieg in ein paar Serpentinen zum **Römerweg** vollzieht. Linkshaltend ist danach wieder die Kreuzung **Feldacker** erreicht, wo sich die Runde schließt. Über bekanntes Terrain bewegen wir uns zum **Ausgangspunkt** 1 zurück.

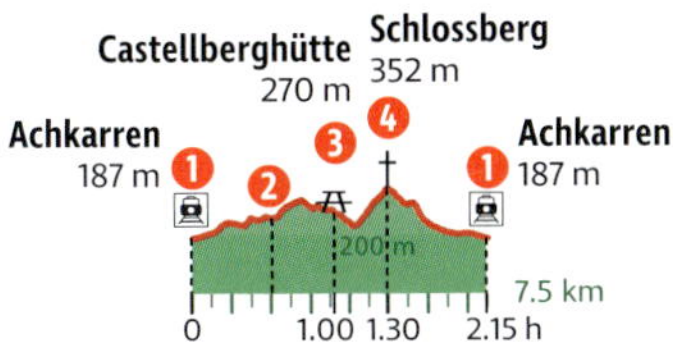

↗ 150 m | ↘ 150 m | 8.8 km

10 Burkheim – Burg Sponeck

2.20 h

Höhenburg über der Rheinaue

Wie viele andere Wandervorschläge dieses Führers bietet auch diese Tour Gelegenheit, die zahlreichen Schätze am Wegesrand in Ruhe zu entdecken. Dazu gehört zunächst die historische Altstadt von Burkheim, einem Teilort der Stadt Vogtsburg. Das charmante Städtchen kann nach der Wanderung ausgiebig erkundet werden, wobei sich auch ein Besuch im Korkenziehermuseum lohnt. Unterwegs entführen die Ruinen der Burg Sponeck bzw. eines römischen Kastells in frühere Zeit. Von der mittelalterlichen Burg selbst ist leider nichts erhalten. Die heutigen, teils verfallenen Gebäude stammen aus dem 19. und 20. Jahrhundert. Nach einem Bummel durch die Rheinauen besteht die Möglichkeit zu einer Abkühlung im Burkheimer Baggersee.

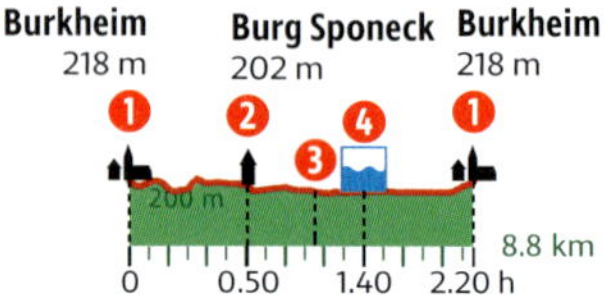

Ausgangspunkt: Burkheim (Stadt Vogtsburg im Kaiserstuhl), 218 m, Parkplatz am Kirchberg in der Straße Am Kirchberg.
ÖPNV: Breisgau-S-Bahn nach Burkheim-Bischoffingen (siehe Variante).
Karte: Breisach am Rhein (W246).
Anforderungen: Auf dem Weg zur Burg Sponeck schmale Waldpfade oberhalb einer sporadisch versicherten Abbruchkante mit Absturzgefahr; ansonsten einfache Wege und Pfade.
Einkehr: Unterwegs keine; etliche Möglichkeiten in Burkheim.
Variante: Zugang vom Bahnhof Burkheim-Bischoffingen (hin und zurück zusätzlich 4,2 km; 60 Hm; 1.00 Std.; Schwierigkeit: leicht).

Vom Parkplatz am Kirchberg (= **Wanderparkplatz Im Bündle**) oberhalb der historischen Altstadt von **Burkheim** ❶ machen wir uns auf in die Weinberge und folgen dem Wiedehopfpfad bergan zu einem **Aussichtspavillon**, der eine exzellente Sicht auf das Schloss gewährt. Mit Blick über die Auenlandschaft des Rheins umrunden wir auf der gelben Raute den Burgberg auf seiner Südseite, ehe wir am **Kreidenberg** in die Wälder oberhalb der Abbruchkante des Felsmassivs eintauchen. Von einer kurzen Freifläche beim **Wegkreuz Erlacher** unterbrochen, zieht sich der schmale Waldpfad ansprechend dahin. Ein alter Zaun soll ein Abrutschen verhindern, dennoch ist insbesondere bei Nässe etwas Vorsicht geboten. Kurz darauf erreichen wir die **Burg Sponeck** ❷. Der heutige Turm ist der einstigen Burg nachempfunden, das gesamte Gelände in Privatbesitz und nicht frei zugänglich. Beim etwas unterhalb liegenden **Parkplatz Sponeck** wechseln wir vom Wiedehopfpfad linker Hand auf einen auch bei Radfahrern beliebten Schotterweg, der hier als Teil des Rheinauenwegs ausgeschildert ist. Dieser leitet uns unschwierig durch den **Auwald** zur **Badischen Brücke** ❸. Wir biegen rechts ab und erreichen rasch den Wegweiser **Steingrüngrund**. Hier verlassen wir den Rheinauenweg und folgen der gelben Raute durch das Naturschutzgebiet Rappennestgießen. Dazu überqueren wir die Asphaltstraße nach rechts (der Rheinauenweg führt parallel zu dieser direkt nach Süden), wechseln auf einen schmalen Pfad und überqueren sogleich auf einer kleinen Brücke einen Wasserlauf. Als wunderschöner Waldpfad zieht sich der Weg in der Folge durch den Auwald. Mit dem Gesang der Vögel und der ansonsten spürbaren Ruhe fühlt man sich wie in eine andere Welt versetzt. Der Pfad mündet an der **Warnberger Brücke** in die Zufahrt zum Baggersee, und wer dorthin gehen möchte, gelangt in wenigen Minuten nach rechts zum **Badesee Burkheim** ❹ (zahlreiche Parkplätze).

Der Rückweg führt uns kurz entlang der Straße und dann halbrechts zum Wegweiser **Kälberwörth**, wo wir uns rechts halten und zum Abzweig **Messersgrün** gelangen. Nun nach links, über den Hochwasserdamm und kurz darauf aus dem Wald hinaus ins offene Feld. Auf dem quer verlaufenden Weg biegen wir links ab und wandern zurück in Richtung **Burkheim** ❶, das wir am **Zollhäuser-Kräuterhof** erreichen. Zum Abschluss der Tour empfiehlt sich ein Bummel durch die Gassen des vielleicht schönsten Ortes im Kaiserstuhl.

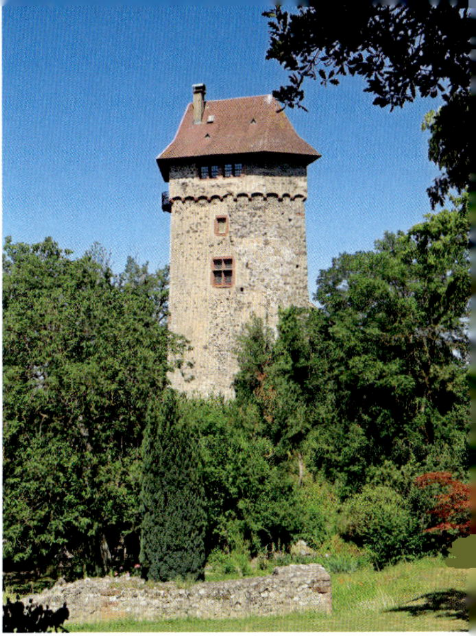

An den Überresten der Burg Sponeck.

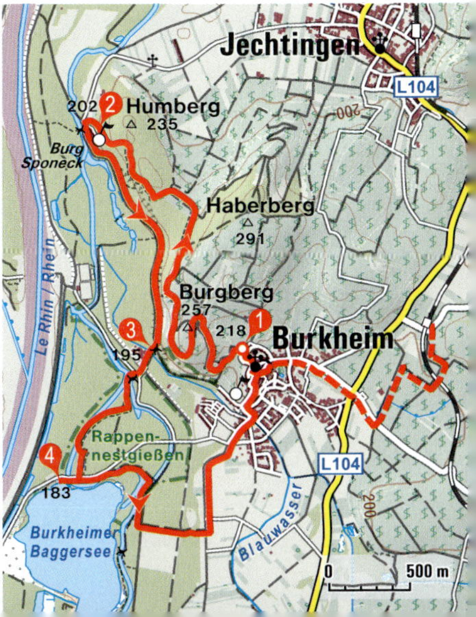

TOP

↗ 180 m | ↘ 180 m | 8.2 km

11 Sasbach – Limberg

2.15 h

Burg Limburg und Sasbacher Badesee

Die Ruine der Limburg befindet sich unmittelbar über dem Rhein und gewährt daher einen eindrucksvollen Blick auf den deutsch-französischen Grenzfluss. Einen alten Flussübergang zu bewachen war auch Ziel der mittelalterlichen Burganlage. Darüber hinaus ist der Limberg bei Sasbach für sein Vulkangestein Limburgit bekannt, welches seinen Namen von diesem Fundort erhielt und an mehreren Stellen abgebaut wurde. Daher ist der Limberg ein beliebtes Exkursionsziel für Geologen. Auch auf unserer kurzen Wanderung kommen wir an einem ehemaligen Steinbruch vorbei, der einen Blick auf zwei Lavaströme offenbart. Auf dem Rückweg nach Sasbach lädt der Baggersee zum erfrischenden Bad ein.

Ausgangspunkt: Sasbach, 182 m, Parkmöglichkeiten am Bahnhof in der Hauptstraße; weitere Parkplätze am Zollhäusle.
ÖPNV: Breisgau-S-Bahn nach Sasbach.
Karte: Breisach am Rhein (W246).
Anforderungen: Ab dem Zollhaus sehr einfache Wanderung; auf dem Limberg schmale, leichte Pfade, die hin und wieder etwas Trittsicherheit verlangen.
Einkehr: Mehrere Möglichkeiten in Sasbach; an der Route: Gasthaus Zur Limburg, Mo. und Di. Ruhetag, gasthaus-zur-limburg.de.

Blick über Sasbach zum Limberg.

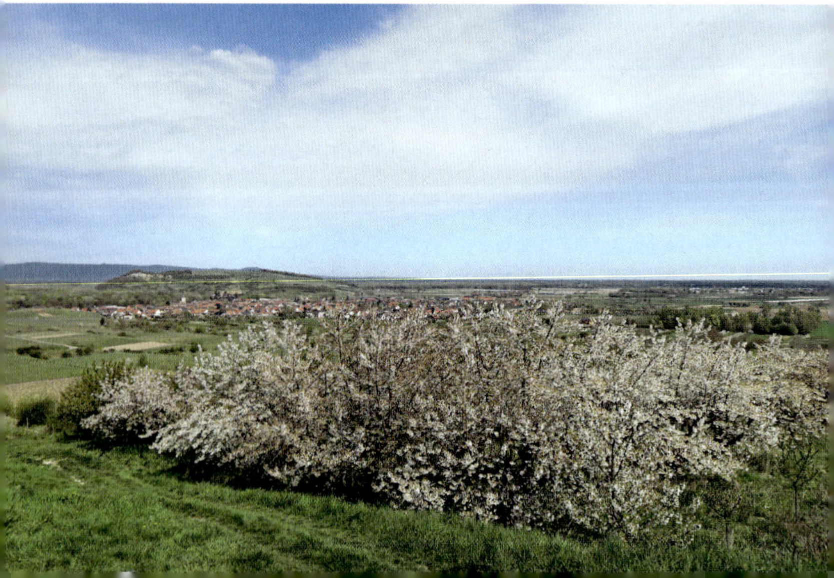

Vom **Bahnhof** in **Sasbach** ❶ folgen wir der Hauptstraße in die Ortsmitte, wo an der **Kirche** unser Rundkurs beginnt. Zunächst wandern wir auf dem Wiedehopfpfad entlang eines Gewerbegebiets zum Ortsrand von Sasbach und steigen entlang des Kreuzwegs zur sehenswerten **Litzelbergkapelle** ❷ (auch Lützelbergkapelle) aus dem 17. Jahrhundert auf. Hinter dem Gotteshaus leiten Treppenstufen hinab, und durch die Reben gelangen wir zum Abzweig **Leimengrube**, wo wir uns nach links orientieren und auf einem Grasweg abwärts wandern. Kurz vor der Straße beginnt der Wiederaufstieg, bald im Wald, zum **Steinbruch Süd**, wo wir uns vom Wiedehopfpfad verabschieden und halbrechts weiter wandern. Über verschlungene Waldpfade erklimmen wir einige Höhenmeter, treten aus dem Wald wieder in offenes Kulturland ein, und gelangen zum rechts des Weges liegenden Aussichtspavillon **Kaiserstuhlblick**. Kurz darauf ist auf der linken Seite auch der Abstecher zum Vogesenblick ausgeschildert. Panoramatafeln erläutern jeweils die markanten Geländepunkte. Über den **Limberg** ❸, 272 m, wandern wir zum Abzweig **Keltenwald** und biegen linker Hand auf einen weiteren wunderschönen Waldpfad ein, dem wir bis zum **Steinbruch Nord** folgen. Wenige Meter links vom Weg informiert eine Tafel über den geologischen Untergrund. Kurz darauf beginnt links der nächste kurze Anstieg. Über einen Seitenpfad nach rechts erreichen wir die Ruine der **Burg Limburg** ❹, die wir durch einen Torbogen betreten. Vom Kreuz bietet sich ein herrlicher Blick auf den Rhein. Anschließend steigen wir durch den **Limburg-Graben** auf einem steilen Serpentinenpfad zum **Parkplatz Zollhäusle** ab.

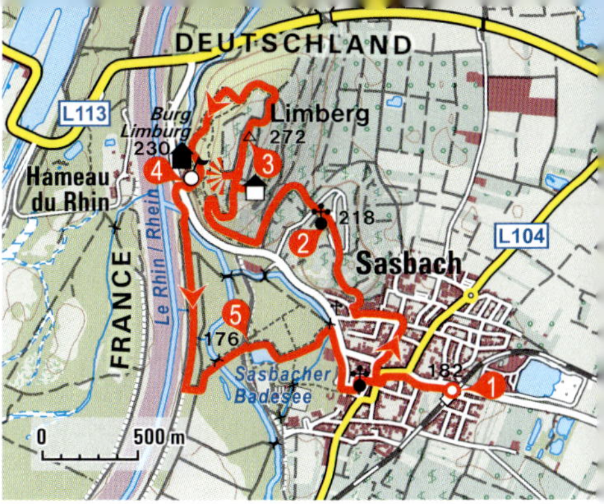

Am Parkplatz wechseln wir von der gelben Raute auf den Rheinauenweg (blaue Wellen in weißer Raute) und wandern eine Zeit lang am Rheinufer entlang nach Süden. Beim **Segelclub Sasbach** wechseln wir linker Hand zurück auf die gelbe Raute und schlendern hinüber zum idyllisch gelegenen **Badesee** ❺, wo man im Sommer die Tour mit einer Abkühlung im Wasser beschließen kann. Über gemütliche Waldpfade gelangen wir anschließend zurück zum Ortsrand von Sasbach. Die gelbe Raute führt uns zur **Kirche** und links um diese herum zum Gasthof Löwen. Der Weg zum **Ausgangspunkt** ❶ ist identisch mit dem Hinweg.

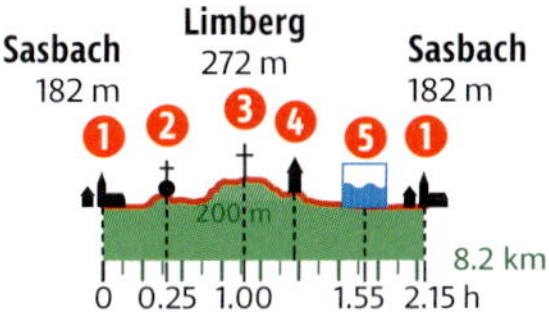

↗ 290 m | ↘ 290 m | 11.3 km

12 Königschaffhausen – Amolterer Heide

3.10 h

Ins älteste Naturschutzgebiet des Kaiserstuhls

Vom charmanten Örtchen Königschaffhausen steigen wir durch Reben in angenehm kühlendem Wald auf und wandern ins beschauliche Amoltern hinüber, dem kleinsten Ort im Kaiserstuhl. Hier beginnt der Aufstieg zum Naturschutzgebiet Amolterer Heide. Im ältesten Schutzgebiet der Region haben wir gute Chancen, verschiedene Orchideen wie das Knabenkraut sowie eine Fülle von Schmetterlingen anzutreffen. An einem herrlichen Aussichtspunkt mit der Skulptur Friedenstaube vorbei gelangen wir durch die Weinberge bis kurz vor Endingen und am Nordrand des Vulkangebirges zurück nach Königschaffhausen. Wer einen Kurztrip plant, kann alternativ den Amolterer Kräuterpfad begehen (siehe Variante).

Ausgangspunkt: Königschaffhausen (Stadt Endingen am Kaiserstuhl), 185 m, Parken am Bahnhof in der Bahnhofstraße.
ÖPNV: Breisgau-S-Bahn nach Königschaffhausen.
Karte: Breisach am Rhein (W246).
Anforderungen: Einfache Rundwanderungen auf bequemen Wegen und leichten Pfaden.
Einkehr: Mehrere Möglichkeiten in Königschaffhausen und Amoltern.
Variante: Am Friedhof von Amoltern (Parkplatz, Infotafel) beginnt der Amolterer Kräuterpfad. Der separat ausgewiesene Spazierweg informiert auf mehreren Schautafeln zum Thema Kräuterkunde (5,0 km, 150 Hm, 1.30 Std.; Schwierigkeit: leicht).

Wir beginnen unsere gemütliche Halbtagestour am **Bahnhof** von **Königschaffhausen** ❶, von wo uns die gelbe Raute über die Bahnhofstraße zur Endinger Straße (L105) leitet. Hier links und gleich wieder rechts, dann gelangen wir über die Gausbergstraße ins **Grubenfeld**. Während von links der Rückweg einmündet, bleiben wir zunächst geradeaus. Gut auf die Markierungen achtend gewinnen wir in den Rebhängen allmählich an Höhe. Bei der **Gausberghütte**, einer Grillhütte, die man für private Feiern mieten kann, wandern wir rechtshaltend auf grasigen Wegen, später auf einem Pfad weiter und treffen am Abzweig **Eichert** ❷ auf den Kirschbaumpfad.

Für uns geht es auf dem mit der gelben Raute markierten Kirschbaumpfad nach links hinauf, wobei sich immer neue Ausblicke über die angrenzenden Ortschaften öffnen. Der erste Anstieg endet **Im Riedle**, und ein kurzer Waldabschnitt sorgt für Erfrischung. Auf dem Weg zum Dorfbrunnen in **Amoltern** ❸ verlieren wir einige Höhenmeter, beginnen rechter Hand jedoch den sofortigen Wiederaufstieg. Dieser führt uns am Friedhof (siehe

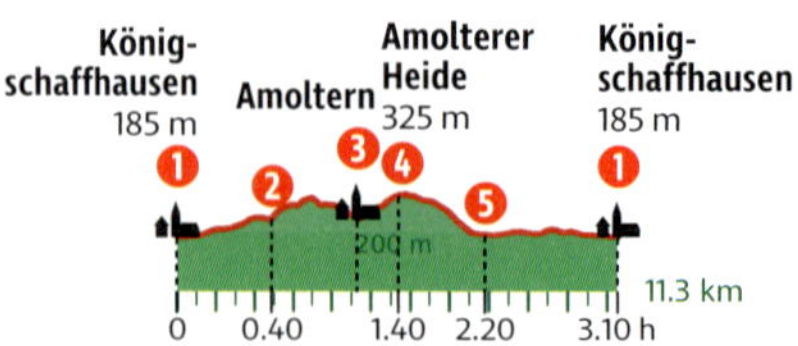

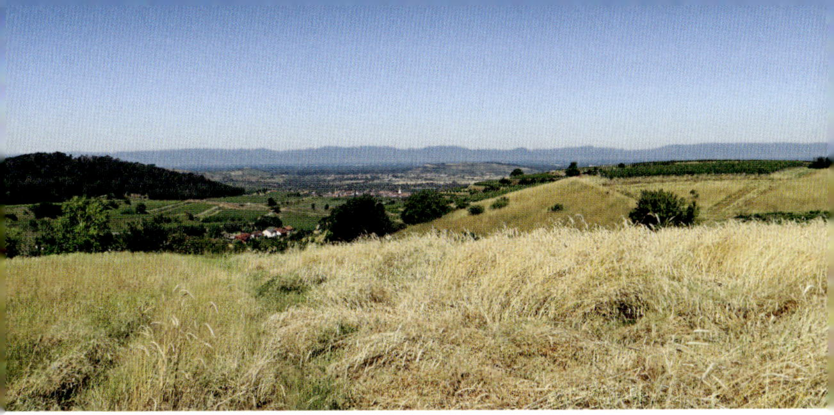

Auf der Amolterer Heide.

Variante) vorbei in einigen Serpentinen bergan. Eine Panoramaliege steht für eine Rast zur Verfügung. Noch aussichtsreicher gestaltet sich die Pause beim nahen Bergkreuz auf der **Amolterer Heide** 4, einem landschaftlichen Kleinod zwischen Wald und Reben (hier Kombinationsmöglichkeit mit Tour 13). Wir trennen uns vom Kirschbaumpfad, setzen unseren Weg nach links fort und wandern am **Spitalwald** weiter geradeaus. Danach verlassen wir dann für einige Minuten das Wegenetz des Schwarzwaldvereins, welches links weiterführen würde, denn nach rechts weist ein kleines Schild den Weg zur **Friedenstaube**. Dorthin gelangen wir im Bereich des Waldrands. Neben dem Kunstwerk ist eine Panoramaliege installiert, ein wunderschöner Ort zum Entspannen und Verweilen. Die Grundrichtung beibehaltend befinden wir uns kurz darauf wieder auf markierten Wegen und wandern rechtshaltend hinab zum Wegweiser **Bühle** 5. Hier besteht die Möglichkeit, in einer guten Viertelstunde nach Osten zum Endinger Bahnhof abzukürzen. Andernfalls biegen wir scharf links ab und verfolgen die gelbe Raute, die zwischen Streuobstwiesen und Weinreben die K5129 ansteuert. Auf dieser kurz rechts, sogleich wieder links und auf bequemen Wegen zurück ins **Grubenfeld**, wo sich die Rundwanderung schließt. Der Rückweg zum **Bahnhof** von **Königschaffhausen** 1 vollzieht sich auf bekannter Strecke.

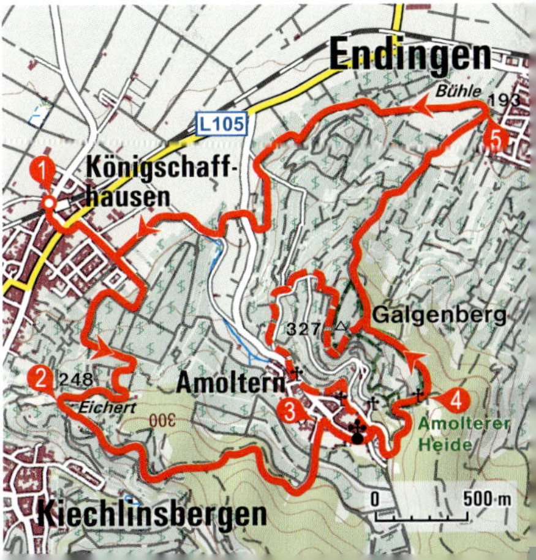

↗ 430 m | ↘ 430 m | 11.2 km

13 Endingen – Katharinenberg

3.20 h

Von der Weinstadt zur Kapelle auf dem dreieckigen Stein

Bis zum Bau der Katharinenkapelle trug der dritthöchste Berg im Kaiserstuhl den Namen Hankrot, erst nachträglich wurde er in Katharinenberg umbenannt. Die Treppenstufen des Gotteshauses stehen exakt auf jenem Punkt, wo die Gemarkungen der drei Gemeinden Endingen, Schelingen und Amoltern zusammentreffen. Etliche Wege steuern das Pilgerziel an, mehrfach im Jahr finden auch Gottesdienste statt. Sofern die Kapelle geöffnet ist, lohnt sich eine Besteigung des Kirchturms, wo wir eine hübsche Aussicht genießen können. Der Aufstieg aus der historischen Altstadt von Endingen erfolgt oberhalb des naturschönen Erletals. Dort kann man zum Abschluss der Tour noch am Badeweiher vorbeischauen oder eine Runde Minigolf spielen.

Ausgangspunkt: Endingen, 186 m, Parkmöglichkeiten am Bahnhof in der Carl-Loesch-Straße.
ÖPNV: Breisgau-S-Bahn nach Endingen.
Karte: Breisach am Rhein (W246).
Anforderungen: Angenehmer Mix aus Waldpfaden und bequemen Wegen; beim Abstieg vom Katharinenberg ist etwas Trittsicherheit von Vorteil.
Einkehr: Zahlreiche Möglichkeiten in Endingen; an der Route: Kiosk auf dem Katharinenberg, im Sommerhalbjahr an den Wochenenden geöffnet.

Mit einer dünnen Schneeauflage wirkt der Wald am Katharinenberg geradezu märchenhaft.

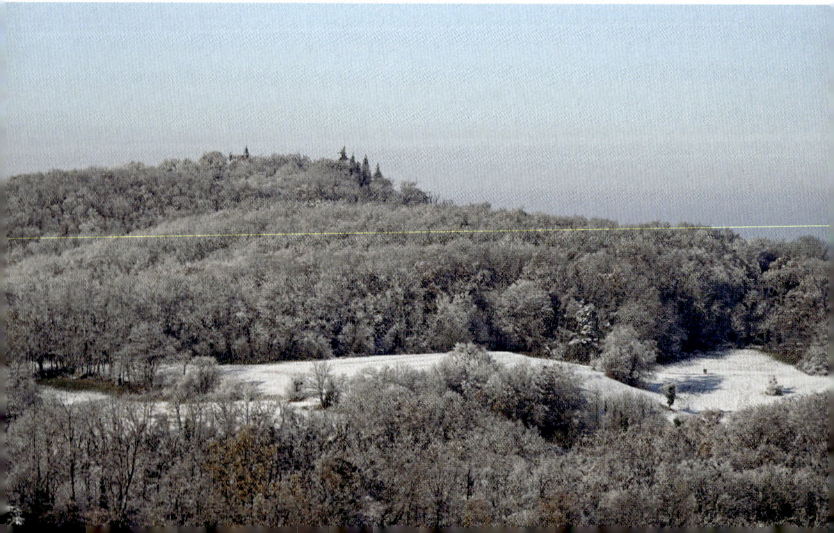

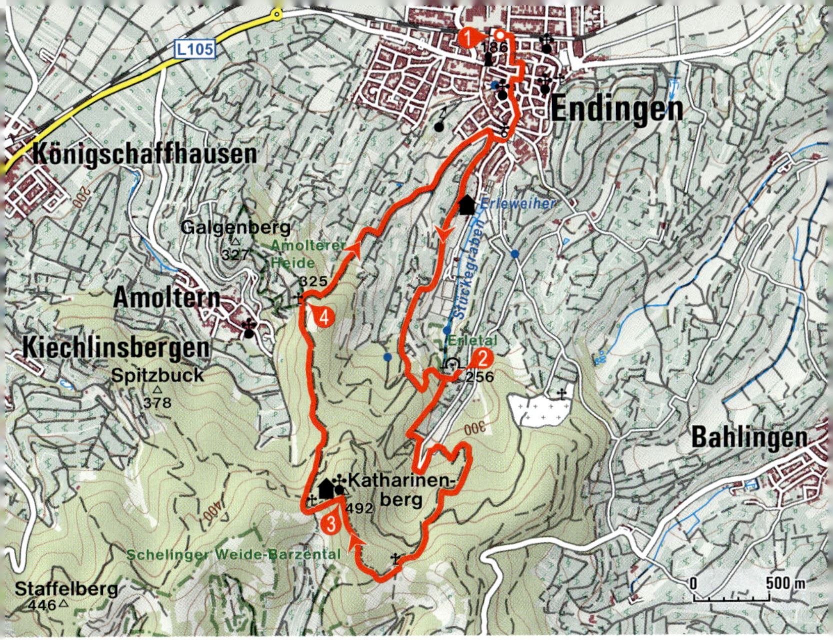

Am **Bahnhof** in **Endingen** ❶ orientieren wir uns nach Süden und wandern am Käsereimuseum vorbei zum Marktplatz in der historischen Altstadt. Die Martinskirche passierend erreichen wir den **Schützen** und halbrechts an der **Marienkapelle** vorbei den nahen Wegweiser **Im Teninger Acker**, wo später der Rückweg einmündet. Wir erwandern die Tour im Uhrzeigersinn und gelangen halblinks durch eine Hohlgasse hinauf in die Weinberge. Während sich in unserem Rücken erste schöne Blicke über Endingen ergeben, ist hoch oben bereits die Katharinenkapelle auszumachen. Zumeist sanft ansteigend wandern wir in der terrassierten Landschaft unserem Ziel entgegen, erreichen den Waldrand und kurz darauf eine kleine Asphaltstraße. Hier gehen wir links zum Wegweiser **Schindhalde**, von wo man direkt zum Katharinenberg abkürzen kann. Für uns geht es jedoch zunächst linker Hand einige Höhenmeter bergab zum Wegpunkt **Beim Erleloch**. Der Abstecher zum **Erleloch** ❷ selbst nimmt nur wenige Minuten in Anspruch. Der etwa 100 Meter lange, begehbare Stollen war einst wichtiger Bestandteil der Endinger Wasserversorgung.

Zurück beim Wegweiser wandern wir mit der gelben Raute weiter in den **Erlendobel** und zum Grillplatz im hintersten Erletal. Dort folgt die gelbe Raute für einen Moment einer kleinen Asphaltstraße, taucht jedoch am Abzweig **Riedmatten** wieder in den Wald ein. In angenehmer Steigung

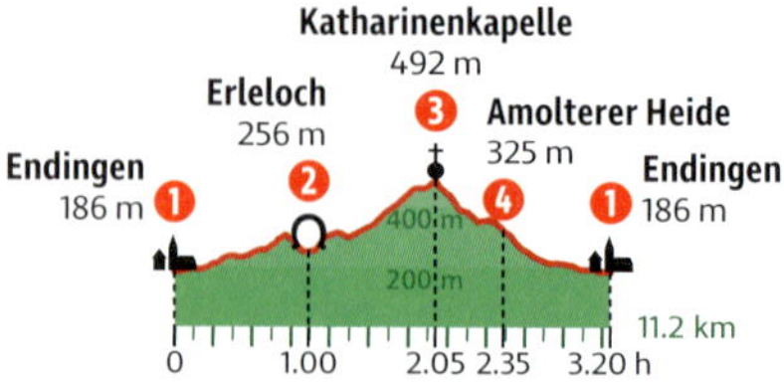

wandern wir unter Schatten spendenden Bäumen bis zum **Endinger Eck** hinauf und treffen dort auf den Querweg Schwarzwald – Kaiserstuhl – Rhein. Durch die **Linsengrube** ist es nun nicht mehr weit bis zur **Katharinenkapelle** ❸, 492 m. Wenn am Wochenende der Kiosk geöffnet hat, ist die Pause auf einer der zahlreichen Bänke am Gipfel umso schöner. Dann ist auch das kleine Gotteshaus zugänglich, und der Turm kann bestiegen werden.

Der Abstieg beginnt in westlicher Richtung, wo sich der Pfad kurzzeitig steil zum **Amolterer Eck** hinabsenkt. Hier halten wir uns rechts und folgen der gelben Raute zu den Wegpunkten **Waldmatten** und **Steingrube** und weiter hinab zum Bergkreuz auf der **Amolterer Heide** ❹ (hier Kombinationsmöglichkeit mit Tour 12). Von der Bank wenige Meter weiter genießen wir noch einmal ein ausgiebiges Panorama. Anschließend beginnen wir den Rückweg nach Endingen, der über den Kirschbaumpfad zurück in die schattenlosen Rebhänge führt. Über bequeme Wege gelangen wir durch eine Lösshohlgasse zum Ortsrand zurück und erreichen über den Weg vom Beginn wieder den **Bahnhof** von **Endingen** ❶.

Auf dem Rückweg kurz vor Endingen mit Blick zur Kirche Sankt Peter.

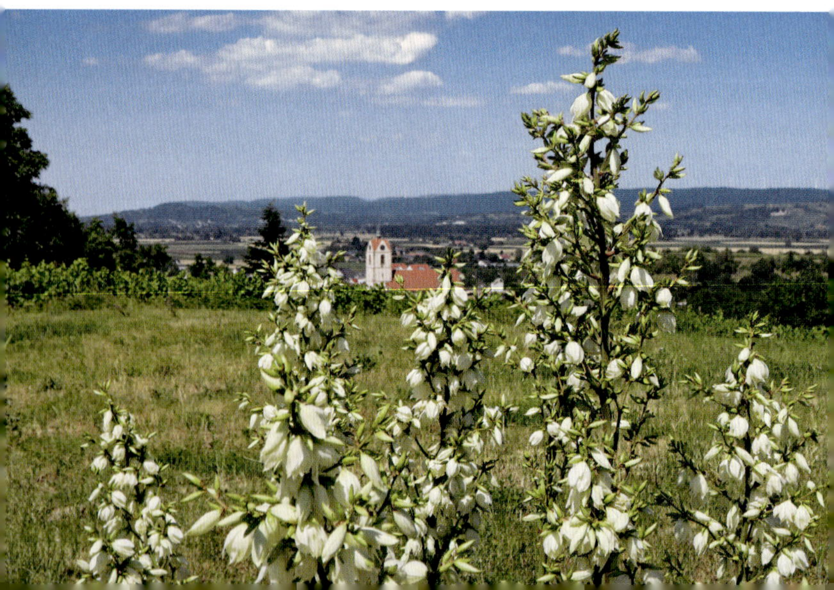

↗ 220 m | ↘ 210 m | 10.4 km

2.50 h

Riegel – Endingen

14

Von der Dreisammündung ins Erletal

Bei Riegel vereinigen sich Dreisam, Alte Dreisam sowie Elz und fließen kurzzeitig gemeinsam, ehe das Wasser danach teilweise als Alte Elz, teils über den Leopoldskanal schnurgerade dem Rhein zufließt. Von der Michaelskapelle (Variante, gleich zu Beginn der Tour) blickt man auf die Gewässer hinab. Dank ihrer überschaubaren Länge lässt sich die Wanderung gut mit einem weiteren Ziel verbinden. Beispielsweise gibt es in beiden Orten Museen zu besuchen. In Riegel kommen das Römermuseum und die Kunsthalle Messmer infrage, in Endingen das Käsereimuseum und das Vorderösterreich-Museum. Zudem kann man die Tour im Erletal ausklingen lassen, wo der Badesee und ein Minigolfplatz auf Besucher warten.

Ausgangspunkt: Riegel, 180 m, Parkmöglichkeiten am Bahnhof in der Römerstraße.
Zielpunkt: Endingen, 186 m, Parkmöglichkeiten am Bahnhof in der Carl-Loesch-Straße. Rückkehr nach Riegel mit der Breisgau-S-Bahn.
ÖPNV: Breisgau-S-Bahn nach Riegel Ort/ab Endingen.
Karte: Breisach am Rhein (W246).
Anforderungen: Einfache Wanderung durch die Weinberge, wechselnd auf Schotter- und kleinen Asphaltstraßen.
Einkehr: An der Route: Schambachstrauße, Fr. und Sa. am frühen Abend geöffnet; Kiosk im Erletal, im Sommerhalbjahr geöffnet; jeweils mehrere Möglichkeiten in Riegel und Endingen.
Variante: Vom Abzweig Römerstraße auf dem Kirschbaumpfad zum Elzdamm; von dort Aufstieg auf nicht sonderlich schwerem, jedoch stellenweise ausgesetztem Pfad zur Michaelskapelle (bei Nässe sehr heikel und nicht zu empfehlen, Absturzgefahr). Abstieg auf der Straße Wolfsgrube zum gleichnamigen Wegweiser, wo man auf die Hauptroute trifft. Im Vergleich zu dieser 1,0 km, 50 Hm und 20 Min. länger; Schwierigkeit: mittel.

Am **Bahnhof** in **Riegel** ❶ gehen wir einige Meter vor zur **Römerstraße** und müssen uns hier entscheiden, ob wir die lohnende, aber kurzzeitig heikle Variante begehen. Die Hauptroute führt zunächst entlang der Kirchstraße zur katholischen Kirche Sankt Martin, dann links und hinter dem Rathaus rechts durch den Ort. Am Wegweiser **Wolfsgrube** tritt die Variante wieder hinzu, und wir verlassen den Startort Riegel. Beim Abzweig **Am Dürleberg** ❷ wandern wir linker Hand durch einen Hohlweg bergan. Nachdem wir die Stromtrasse unterquert haben, öffnen sich erste schöne Blicke über die Umgebung.
Der Länge nach geht es über den Dürleberg, ehe am Abzweig **Bettlerküche** der Abstieg ins Tal der Riedhöfe erfolgt. Im Gegenhang erklimmen wir einige Höhenmeter und achten gut auf die gelbe Raute, die mit einigen Richtungswechseln durch die Reben leitet. 20 Meter unterhalb des Wegweisers **Engelsberg Wihlbach** ❸ halten wir uns links und wandern im sanften Auf

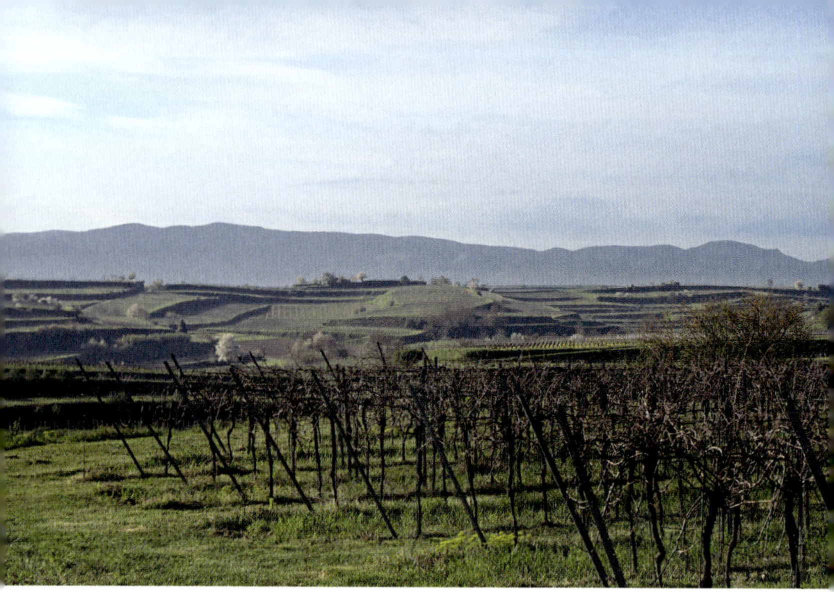

Hinter den Reben zeigt sich rechts der Belchen.

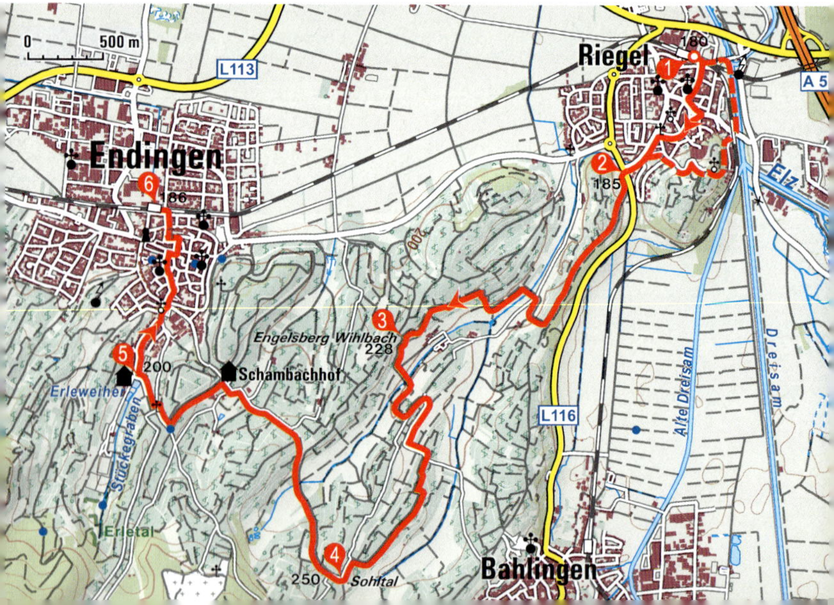

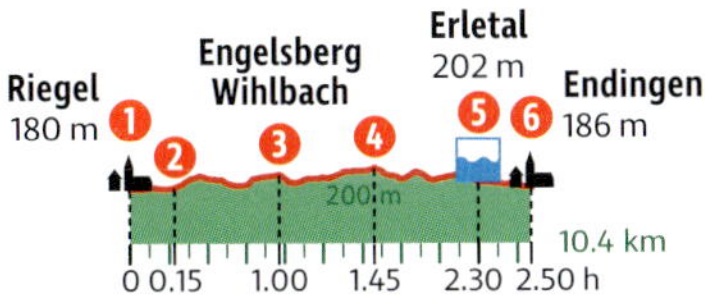

und Ab zum Abzweig **Schmählin**. Nun nach rechts und entlang von Weinreben und Obstbäumen wieder hinauf. An der Kreuzung **Sohltal-Hähle** 4 biegen wir rechts ab, queren abermals die bekannte Talsenke und erreichen auf dem **Schlimberg** wieder den Kirschbaumpfad, auf dem wir zu Beginn kurzzeitig unterwegs waren.

Gemeinsam mit dem Themenweg wandern wir einen Lösshohlweg hinab und gelangen zum **Schambachhof**, wo man sich am Wochenende in der Strauße mit regionalen Köstlichkeiten verwöhnen lassen kann. Während der Kirschbaumpfad direkt nach Endingen führt, biegen wir hinter dem Schambachhof links, an der Asphaltstraße rechts und kurz darauf bei einem Wegkreuz wieder links ab. So erreichen wir das **Erletal** 5 mit Kiosk, Minigolfplatz und Badeweiher. Von dort führt uns die gelbe Raute an der **Marienkapelle** vorbei zur Endinger Stadthalle und weiter in die sehenswerte Altstadt. Der Weg zum **Bahnhof** von **Endingen** 6 ist ausgeschildert.

Im Frühjahr prägen blühende Obstbäume das Bild mancher Wanderung.

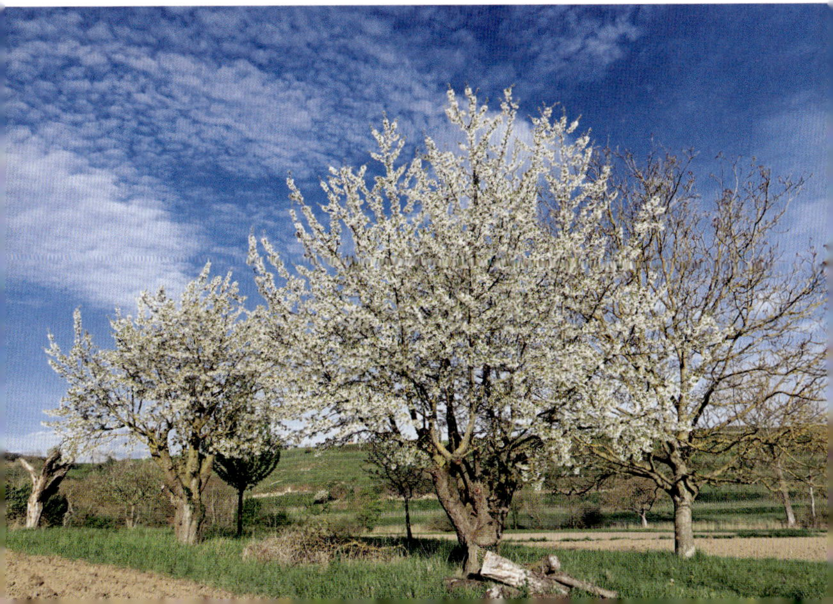

TOP

15 Kaiserstuhlpfad

↗ 880 m | ↘ 870 m | 21.5 km

6.30 h

Auf dem Premiumweg von Endingen nach Ihringen

Der Kaiserstuhlpfad von Endingen nach Ihringen ist mit dem Prädikat Premiumwanderweg ausgezeichnet und erfüllt damit eine Reihe von Qualitätsmerkmalen, wie eine besonders abwechslungsreiche Routenführung sowie eine durchgehende, separate Beschilderung. Die gut 20 Kilometer von Nord nach Süd durch das kleine Vulkangebirge bedeuten einen ausgefüllten Wandertag. Neben dem naturschönen Erletal gleich zu Beginn der Tour begeistern die Fernblicke von den höchsten Gipfeln bzw. von ihren Aussichtstürmen. Zum Abschluss bietet die Gastwirtschaft auf dem Lenzenberg eine ideale Gelegenheit zur Einkehr. Je nach Jahreszeit lassen sich dort traumhafte Sonnenuntergänge erleben.

Ausgangspunkt: Endingen, 186 m, Parkmöglichkeiten am Bahnhof in der Carl-Loesch-Straße.
Zielpunkt: Ihringen, 196 m, Parkmöglichkeiten am Bahnhof in der Bahnhofstraße. Rückkehr nach Endingen mit der Breisgau-S-Bahn über Gottenheim oder Breisach.
ÖPNV: Breisgau-S-Bahn nach Endingen/ab Ihringen.
Karte: Breisach am Rhein (W246).
Anforderungen: Die Anstiege erfordern Kondition, wenige Pfadpassagen (Eichelspitze, Vogelsangpass und kurz vor Ihringen) auch etwas Trittsicherheit, vor allem bei Nässe und auf lehmigem Untergrund.
Einkehr: An der Route: Kiosk im Erletal, im Sommerhalbjahr geöffnet; Kiosk auf dem Katharinenberg, im Sommerhalbjahr an den Wochenenden geöffnet; Möglichkeiten in Bickensohl; Gasthaus Lenzenberg (kurzer Abstecher), Di., Mi. und Do. Ruhetag, lenzenberg.de; jeweils zahlreiche Möglichkeiten in Endingen und Ihringen.

In **Endingen** ❶ folgen wir zunächst der gelben Raute vom **Bahnhof** in die historische Altstadt mit dem Marktplatz und wandern an der Martinskirche vorbei zum **Schützen**, wo zwei Schautafeln die Einstiege von Kaiserstuhlpfad und Neunlindenpfad markieren. Die **Marienkapelle** passierend erreichen wir die Freizeitanlage im **Erletal** und wandern hinter dem Badeweiher

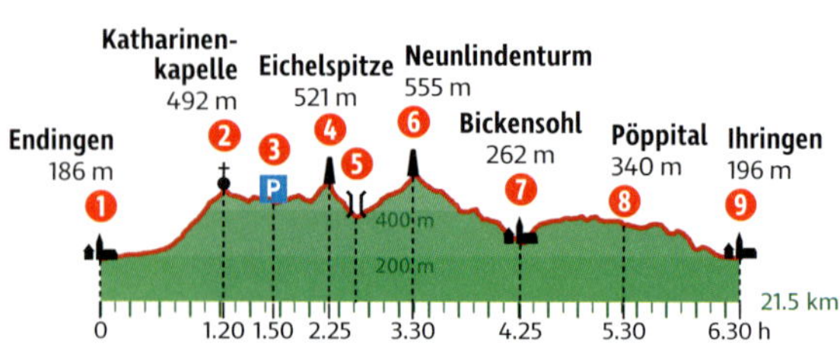

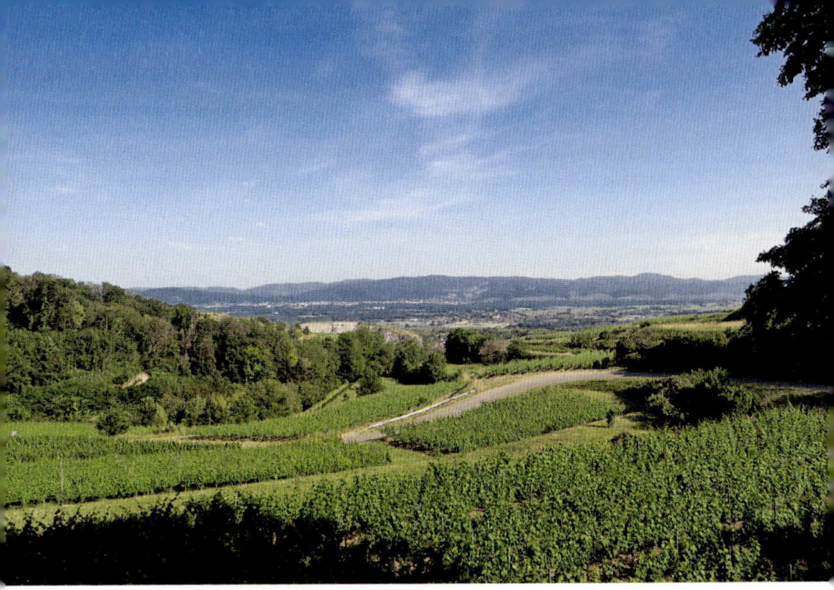

Am Vogelsangpass mit Blick in Richtung Freiburg und auf den Hochschwarzwald.

links und am Stückergraben entlang über die romantische Kastanienallee zur Marienquelle. Am Erleloch endet die gemütliche Einlaufphase, das Gelände steilt nun deutlich auf. Im Wechsel aus Pfaden und breiten Wegen steigen wir die **Schindhalde** hinauf zum **Seilnachtkreuz** und weiter zur **Katharinenkapelle** 2, 492 m. Wenn der Kiosk geöffnet hat, können wir uns mit kühlen Getränken versorgen und den Turm der Kapelle erklimmen, ansonsten laden wie auf allen Gipfelzielen des heutigen Tages Tische und Bänke zur Rast.

Vom Katharinenberg geht es kurz zurück zur Route und dann geradeaus hinab zum **Endinger Eck**, ehe wir im Bereich des Waldrands den **Wanderparkplatz** am **Bahlinger Eck** 3 ansteuern. Wir überqueren die Straße (K4976) und folgen dem Kammverlauf über den **Degenmatten** zur **Robert-Meier-Hütte** (Rastplatz, Blick zum Badberg und zum Haselschacher Buck) und beginnen den kurzzeitig steilen Aufstieg zur **Eichelspitze** 4, 521 m. Auch hier ist der Aufstieg auf den Aussichtsturm überaus empfehlenswert, dank der Infotafeln lassen sich die Gipfel im Blickfeld problemlos identifizieren. Der Abstieg vom zweiten Gipfel des Tages gestaltet sich auf den ersten Metern sehr steil, jedoch flacht das Gelände ab dem Wegweiser **Blassendobel** deutlich ab, und wir wandern über lehmige und zuweilen rutschige Pfade zum **Vogelsangpass** 5 hinunter. Nach Überqueren der Straße (L115) führen breite Wege im Weinberg zur **Schönen Aussicht**, wo etwas rechts versetzt der nächste Anstieg wartet. Angenehme, passagenweise auch recht steile Waldpfade durchziehen den Gagenhartwald, ehe der finale Anstieg vom Abzweig **Herrenweg** den **Neunlindenturm** 6, 555 m, ansteuert. Der Ausblick vom historischen Gemäuer ist bei Weitem nicht so spektakulär wie jener vom Eichelspitzturm, dennoch lohnen sich auch hier die zusätzlichen Stufen.

Der Abstieg führt uns zunächst in den **Adlerhorstsattel**, hier rechts und beinahe flach zu einer Kehre der Autozufahrt. An dieser biegen wir links auf einen schmalen Pfad ab, der sich im Wald zum **Dachsbuck** hinabsenkt. In Sichtweite befindet sich die Schutzhütte **Strümpfeköpfle** mit traumhaftem Vogesenpanorama, ein weiterer schöner Rastplatz auf der langen Tour. Am nahen Abzweig **Käfer** schwenken wir links ein, passieren **Arnos Hüttle** und steuern die **Eichgasse** an, einen besonders sehenswerten Hohlweg. Zwischen den gelb leuchtenden Lösswänden wandern wir an einigen Infotafeln vorbei nach **Bickensohl** 7 hinab, wo in der Ortsmitte der letzte längere Anstieg beginnt. Dieser hat es auf den ersten Metern zum **Schiebebuck** auch in sich, steil schwingt sich der schmale Weg in die Rebflur hinauf. Danach geht es wiederum deutlich angenehmer zum **Wanderparkplatz Rischbühl**. Mehrheitlich sind es einfache Schotterwege, die in leicht welligem Terrain durch Weinberge zum **Jägerdenkmal** am **Kreuzenbuck** führen und nach einem kurzen Abschnitt auf Asphalt ins **Pöppital** 8 leiten. Wer zum Abschluss der Tour einkehren möchte, kann beim Wegweiser **Am Lenzenberg** zum gleichnamigen Gasthaus abzweigen. Ansonsten wandern wir an der Oberdulltalhütte vorbei und durch einen steilen Geländeeinschnitt zum Rand unseres Zielorts hinab. Von dort führt der Kaiserstuhlpfad hinter dem **Friedhof** vorbei zum **Kirchplatz**, wo er offiziell endet. Der kürzeste Weg zum Ziel verläuft entlang der viel befahrenen Durchgangsstraße, sodass wir besser links und kurz darauf rechts abbiegen und dem Neunlindenpfad zum **Bahnhof** von **Ihringen** 9 folgen.

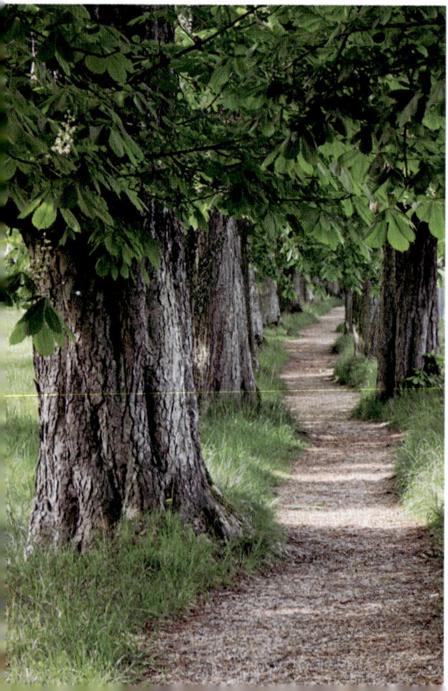

Kastanienallee im Erletal.

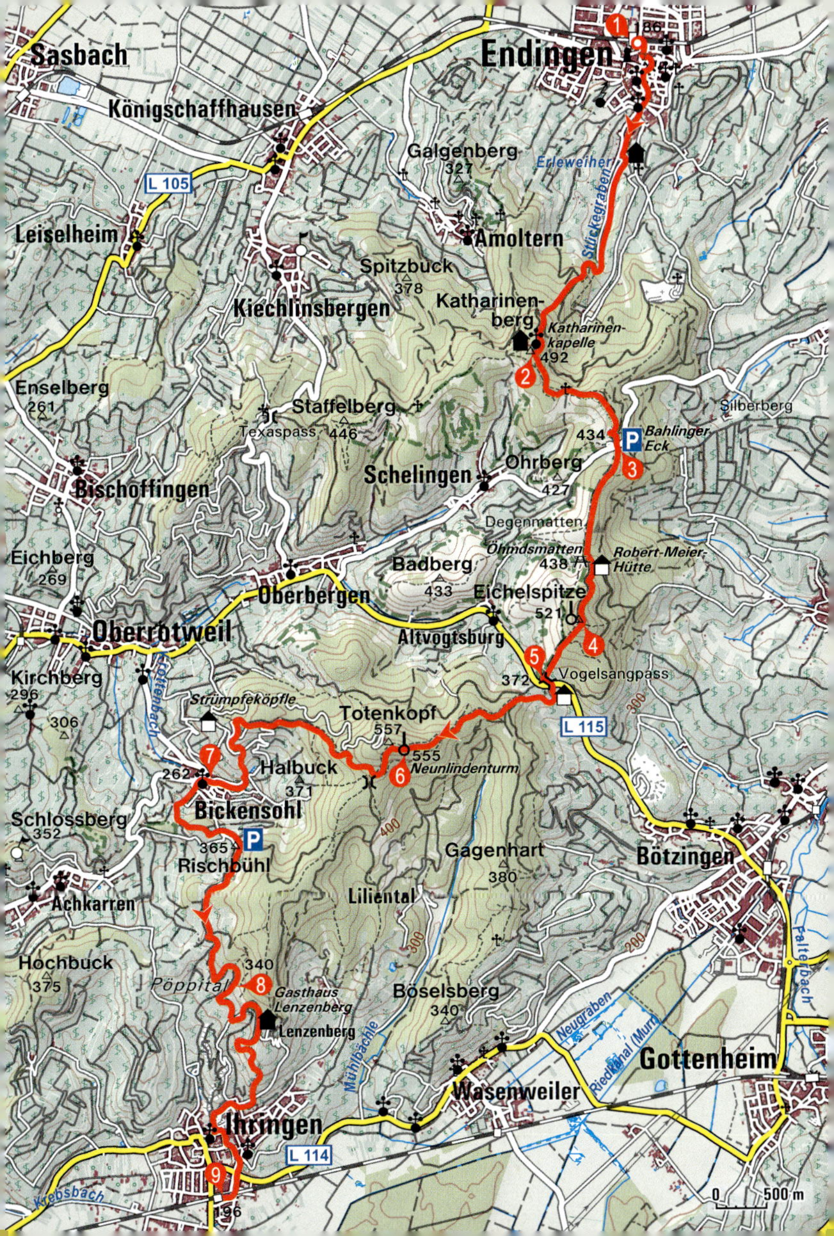
Sasbach
Endingen
186
Königschaffhausen
Galgenberg
327
Erleweiher
L 105
Leiselheim
Amoltern
Stückegraben
Spitzbuck
378
Kiechlinsbergen
Katharinenberg
Katharinenkapelle
492
Enselberg
261
Staffelberg
446
Texaspass
Silberberg
434
Bahlinger Eck
Schelingen
Ohrberg
427
Bischoffingen
Degenmatten
Öhmdsmatten
438
Robert-Meier-Hütte
Eichberg
269
Badberg
433
Oberbergen
Eichelspitze
521
Oberrotweil
Altvogtsburg
Kirchberg
296
372
Vogelsangpass
300
Strümpfeköpfle
306
Totenkopf
557
555
L 115
Neunlindenturm
262
Halbuck
371
Bickensohl
Schlossberg
352
365
Rischbühl
400
Gagenhart
380
Bötzingen
Achkarren
Liliental
300
200
Hochbuck
375
340
Pöppital
Gasthaus Lenzenberg
Lenzenberg
Böselsberg
340
Neugraben
Riedkanal (Mur)
Faulerbach
Gottenheim
Mühlbächle
Wasenweiler
Ihringen
L 114
Krebsbach
196
0
500 m

↗ 610 m | ↘ 620 m | 16.8 km

16 Neunlindenpfad

5.00 h

Die direkte Süd-Nord-Verbindung von Ihringen nach Endingen

Der 14 Meter hohe Neunlindenturm ist unverkennbares Wahrzeichen des Kaiserstuhls. Auf den ersten Blick erscheint er wie der Bergfried einer mittelalterlichen Burg, wurde tatsächlich jedoch erst im Jahr 1900 errichtet. Das von Zinnen bewehrte Gemäuer befindet sich auf der 555 Meter hohen Ostkuppe des Totenkopfs, dem Neunlindenbuck. Die zwei Meter höhere Westkuppe bekommt deutlich seltener Besuch durch Wanderer, bietet sich dort doch keinerlei Aussicht. Lediglich ein Grenzstein markiert den höchsten Punkt des gesamten Kaiserstuhls. Der Name Totenkopf geht möglicherweise auf König Otto III. zurück, der auf dem »Königsstuhl« vor mehr als 1000 Jahren Gerichtsurteile vollstrecken ließ. Mit der Krönung Ottos zum Kaiser änderte sich auch der Name in Kaiserstuhl. Der Neunlindenpfad führt als kürzeste Verbindung zwischen Ihringen und Endingen zum historischen Turm und verläuft dabei oft gemeinsam mit dem Kaiserstuhlpfad.

Ausgangspunkt: Ihringen, 196 m, Parkmöglichkeiten am Bahnhof in der Bahnhofstraße.
Zielpunkt: Endingen, 186 m, Parkmöglichkeiten am Bahnhof in der Carl-Loesch-Straße. Rückkehr nach Ihringen mit der Breisgau-S-Bahn über Gottenheim oder Breisach
ÖPNV: Breisgau-S-Bahn nach Ihringen/ab Endingen.
Karte: Breisach am Rhein (W246).
Anforderungen: In der Dulltalgasse und am Vogelsangpass lehmige und kurzzeitig steile Pfade; Abstieg vom Neunlindenturm und vom Katharinenberg punktuell steil; ansonsten einfache Wanderung.
Einkehr: An der Route: Gasthaus Lenzenberg, Di., Mi. und Do. Ruhetag, lenzenberg.de; Kiosk auf dem Katharinenberg, im Sommerhalbjahr an den Wochenenden geöffnet; Kiosk im Erletal, im Sommer geöffnet; jeweils zahlreiche Möglichkeiten in Ihringen und Endingen.

Der auch als Nord-Süd-Weg ausgeschilderte Neunlindenpfad führt uns vom **Bahnhof** in **Ihringen** ❶ an der Winzergenossenschaft vorbei zur Neunlindenschule und zum **Kirchplatz**. Nach einem ersten Anstieg in der Schlichtengasse, einem Lösshohlweg, verlässt er die Bebauung hinter dem **Friedhof**. In der romantischen **Dulltalgasse** gewinnen wir allmählich an Höhe, ehe schmale und steile Pfade, Treppenstufen sowie zuletzt ein breiter Fahrweg zum **Gasthaus** auf dem **Lenzenberg** ❷ führen. Unmittelbar hinter dem beliebten Einkehrziel betreten wir den Wald, wo ein wunderschöner Pfad den **Gierstein** erklimmt und sich anschließend flachwellig in den **Adlerhorstsattel** schwingt. Hier vereinigt sich der Neunlinden- mit dem Kaiserstuhlpfad, und gemeinsam geht es den finalen Aufschwung zum **Neunlindenturm** ❸, 555 m, hinauf. Gut ein Drittel der Strecke und die Mehrzahl der Höhenmeter liegen bereits hinter uns.

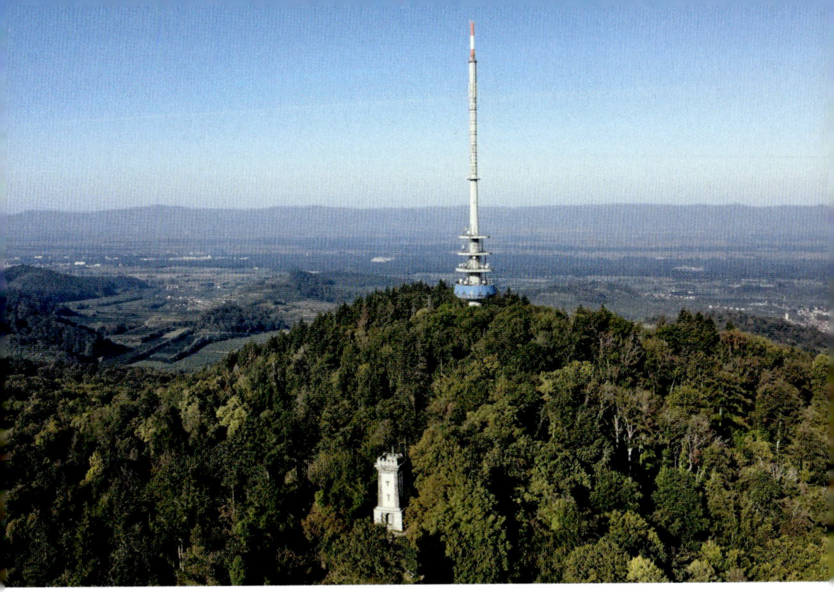

Neunlindenturm und Fernmeldeturm auf dem Totenkopf, dem höchsten Berg im Kaiserstuhl.

Vom Pausenplatz unter dem Turm senkt sich die Route im Wald zur **Schönen Aussicht** und auf bequemen Schotterwegen zwischen Weinreben in den **Vogelsangpass** 4 hinab. Jenseits der Straße (L115) beginnt der sofortige Wiederanstieg. Die Pfade über die Wiesen im zentralen Kaiserstuhl sind oft von Orchideen, wie dem Knabenkraut, gesäumt. Muße zum Schauen bleibt reichlich, denn im Gegensatz zum Kaiserstuhlpfad spart unsere Route die Eichelspitze mit ihrem steilen Anstieg aus. Stattdessen wandern wir westlich unterhalb des Gipfels entlang, können noch einen fakultativen Abstecher zum Haselschacher Buck unternehmen und steuern dann direkt den Pausenplatz **Öhmdsmatten** 5 mit der benachbarten **Robert-Meier-Hütte** an.

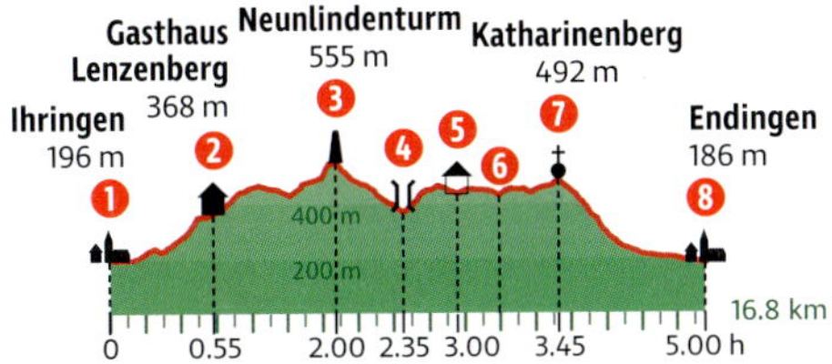

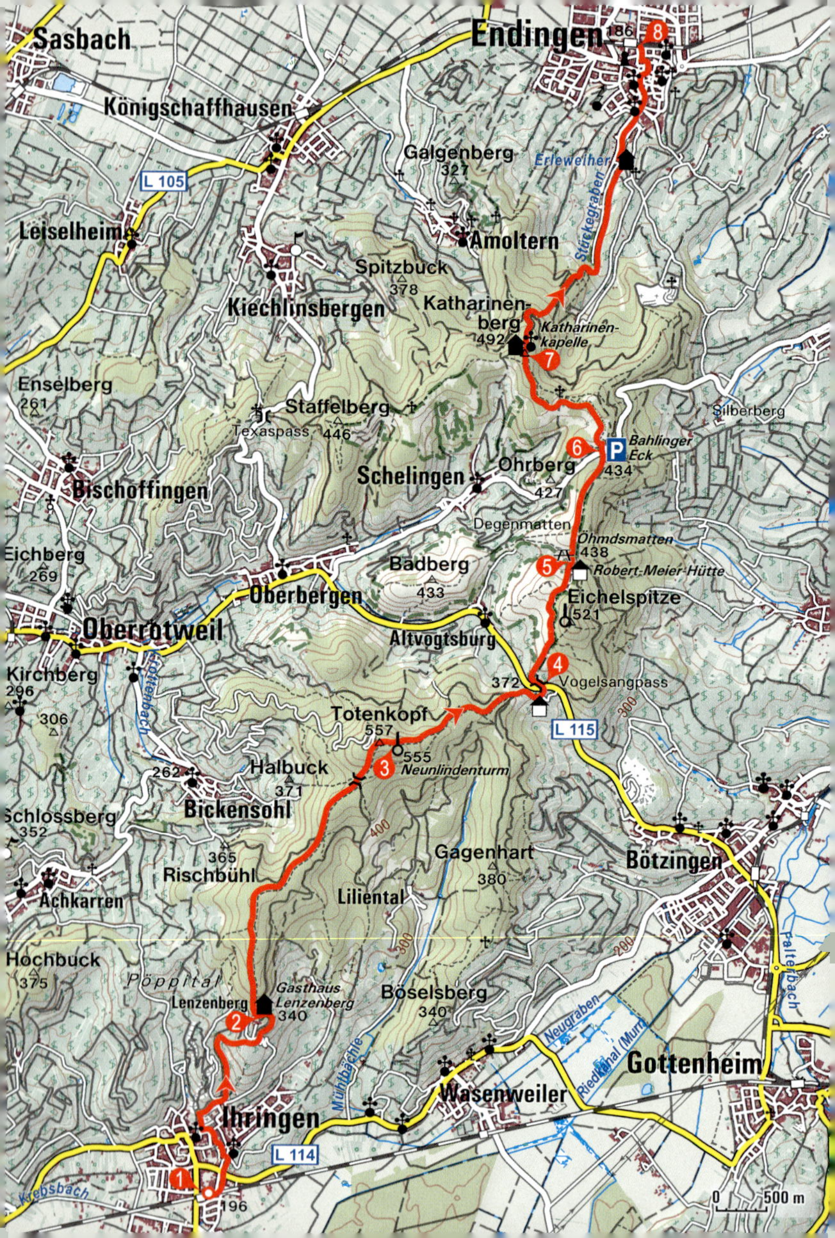

Sasbach
Endingen
186
Königschaffhausen
Galgenberg
327
Erleweiher
L 105
Leiselheim
Amoltern
Stückegraben
Spitzbuck
378
Kiechlinsbergen
Katharinenberg
492
Katharinenkapelle
Enselberg
261
Staffelberg
Texaspass
446
Silberberg
Bahlinger Eck
434
Schelingen
Ohrberg
427
Bischoffingen
Degenmatten
Eichberg
269
Öhmdsmatten
438
Robert-Meier-Hütte
Badberg
433
Oberbergen
Eichelspitze
521
Oberrotweil
Altvogtsburg
Kirchberg
296
372
Vogelsangpass
306
Totenkopf
557
555
Neunlindenturm
L 115
300
Halbuck
371
262
Bickensohl
Schlossberg
352
400
Gagenhart
380
365
Rischbühl
Bötzingen
Achkarren
Liliental
Hochbuck
375
Pöppital
Gasthaus Lenzenberg
Lenzenberg
340
Böselsberg
340
200
Neugraben
Riedkanal (Mura)
Mühlbächle
Gottenheim
Wasenweiler
Ihringen
L 114
Krebsbach
196
0
500 m

Anschließend folgen wir dem Kammverlauf über den grasigen **Degenmatten** durch wunderschöne Wälder zum **Wanderparkplatz** am **Bahlinger Eck** 6 und beginnen den letzten größeren Anstieg des heutigen Tages. Dieser führt uns zunächst etwas unterhalb der Kammhöhe im Wechsel aus Wald und Wiesen zum Abzweig **Obergrub** und gemeinsam mit dem Querweg Schwarzwald – Kaiserstuhl – Rhein via **Endinger Eck** auf den **Katharinenberg** 7, 492 m. An Wochenenden und Feiertagen lädt der Kiosk zum Verweilen ein, auch können wir dann den Kirchturm der Kapelle besteigen, wo sich ein hübsches Panorama öffnet. Vom dritthöchsten Kaiserstühler Gipfel steigen wir am **Seilnachtkreuz** vorbei überwiegend recht steil zum **Erleloch** hinab. Hier verflacht das Gelände deutlich, und ein gemütlicher Bummel beschließt den Wandertag. Auf der Kastanienallee wandern wir am Stückergraben entlang zum **Erleweiher** mit Kiosk und Minigolfplatz. Von der **Marienkapelle** gegenüber des Gasthofs Schützen geht es zuletzt durch die historische Altstadt mit zahlreichen Einkehrmöglichkeiten zum **Bahnhof** von **Endingen** 8.

Unterwegs bei eisigen Temperaturen zwischen Bahlinger Eck und Vogelsangpass.

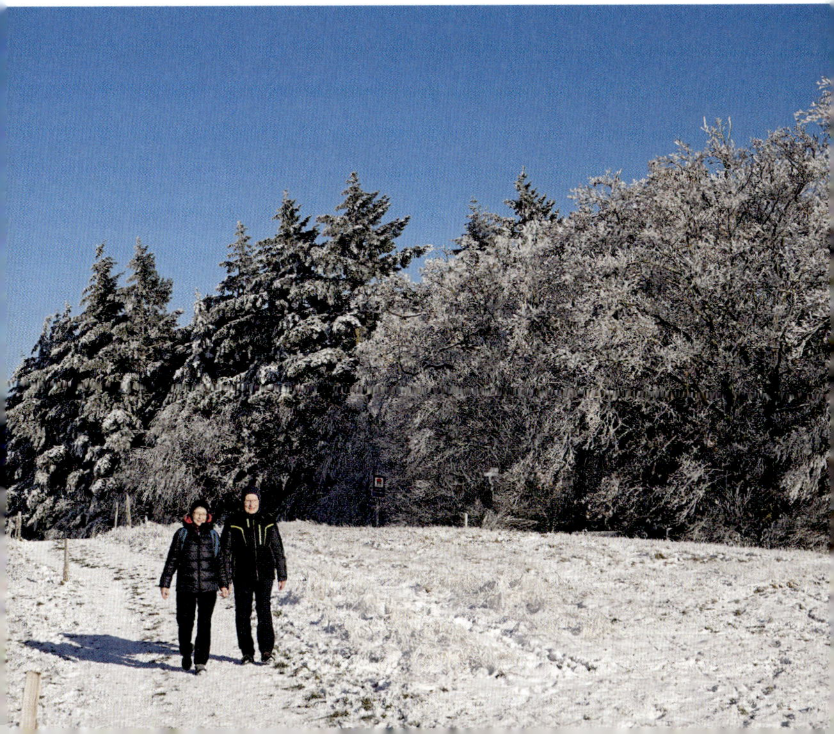

↗ 480 m | ↘ 460 m | 13.7 km

17 Katharinenpfad

4.15 h

Pilgerziel zwischen Bahlingen und Oberrotweil

Die Katharinenkapelle liegt in erhabener Position auf dem dritthöchsten Gipfel im Kaiserstuhl. 1402 wurde das Gotteshaus zum ersten Mal urkundlich erwähnt. Der heutige Bau soll anlässlich des Besuchs von Friedrich von Baden 1860 erfolgt sein und wurde 1862 geweiht. Der kleine Kirchturm kann bestiegen werden, und es lohnt sich, denn nur von dort kann man einen Rundblick über die Umgebung genießen. Ansonsten ist der Katharinenberg von einem dichten Laubwald umgeben. Nach dem Aufstieg von Bahlingen laden Tische und Bänke unter den Schatten spendenden Bäumen zur Gipfelrast, ehe der Weiterweg in Richtung Oberrotweil erfolgt.

Ausgangspunkt: Bahlingen, 182 m, Parkmöglichkeiten am Bahnhof in der Bahnhofstraße.
Zielpunkt: Oberrotweil (Stadt Vogtsburg im Kaiserstuhl), 206 m, Parkmöglichkeiten am Bahnhof in der Bahnhofstraße. Rückkehr nach Bahlingen mit der Breisgau-S-Bahn über Endingen oder Breisach/Gottenheim.
ÖPNV: Breisgau-S-Bahn nach Bahlingen/ab Oberrotweil.
Karte: Breisach am Rhein (W246).
Anforderungen: Abstieg vom Katharinenberg und vom Staffelberg kurzzeitig steil; der Rest ist einfach.
Einkehr: Mehrere Möglichkeiten in Bahlingen und Oberrotweil; an der Route: Kiosk auf dem Katharinenberg, im Sommer an den Wochenenden geöffnet.

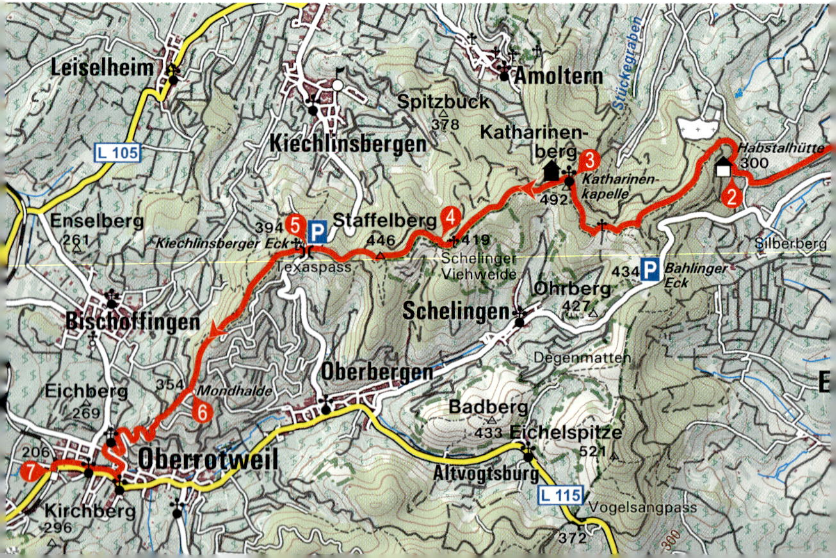

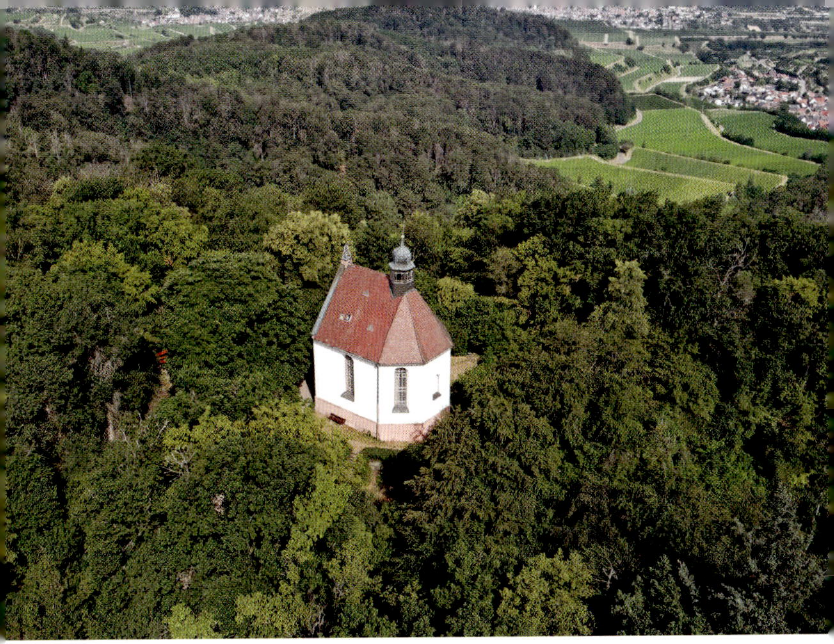

Katharinenkapelle auf dem gleichnamigen Gipfel.

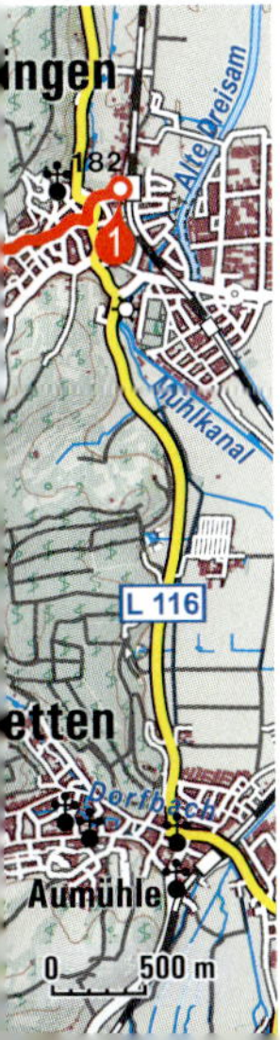

Unsere kurzweilige und abwechslungsreiche Unternehmung beginnt am **Bahnhof** in **Bahlingen** ❶ mit dem Weg entlang der Bahnhofstraße zur Riegeler Straße (L116). Hier kurz links, dann rechts in die Bachstraße und nun für eine Zeit lang geradeaus. Schließlich leitet uns die gelbe Raute auf dem Endinger Weg aus der Bebauung heraus. Die wenig befahrene Asphaltstraße führt durch einen bis zu 15 Meter eingetieften Lösshohlweg in die Weinberge hinauf, wobei sich in unserem Rücken hübsche Fernblicke über das Rheintal zum Schwarzwald ergeben. Bald wechselt der Untergrund zu Schotter, und die **Habstalhütte** ❷ markiert einen ersten Pausenplatz mit Tischen und Bänken.

Bei der Schutzhütte taucht der Weg zunächst als kurzer steiler Pfad in den Wald ein, dann folgt die Route einem Forstweg nach rechts und zweigt nach gut 200 Metern wiederum links auf die nächste Pfadpassage ab. In gemächlicher Steigung geht es die waldbestandene Bergflanke zum Abzweig **Schönebene** empor, wo wir den zentralen Bergkamm des Kaiserstuhls erreichen. Auf dem Weiterweg weist uns auch die rote

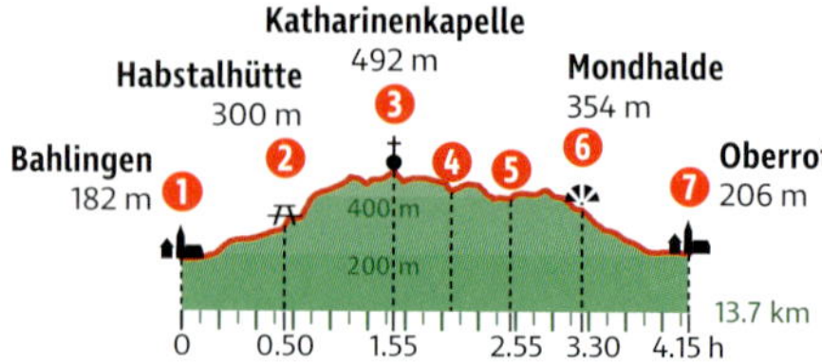

Raute des Querwegs die Richtung. Via **Endinger Eck** schickt sie uns zur **Katharinenkapelle** 3, 492 m, hinauf. Wenn der Kiosk und das Gotteshaus geöffnet sind, können wir auf schmalen Holztreppen auf den kleinen Kirchturm klettern und etwas Aussicht genießen. Ansonsten begnügen wir uns mit dem hübschen Ambiente des liebevoll hergerichteten Kirchplatzes, wo man im Schatten an Tischen und auf Bänken wunderbar pausieren kann. Der folgende Abstieg ist im oberen Teil sehr steil und erfordert etwas Trittsicherheit. Der Kammverlauf gibt die Route vor: Über den Bisamberg sowie eine weitere Kuppe senkt sich der Weg zur **Schelinger Viehweide** 4 hinab. Anschließend stellt sich der Staffelberg in den Weg, dessen Abstieg sich ebenfalls steil und ein wenig herausfordernd gestaltet. Am **Kiechlinsberger Eck** 5 beginnen wir nach Überqueren der K4922 den letzten Anstieg des Tages, danach geht es mehrheitlich flach oder bergab, zuletzt an einigen Hütten vorbei zum Pavillon auf der **Mondhalde** 6. Der mit dem PKW anfahrbare Aussichtspunkt gilt als beliebter Fotospot für Sonnenuntergänge und ist abends entsprechend frequentiert. Von einem kurzen Stück auf einem Wiesenpfad führt uns die asphaltierte Zufahrtsstraße zum Parkplatz am **Friedhof** von Oberrotweil. Hier halten wir uns links in Richtung Ortsmitte, die wir auf der Bruckmühlenstraße erreichen. Rechter Hand führt die Bahnhofstraße (L115) zum **Bahnhof** von **Oberrotweil** 7.

Oft sind es die kleinen Dinge, die das Wandern in der Region so reizvoll gestalten.

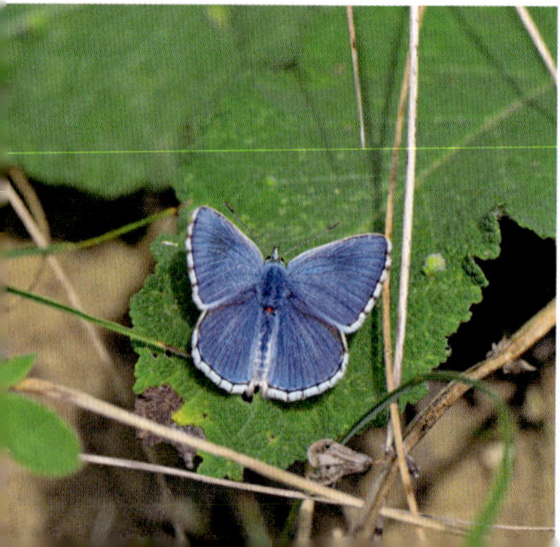

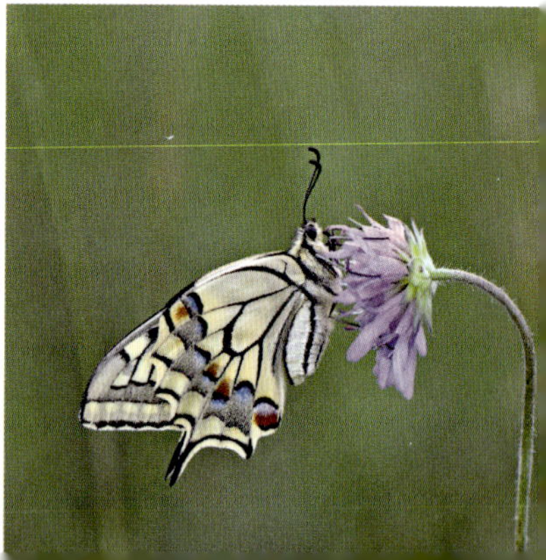

↗ 350 m | ↘ 370 m | 14.0 km

3.50 h

Badbergpfad 18

Der zentrale Querweg von Oberrotweil nach Nimburg

Die kürzeste, jedoch dank des Aufstiegs im mittleren Teil durchaus anstrengende Überquerung des Kaiserstuhls führt von Westen nach Osten über den Badberg. Auf dem gleichnamigen Themenpfad sind zwar lediglich 350 Höhenmeter auf 14 Kilometern zu überwinden, die haben es aber in sich. Herzstück der Wanderung sind die Naturschutzgebiete Badberg und Haselschacher Buck, die mit ihren steilen Rasenflächen einen deutlichen Kontrast zum übrigen Kaiserstuhl darstellen. Unterwegs begegnen wir mit etwas Glück einigen tierischen Bewohnern wie Smaragdeidechse oder Gottesanbeterin, die hier unter besonderem Schutz stehen. Der Badberg ist darüber hinaus für das Badloch bekannt, eine 21 °C warme Quelle mit leicht radioaktivem Wasser.

Ausgangspunkt: Oberrotweil (Stadt Vogtsburg im Kaiserstuhl), 206 m, Parkmöglichkeiten am Bahnhof in der Bahnhofstraße.
Zielpunkt: Nimburg (Gemeinde Teningen), 185 m, Parkmöglichkeiten am Bahnhof in der Breisacher Straße. Rückkehr nach Oberrotweil mit der Breisgau-S-Bahn über Endingen oder Gottenheim/Breisach.
ÖPNV: Breisgau-S-Bahn nach Oberrotweil/ab Nimburg.
Karte: Breisach am Rhein (W246).
Anforderungen: Bis Mondhalde und ab Atrium sehr einfache Wanderung; der steile Aufstieg auf den Badberg erfordert jedoch Kondition und etwas Trittsicherheit; insbesondere in den Ortschaften teils widersprüchlich beschildert.
Einkehr: Mehrere Möglichkeiten in Oberrotweil, Oberbergen und Eichstetten; am Zielpunkt am Bahnhof in Nimburg: Bahnhöfle, So. Ruhetag.

Die Querverbindung über den zentralen Kaiserstuhl startet am **Bahnhof** von **Oberrotweil** 1, von wo wir gemeinsam mit dem Bienenfresserpfad entlang der Bahnhofstraße (L115) ortseinwärts wandern. Dabei passieren wir den Wegweiser **Infotafel** und gelangen zur **Johanneskirche**. Nun links in die Bruckmühlenstraße, am Abzweig **Bruckmühle** rechts in die Herrenstraße und am **Wachthisli** wiederum links in die Bachstraße. Wo diese eine Rechtskurve einleitet, halten wir uns erneut links (Am Badenberg) und verfolgen diese Straße bis zum gleichnamigen Wegweiser. Hier verlässt der Badbergpfad Oberrotweil und erreicht nach einem kurzen An- und Abstieg den **Schorleplatz** in **Oberbergen** 2 nebst Infotafel. Geradeaus gehen wir zwischen einigen Häusern hindurch, behalten die östliche Grundrichtung bei und folgen der gelben Raute zum **Parkplatz Mondhalde**.
Die bislang lediglich in puncto Orientierung anspruchsvolle Tour nimmt nun deutlich Fahrt auf. Steil und kraftraubend schwingt sich der mit Verbundsteinen ausgelegte Weg in den Reben bergan zum Wegweiser **Stein-**

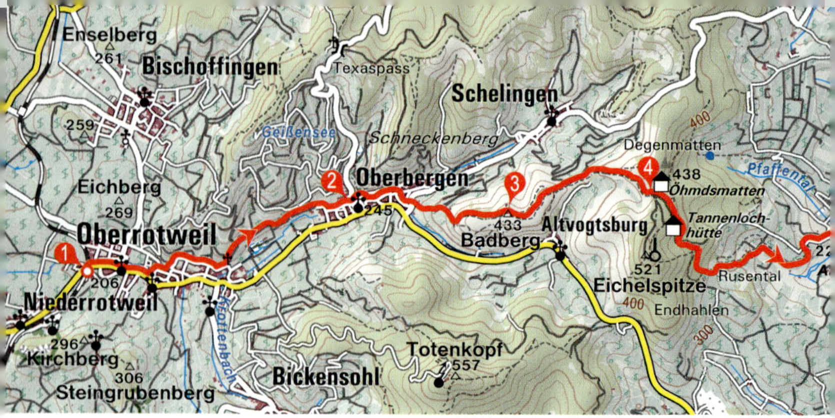

riese. Ab dem Abzweig **Schohren** sind es vornehmlich erdige Pfade, welche in mehreren Aufschwüngen dem höchsten Punkt auf dem **Badberg** ❸, 433 m, zustreben. Der Lohn des konditionsfordernden Anstiegs erfolgt mit dem Begehen eines der attraktivsten Wegstücke der gesamten Tourenregion. Über die Landschaft, deren Tier- und Pflanzenwelt sowie über die historische Nutzung informieren unterwegs mehrere Schautafeln. Nach einem Zwischenabstieg zum **Schelinger Kreuz** treffen wir auf den Abzweig

Mit seinen geschwungenen Rasenflächen unterscheidet sich der Badberg deutlich von der Reblandschaft ringsum.

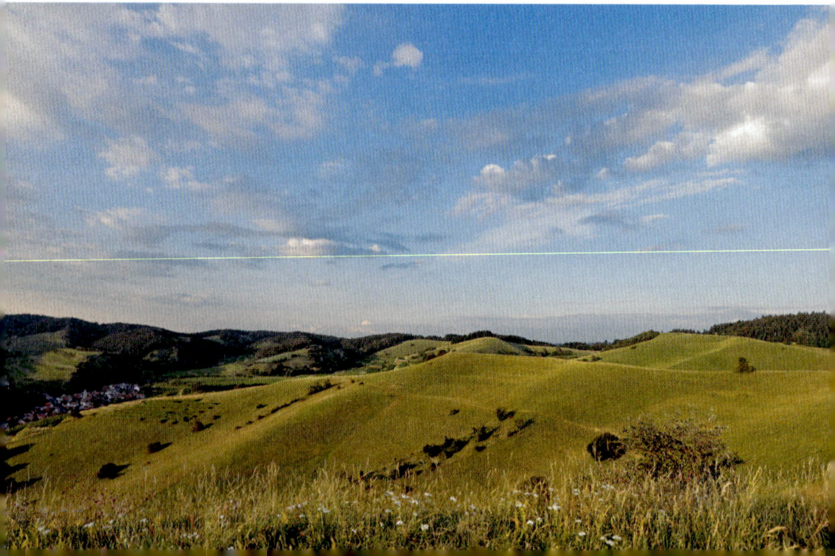

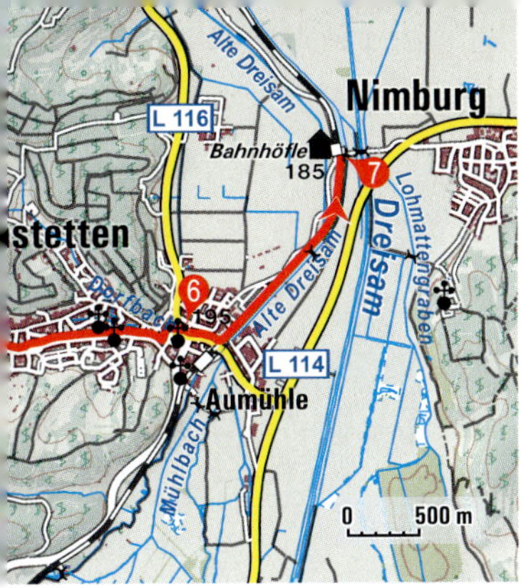

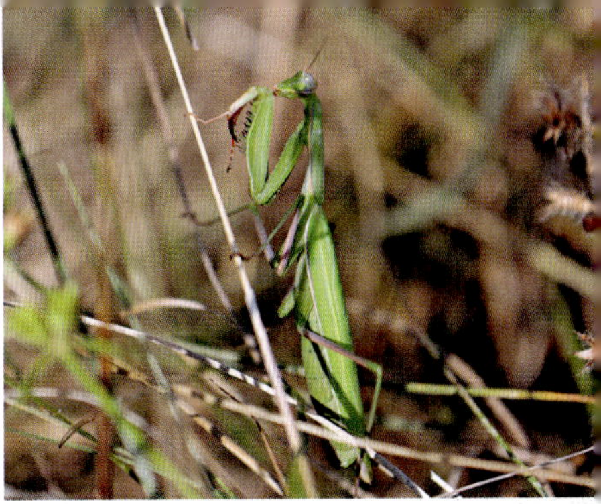

Gottesanbeterin.

Schofmatten, halten uns hier halbrechts und gewinnen in einer sanft ansteigenden Hangquerung am Wegpunkt **Öhmdsmatten** ❹ den zentralen Bergkamm des Kaiserstuhls. Gleichzeitig endet hier der mit Abstand attraktivste Teil der Tour.

An der benachbarten **Robert-Meier-Hütte**, einer Schutzhütte, beginnt der Abstieg, der zunächst im Wald die **Tannenlochhütte** ansteuert. An der **Rutzenhalde** biegen wir rechts in Richtung **Rusental** ein. Bislang ist unser Abstieg identisch mit dem Geopfad Eichstetten, sodass wir hin und wieder Wissenswertes zur lokalen Geografie erfahren, so auch an einem markanten Lössstollen. Beim Wegpunkt **Atrium** ❺ ist das Weingut Köbelin erreicht. Von dort wandern wir der Länge nach den Altweg hinab, wobei zwischenzeitlich der Steinkauzpfad kreuzt. Am **Rathaus** von **Eichstetten** ❻ liegen dann nahezu alle Höhenmeter hinter uns. Wer mag, kann den Wandertag am nahen **Bahnhof** beenden. Der Badbergpfad führt jedoch weiter durch die Ebene über wenig attraktive Wirtschaftswege im Gleichklang mit dem Querweg Schwarzwald – Kaiserstuhl – Rhein. Entlang der Alten Dreisam gelangen wir zum **Bahnhof** von **Nimburg** ❼. Offiziell ist die Route noch bis zum Rathaus in der Ortsmitte ausgeschildert, wo sie Anschluss an den Nimbergpfad hat. Aufgrund der Rückfahrt hat es jedoch wenig Sinn, auch diesen letzten Teil zu begehen, sodass wir den Wandertag besser am Nimburger Bahnhof beenden.

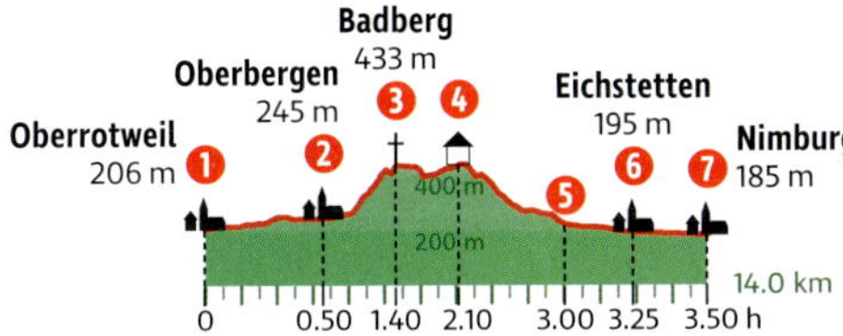

↗ 620 m | ↘ 620 m | 19.8 km

19 Kirschbaumpfad

5.30 h

Am Kaiserstuhl-Nordrand von Sasbach nach Riegel

Wenngleich sich der Kaiserstuhl zum Wandern als Ganzjahresziel etabliert hat, so gilt der Frühling doch für viele Besucher als reizvollste Jahreszeit. Ab etwa Ende März blühen die Kirschbäume und verwandeln die Streuobstwiesen in ein einzigartiges Blütenmeer. Überall duftet es, und die Singvögel und Insekten tun ihr Übriges, um bei uns Frühlingsstimmung aufkommen zu lassen. Der Kirschbaumpfad führt jedoch nicht nur durch die Kaiserstühler Blütenpracht, sondern verbindet charmante Orte, in denen es sich hervorragend einkehren lässt. Zwischen dem Start in Sasbach und dem Ziel in Riegel kommen wir noch durch Leiselheim, Kiechlinsbergen, Amoltern und Endingen.

Ausgangspunkt: Sasbach, 182 m, Parken am Bahnhof in der Hauptstraße.
Zielpunkt: Riegel, 180 m, Parkmöglichkeiten am Bahnhof in der Römerstraße. Rückkehr nach Sasbach mit der Breisgau-S-Bahn über Endingen.
ÖPNV: Breisgau-S-Bahn nach Sasbach/ab Riegel Ort.
Karte: Breisach am Rhein (W246).
Anforderungen: Bis kurz vor dem Ziel einfache Wanderung auf bequemen Wegen und Waldpfaden; Abstieg von der Michaelskapelle auf nicht schwierigem, jedoch stellenweise ausgesetztem Bergpfad; insbesondere bei Nässe sowie nicht schwindelfreien Personen sei von dieser Passage abgeraten.
Einkehr: Mehrere Möglichkeiten in Sasbach, Leiselheim, Kiechlinsbergen, Amoltern und Riegel.
Variante: Vom Abzweig Wolfsgrube geradeaus unschwierig in die Ortsmitte und weiter zum Bahnhof. 1,0 km, 50 Hm und 20 Min. kürzer.

Vom **Bahnhof** in **Sasbach** ❶ überqueren wir die Gleise auf der Hauptstraße, biegen rechts in den Lindenweg ein und verlassen den Ort auf dem Birkenweg. Durch Streuobstwiesen schickt uns die gelbe Raute in die Weinberge, umkurvt ein Anwesen, übersteigt die Geländekuppen Eichert und **Hochberg** und führt ins Gewann **Gestühl**, wo ein großer Holzstuhl mit Bank als Wetterschutz dient. In **Leiselheim** ❷ plätschert ein erfrischender Brunnen. Von dort erklimmen wir den **Hüttenbühl** am Waldrand, wo wir auf den Bienenfresserpfad treffen.

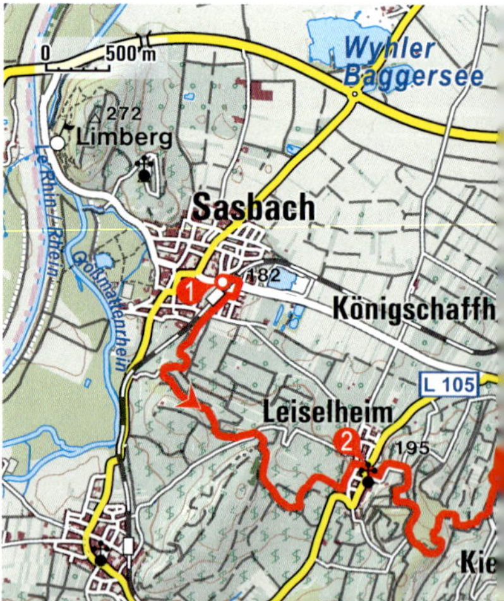

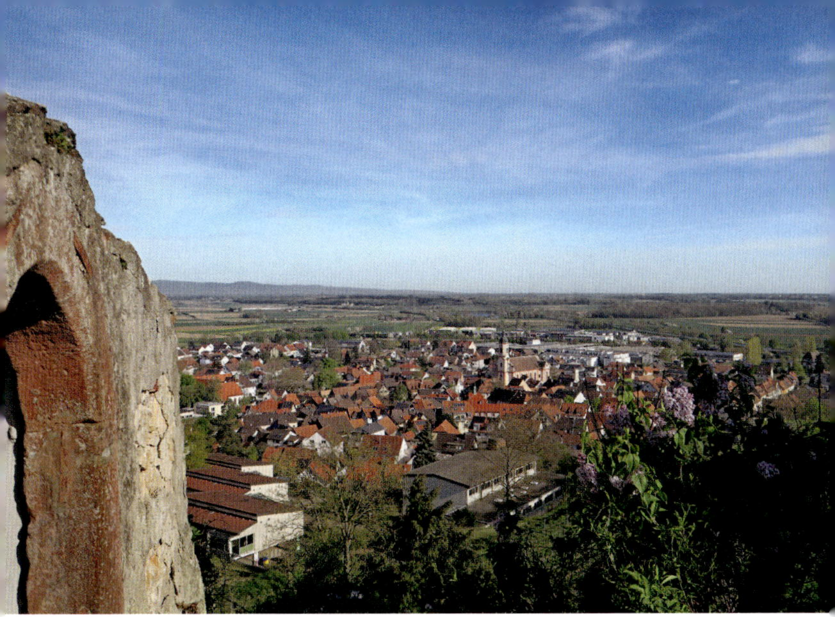

Ausblick von der Michaelskapelle auf Riegel.

Nachdem wir ein hübsches Waldstück durchquert haben, trennen wir uns am Abzweig **Tiefental** wieder vom anderen Themenweg und wandern über das **Gätterle** gemütlich nach **Kiechlinsbergen** ❸ hinab. Wir errei-

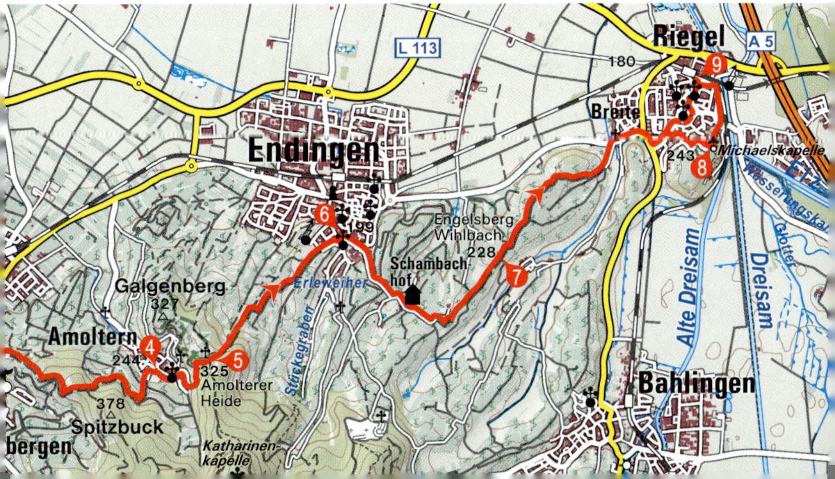

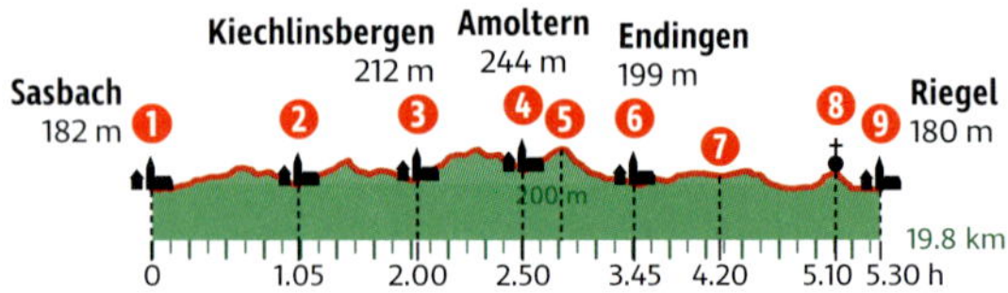

chen den Ort beim **Käpelle** an der Königschaffhauser Straße, überqueren diese und steigen gegenüber kurzzeitig steil wieder bergan.

Mit weiten Ausblicken nach Norden und Westen windet sich der Kirschbaumpfad durch die Rebhänge, taucht in den Wald ein und wechselt am Wegweiser **Im Riedle** auf die Amolterer Seite. Bequeme Wege führen uns durch die Wälder des Spitzbuck nach **Amoltern** 4 hinab, dessen Ortsmitte wir am **Rebstock** erreichen. Wie in den zuvor passierten Orten können wir am Dorfbrunnen die Wasserflaschen auffüllen. Gemeinsam mit dem Amolterer Kräuterpfad steigen wir an einer Panoramaliege mit Vogesenblick vorbei zum Wegkreuz auf der **Amolterer Heide** 5, 325 m, dem höchsten Punkt unserer Tour, empor. Von einer wenige Meter entfernten Sitzbank, dem vielleicht schönsten Rastplatz unterwegs, genießen wir ein prächtiges Panorama über die Umgebung. Nach dem anschließenden Waldabstieg tauchen wir erneut in die Reben ein und wandern durch ausgeprägte Lösshohlgassen nach **Endingen** 6 hinab. Am **Schützen** befinden sich auch die Einstiege von Kaiserstuhl- und Neunlindenpfad. Die Altstadt und der Bahnhof sind jeweils nur einige Minuten entfernt.

Um das letzte Drittel der Tour zu beginnen, verlassen wir Endingen auf dem Bahlinger Weg zum Schambachhof und erreichen durch eine weitere Hohlgasse den Abzweig **Schlimberg**. Hier halten wir uns links und wandern der Länge nach über den Engelsberg. Am Wegweiser **Engelsberg Wihlbach** 7 halten wir uns geradeaus. Mit weitem Schwarzwaldblick geht es über den Gallberg, an Lösswänden vorbei hinab ins Tal zur Straße und an dieser entlang zum Riegeler Ortsrand **Am Dürleberg**. Beim Abzweig **Wolfsgrube** (siehe Variante) beginnt rechter Hand der Anstieg zur **Michaelskapelle** 8, die wir abschließend auf einem steilen Fußweg gewinnen. Wir überblicken den Ort sowie den Zusammenfluss von Dreisam, Alter Dreisam und Elz. Auf einem schmalen, lehmigen Pfad senkt sich die Route zunächst wenige Meter hinab, folgt einem breiten Weg im Wald nach links und wechselt dann halbrechts in die steile, passagenweise ausgesetzte Flanke hoch über der Riegeler Brauerei. Bei der Kunsthalle Messmer ist der Talgrund erreicht, von wo wir dem flachen **Elzdamm** nach Norden folgen. Der Kirschbaumpfad endet am nahen **Bahnhof** in **Riegel** 9.

Kirschblüte im Kaiserstuhl – der Frühling gilt als ideale Zeit zum Wandern.

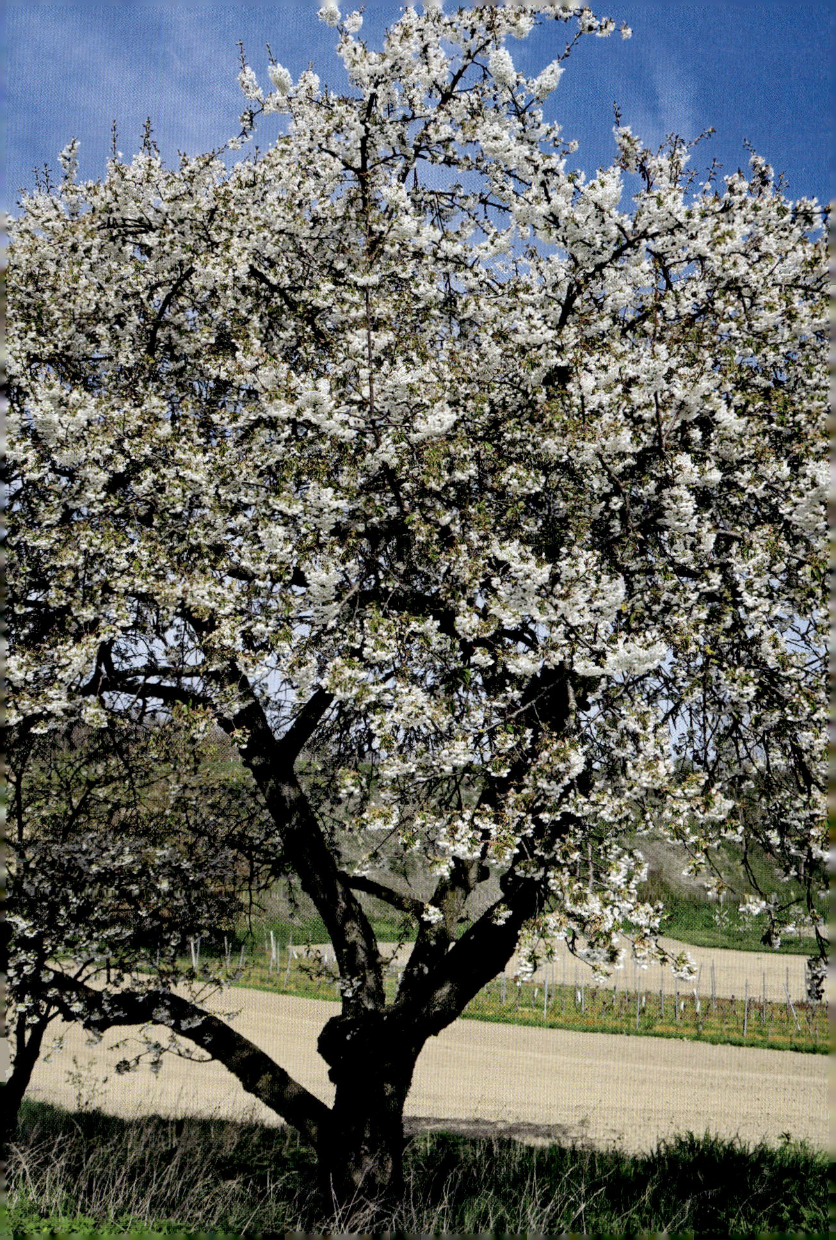

↗ 590 m | ↘ 580 m | 19.7 km

20 Steinkauzpfad

5.30 h

Am Kaiserstuhl-Ostrand von Riegel nach Wasenweiler

In Südbaden ist der Steinkauz außer am Kaiserstuhl auch in der Ortenau und am Rheinknie heimisch. Dank dem Anbringen von Nistkästen in diesen Gebieten haben sich die Bestände der Eule in den vergangenen Jahren etwas erholt. Seine natürlichen Brutstätten findet der Steinkauz unter anderem in Baumhöhlen, die jedoch immer seltener werden. Während einer Wanderung ist es allerdings unwahrscheinlich, dass wir die seltenen Tiere zu Gesicht bekommen, denn für gewöhnlich sind sie dämmerungs- und nachtaktiv. Dann gehen sie im Schutz der Dunkelheit auf Beutefang und jagen Mäuse, kleine Vögel oder auch Regenwürmer. Vielleicht hören wir jedoch gegen Ende der Tour den charakteristischen Ruf des Steinkauzes, wenn wir durch die Wälder des Gagenhart hinab nach Wasenweiler wandern.

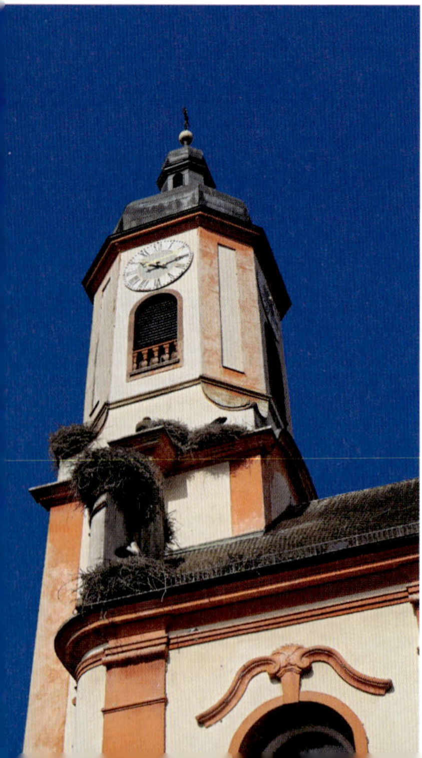

Ausgangspunkt: Riegel, 180 m, Parkmöglichkeiten am Bahnhof in der Römerstraße.
Zielpunkt: Wasenweiler (Gemeinde Ihringen), 191 m, Parkmöglichkeiten am Bahnhof im Schachenweg. Rückkehr nach Riegel mit der Breisgau-S-Bahn über Gottenheim.
ÖPNV: Breisgau-S-Bahn nach Riegel Ort / ab Wasenweiler.
Karte: Breisach am Rhein (W246).
Anforderungen: Aufstieg zur Michaelskapelle auf nicht schwierigem, jedoch stellenweise ausgesetztem Bergpfad; insbesondere bei Nässe sei von dieser Passage abgeraten, ebenso nicht schwindelfreien Personen (Umgehung über Variante); ansonsten einfache Wanderung in stetem Auf und Ab auf breiten Wegen; leider auch viel Asphalt.
Einkehr: Mehrere Möglichkeiten in Riegel, Bahlingen, Eichstetten, Bötzingen und Wasenweiler.
Variante: Vom Wegweiser Römerstraße unschwierig in die Ortsmitte mit der katholischen Kirche Sankt Martin und weiter am Rathaus vorbei zum Abzweig Wolfsgrube. 1,0 km, 50 Hm und 20 Min. kürzer.

Storchennester am Riegeler Kirchturm.

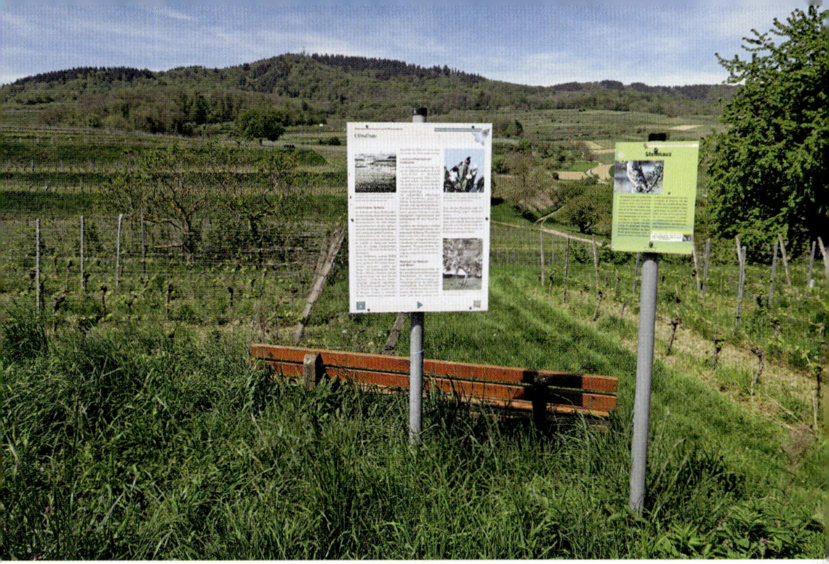

Auf beinahe allen Touren informieren Schautafeln über Wissenswertes zur Region.

Gemeinsam mit dem Kirschbaumpfad verläuft der Steinkauzpfad vom **Bahnhof** in **Riegel** ❶ über die **Römerstraße** (siehe Variante) zum **Elzdamm** und folgt dem kanalisierten Flusslauf bis zur Riegeler Brauerei. Dort beginnt vor der Kunsthalle Messmer der passagenweise ausgesetzte Aufstieg zur **Michaelskapelle** ❷. Nachdem wir eine tolle Aussicht auf den Ort und zum Schwarzwald genossen haben, steigen wir zum Abzweig **Wolfsgrube** ab, womit wir die soeben erarbeiteten Höhenmeter umgehend wieder verlieren. **Am Dürleberg** verlassen wir den Startort und steigen einen Hohlweg sanft bergan, oben öffnet sich das Panorama zum Katharinenberg. Bald kommen wir an einer Schutzhütte sowie einem Pausenplatz vorbei und biegen an der Kreuzung **Hohleimen-Höhe** links in das Webergässle ein, einen breiten Hohlweg, der uns zwischen mächtigen Lösswänden zur **Burg-Ecke** nach **Bahlingen** ❸ hinabführt, wo der Katharinenpfad kreuzt. Die Markierungen leiten uns mit einigen Richtungswechseln via **Saargässle** sicher durch den Ort. Auf der Bühlstraße verlassen wir Bahlingen und begin-

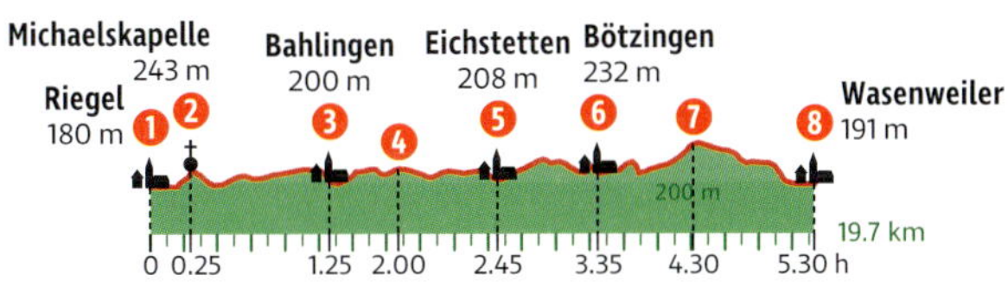

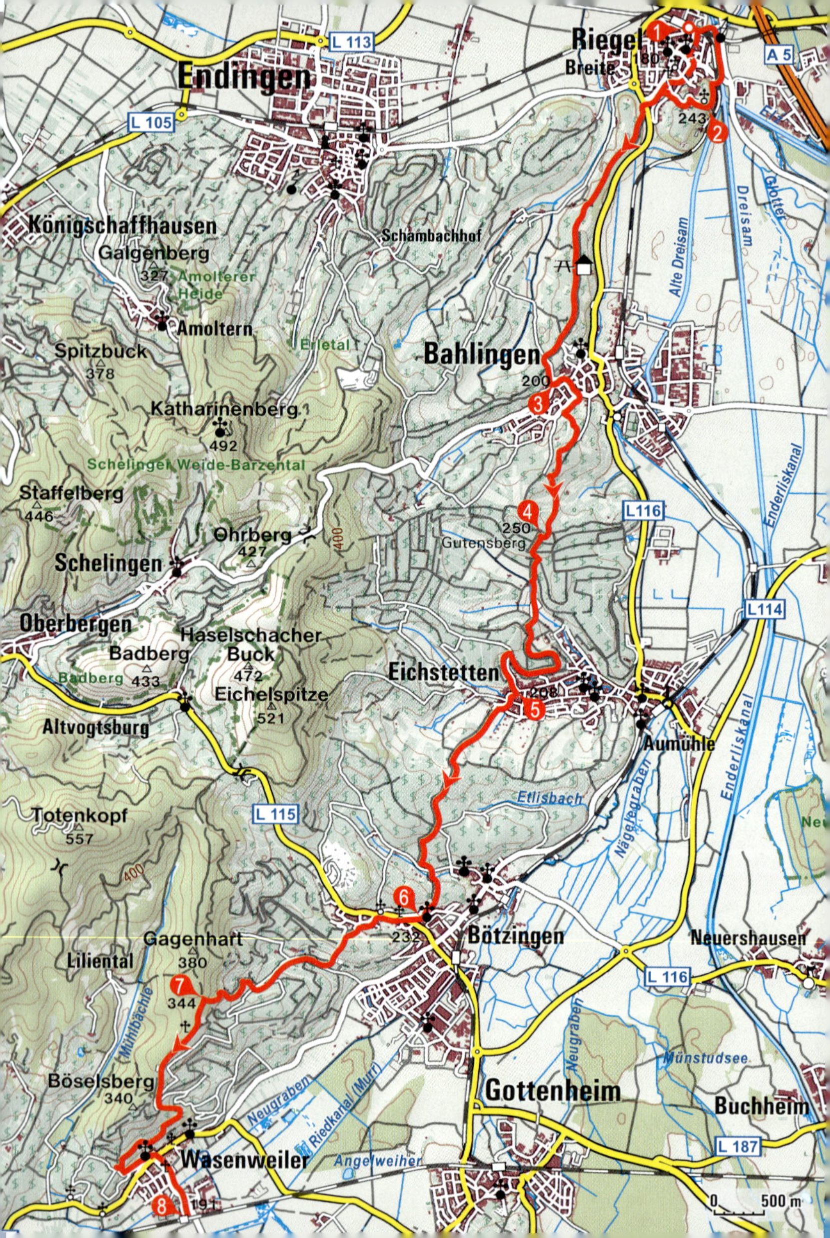

Riegel
Breite
180
243
A 5
L 113
Endingen
L 105
Königschaffhausen
Galgenberg
327
Amolterer Heide
Amoltern
Schambachhof
Alte Dreisam
Dreisam
Spitzbuck
378
Erletal
Bahlingen
200
Katharinenberg
492
Schelinger Weide-Barzental
Staffelberg
446
Ohrberg
427
250
Gutensberg
L 116
Enderliskanal
Schelingen
L114
Oberbergen
Haselschacher Buck
472
Badberg
433
Eichstetten
208
Eichelspitze
521
Altvogtsburg
Aumühle
Etlisbach
Nägelegraben
L 115
Totenkopf
557
Bötzingen
232
Gagenhart
380
Liliental
344
Neuershausen
L 116
Mühlbächle
Neugraben
Münstudsee
Böselsberg
340
Gottenheim
Buchheim
Riedkanal (Murr)
Wasenweiler
Angelweiher
L 187
191
0
500 m

nen hinter den letzten Häusern an der **Unterriesengasse** links den nächsten Anstieg. Nach dem **Wasserreservoir** folgt ein willkommener, jedoch leider nur kurzer Abschnitt auf Gras, ehe die Querung des Wihltals ansteht. Am Wegweiser **Gutensberg** ❹ tritt für einige Minuten der Querweg Schwarzwald – Kaiserstuhl – Rhein zur Route, ehe wir über den Abzweig **Rennweg** den in einem Tal gelegenen Naturkindergarten ansteuern. Zumeist schattenlos umrundet der Steinkauzpfad die Geländekuppe **Lupberg** und erreicht auf der Hauptstraße **Eichstetten** ❺. Nun nach rechts, am Wegpunkt **Krutenau** (Kreuzung mit dem Badbergpfad) links und gleich wieder rechts an einem erfrischenden Brunnen vorbei aus dem Ort hinaus. Im **Degental** halten wir uns rechts und wandern weiterhin auf Wirtschaftswegen durch die Reben. Der Brunnen am stattlichen **Weingartenhof** spendet abermals Erfrischung, ehe wir über eine kleine Kuppe und durch einen Hohlweg die **Sonnhalde** in **Bötzingen** ❻ erreichen. Wie in den zuvor passierten Ortschaften hätten wir auch hier die Gelegenheit, die Tour mithilfe der S-Bahn zu verkürzen, wobei die Bahnhöfe jeweils in wenigen Minuten zu erreichen wären.

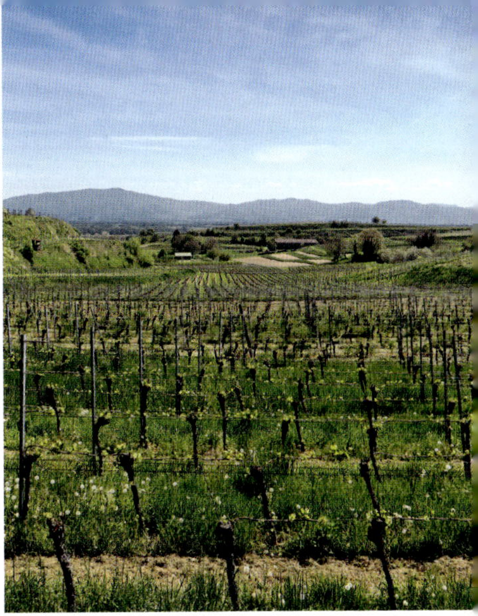

Zumeist verläuft der Steinkauzpfad ohne strenge Höhenunterschiede.

Die letzte Etappe unserer Tour führt uns an der **St. Albanskapelle** vorbei, am **Rebstock** links und in einer strengen Steigung aus dem Ort hinaus. Die romantische **Buntehahlegasse** senkt sich einige Meter in ein Tal hin ab, wo am **Rückhaltebecken Laire** der längste Anstieg des Tages beginnt. Dieser lässt den Tiefentalhof sowie das Schützenhaus Bötzingen rechts liegen, steuert den bewaldeten Höhenzug voraus an und gewinnt diesen in einer letzten Steigung am Abzweig **Gagenhart** ❼. Damit liegen alle Anstrengungen hinter uns, und wir wandern gemütlich nach links hinab. Beim Aussichtspunkt Schwarzwaldblick genießen wir abermals ein wundervolles Panorama, ehe am **Lindenplatz** ein lauschiger Pfad in ein kleines Tälchen eintritt und sich zum **Dorfbrunnen** in unserem Zielort hinab senkt. Dort überqueren wir die L114 und wandern in südlicher Richtung zum **Bahnhof** von **Wasenweiler** ❽.

↗ 640 m | ↘ 650 m | 23.1 km

21 Knabenkrautpfad

6.30 h

Am Kaiserstuhl-Südrand von Bötzingen nach Breisach

Für viele Blumenfreunde gelten Pflanzen aus der Familie der Orchideengewächse als Königinnen unter den heimischen Zierpflanzen. An verschiedenen Standorten im Kaiserstuhl kann man sich an den bunten Blüten erfreuen, darunter am Badberg und auf der Schelinger Höhe, denn die Orchidee gedeiht insbesondere auf ungedüngten Rasenflächen. Erste Adresse für botanische Besonderheiten ist natürlich das Liliental, welches auch auf unserer Tour durchquert wird. Hier wächst unter anderem das Knabenkraut, eine von etwa 35 Orchideenarten im Kaiserstuhl, der mit diesem Themenpfad eine eigene Route gewidmet wurde. Für kulinarische Genüsse wird außer im Liliental noch bei den Martinshöfen und auf dem Lenzenberg gesorgt, sodass auch das leibliche Wohl bei dieser Wanderung nicht zu kurz kommt.

Ausgangspunkt: Bötzingen, 201 m, Parkmöglichkeiten am Bahnhof in der Bahnhofstraße.
Zielpunkt: Breisach, Parkmöglichkeiten am Bahnhof in der Bahnhofstraße. Rückkehr nach Bötzingen mit der Breisgau-S-Bahn über Gottenheim.
ÖPNV: Breisgau-S-Bahn nach Bötzingen/ab Breisach.
Karte: Breisach am Rhein (W246).

Anforderungen: Technisch leichte Wanderung, die aber aufgrund der Länge etwas Kondition erfordert.
Einkehr: Mehrere Möglichkeiten in Bötzingen; Gasthaus Zur Lilie, Mo. und Di. Ruhetag, lilie-liliental.de; Martinshof, Mo. und Di. Ruhetag, martinshof-ihringen.de; Gasthaus Lenzenberg (kurzer Abstecher), Di., Mi. und Do. Ruhetag, lenzenberg.de; zahlreiche Möglichkeiten in Breisach.

In **Bötzingen** ❶ begeben wir uns vom **Bahnhof** über die Rathausstraße zur Hauptstraße, gehen dort rechts und gleich wieder links in die Gartenstraße. Wir passieren die Winzergenossenschaft und gelangen am Friedhof entlang zum Kirchweg, den wir nach links hinauf wandern. Schließlich verlassen wir das Dorf rechter Hand auf der **Sonnhalde** und finden uns sogleich in von Lösshohlwegen durchzogenen Weinbergen wieder. Die **Obere Leimengasse** ansteigend geht es am Steinbruch vorbei zu einer markanten S-Kurve am Wegweiser **Hagengasse**. Weiter aufsteigend erreichen wir beim

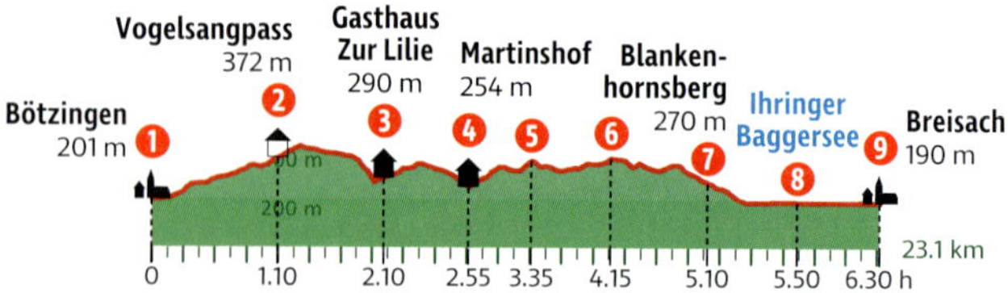

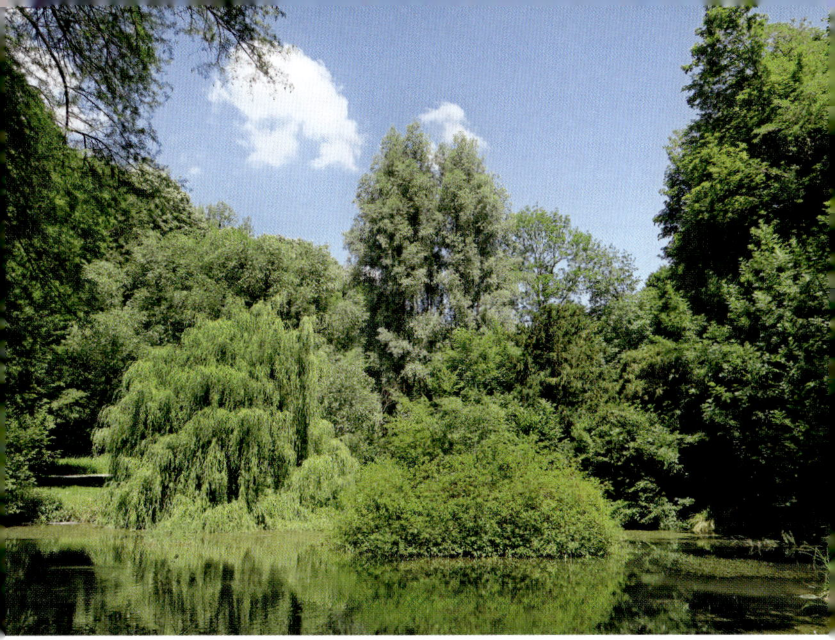

Fischweiher im Liliental.

Waldfestplatz die L115, die wir unter gebotener Vorsicht überqueren. Auf der anderen Fahrbahnseite ist es dann nicht mehr weit zum **Vogelsangpass** ❷ mit Tisch, Bänken und Schutzhütte.
Nach dem schweißtreibenden Auftakt betreten wir an der **Schönen Aussicht** erstmals den Wald, eine vor allem im Sommer wohltuende Erfrischung. In südlicher Grundrichtung wandern wir über den sanft einfallenden Gebirgskamm zum Abzweig **Gagenhart** hinab, wo wir rechts einschwenken und steil zum **Unteren Fischweiher** absteigen. Mit Glück lassen sich an diesem idyllischen Ort einige Tiere beobachten. Vom Weiher ist es nicht mehr weit zur ersten Einkehr am **Gasthaus Zur Lilie** ❸. Bei genügend Zeit und Kondition empfiehlt sich ein zusätzlicher Streifzug durch die botanischen Besonderheiten des Arboretums. Weiter geht es in einem lockeren Anstieg über den **Hüttenweg** zum **Unteren Wetzentalweg** und ebenso gemächlich wieder hinab, zunächst noch im Wald, dann in den Reben, zum **Martinshof** ❹. An der Gaststätte halten wir uns rechts und wandern auf der Asphaltstraße an einigen Wohngebäuden vorbei taleinwärts. Hinter dem letzten Haus geht es links in den nächsten Anstieg, der mehrheitlich auf bequemen Wegen durch die Reblagen führt. Zuletzt gelangen wir in einigen Serpentinen auf einer kleinen Fahrstraße zum Wegweiser **Himmel-**

burg ❺ hinauf (Fußweg zum benachbarten Gasthaus Lenzenberg). Wenige Minuten später tritt der Kaiserstuhlpfad zur Route, dem wir teils auf schmalen Pfaden, aber auch auf staubigen Schotterwegen nordwärts ins **Pöppital** folgen. Zwischen Wald und Reben schlängelt sich die Route um die Weinterrassen und gewinnt danach auf einer Asphaltstraße das **Jägerdenkmal** am **Kreuzenbuck** ❻, wo sich ein schöner Blick auf den Schlossberg oberhalb von Achkarren öffnet.
Aussichtsreich wandern wir über die sonnige Anhöhe zum nahen **Kreuzenbuckpass** hinab, um sogleich den nächsten kurzen Anstieg zu beginnen. Er bringt uns rasch zum Abzweig **Gute Eck**. Ohne markante Höhenunterschiede schlendern wir an der **Wilden Steige** vorbei über den bewaldeten Hochbuck, ehe wir auf einem schmalen Pfad und zuletzt wieder auf bequemen Wegen zum Freiburger Staatsweingut auf dem **Blankenhornsberg** ❼ absteigen. Ein letzter Abstieg führt uns ins Winklerfeld

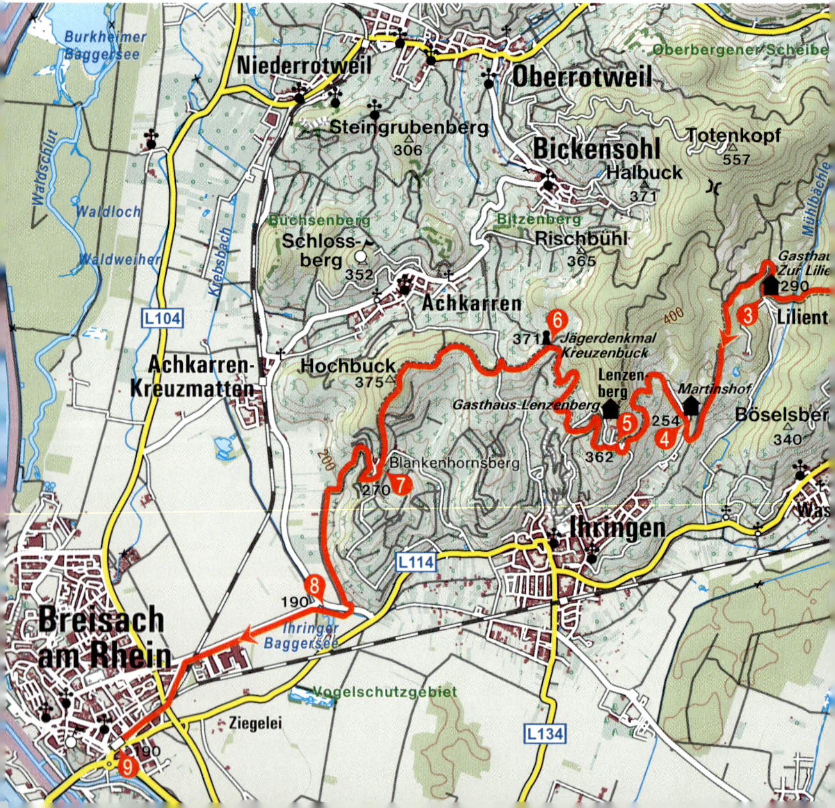

hinab, wo der abschließende, flache Marsch nach Breisach beginnt. Südwärts steuert der Knabenkrautpfad zunächst den **Ihringer Baggersee** 8 an. Auf den Bänken am Ufer kann man noch einmal pausieren. Der wenig attraktive Schlussteil der Tour führt uns auf einem Radweg am **Badischen Winzerkeller** vorbei und dann linkshaltend durch das Gewerbegebiet zum **Bahnhof** von **Breisach** 9.

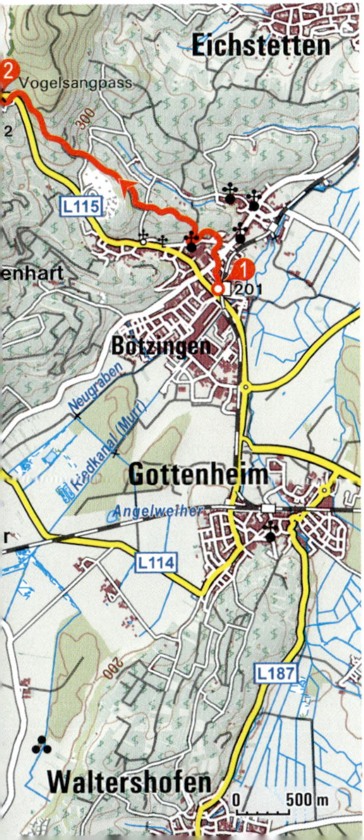

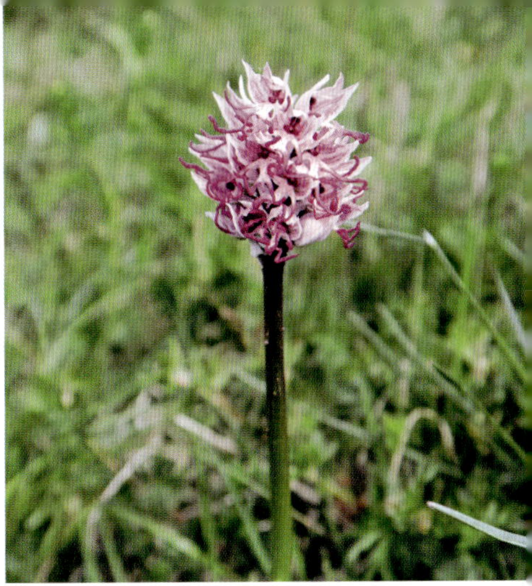

Knabenkräuter gehören zur Pflanzenfamilie der Orchideen und sind im Kaiserstuhl recht häufig anzutreffen.

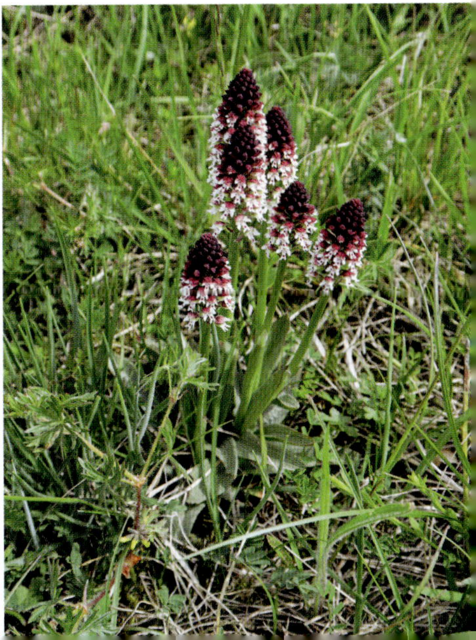

↗ 580 m | ↘ 590 m | 27.1 km

22 Wiedehopfpfad

7.30 h

Am Kaiserstuhl-Westrand von Breisach nach Sasbach

Wie bei den Bienenfressern handelt es sich bei den Wiedehopfen um Zugvögel, die in Afrika überwintern und den Sommer unter anderem in Mitteleuropa verbringen. Zu ihren bevorzugten Siedlungsgebieten gehören offenes Kulturland wie Weinberge und Streuobstwiesen, sodass sie am Kaiserstuhl ideale Lebensbedingungen vorfinden. Charakteristisch für den Wiedehopf sind seine markante Federhaube sowie sein rötliches Gefieder und die schwarzweißen Flügel. Ab Mitte Mai besteht die Chance, die Vögel in der Region anzutreffen, ehe sie im Herbst wieder in ihre Winterquartiere aufbrechen. Mit fast 30 Kilometern ist der Wiedehopfpfad der längste unter den Kaiserstühler Themenpfaden. Wem die Gesamtstrecke zwischen Breisach und Sasbach zu lang erscheint, kann in Oberrotweil übernachten und die Tour auf zwei Tage aufteilen. Dies empfiehlt sich besonders dann, wenn man auch den letzten Abschnitt bis zum Rhein wandern möchte.

Ausgangspunkt: Breisach, 190 m, Parkmöglichkeiten am Bahnhof in der Bahnhofstraße.
Zielpunkt: Sasbach, Parkmöglichkeiten am Bahnhof in der Hauptstraße. Rückkehr nach Breisach mit der Breisgau-S-Bahn.
ÖPNV: Breisgau-S-Bahn nach Breisach/ab Sasbach.
Karte: Breisach am Rhein (W246).
Anforderungen: Technisch meist sehr einfache Wanderung, die aufgrund der Länge als Tagestour Kondition erfordert; nach Burkheim auch kurzzeitig abschüssige Pfadpassagen.
Einkehr: Zahlreiche Möglichkeiten in Breisach; jeweils mehrere Möglichkeiten in Achkarren, Oberrotweil, Burkheim, Jechtingen und Sasbach; an der Variante: Gasthaus Zur Limburg, Mo. und Di. Ruhetag, gasthaus-zur-limburg.de.
Variante: Verlängerung zum Rhein über Litzelbergkapelle und Limberg: zusätzlich 2,9 km, 80 Hm, 0.50 Std.; Schwierigkeit: mittel.

Mit seiner markanten Federhaube ist der Wiedehopf leicht zu erkennen.

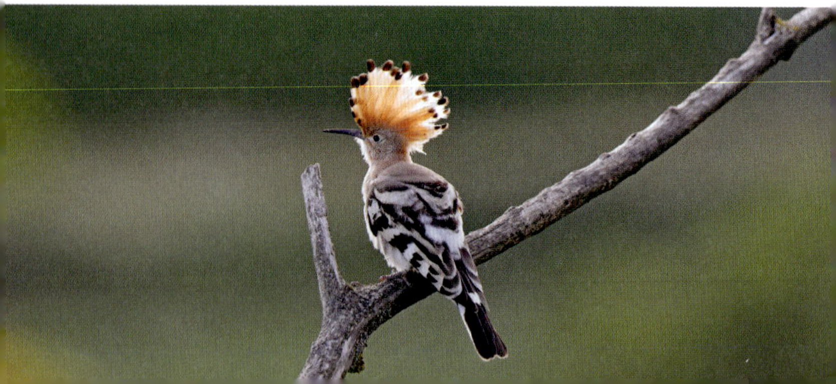

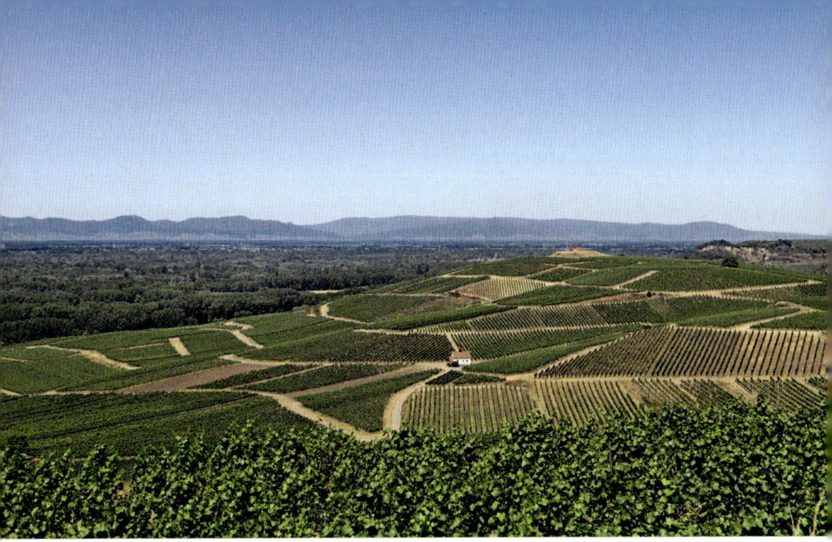

Ausblick vom Hochberg über die Eichertkapelle zu den Vogesen.

Die längste Tour dieses Wanderführers beginnt am **Bahnhof** in **Breisach** ❶. Wenig attraktiv startet die im weiteren Verlauf oftmals sehr schöne Wanderung mit dem Marsch durchs Industriegebiet bis zum **Badischen Winzerkeller**. Flach und unspektakulär nähern wir uns auf dem Radweg dem **Ihringer Baggersee** ❷. Einige Meter weiter überqueren wir die K4928 und wandern in nördlicher Richtung zwischen Streuobstwiesen und den Rebhängen zur Rechten durchs Winklerfeld. Schotterwege führen uns dann in den ersten Anstieg und zum Staatsweingut Freiburg auf dem **Blankenhornsberg** ❸. Bei einer Pause schweift der Blick zum markanten Münsterberg von Breisach.

Wenige Minuten später trennen sich beim Wegpunkt **Am Hochbuck** Knabenkraut- und Wiedehopfpfad. Für uns geht es in nördlicher Grundrichtung weiter in den Wald und auf herrlichen Pfaden zum Abzweig **Kohlplatz**, dessen Name auf einen früheren Meilerstandort hindeutet. Nun nach links hinab und im Bereich des Waldrands zum **Böhmischberg-Kreuz**,

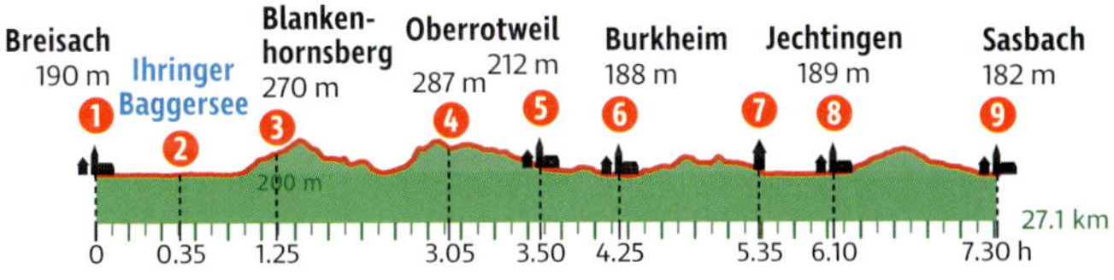

einem historischen Wegkreuz. Mit der gelben Raute umrunden wir den Bömischberg und wandern zur Kreuzung **Feldacker** im Taleinschnitt von Achkarren hinunter. Auf der gegenüberliegenden Seite beginnt beim Abzweig **Römerweg** der nächste längere Anstieg. Auf Waldpfaden erklimmt die Route zunächst in zwei Serpentinen den **Ritterfelsen-Steinbruch**, führt dann flach nach rechts und linker Hand in mittlerer Steigung bergan. Den attraktiven Schlossberggipfel umgeht der Themenpfad, wobei ein Abstecher dorthin äußerst lohnend ist (siehe Tour 9). Vom **Hofacker-Kreuz** 4 wandern wir über den **Schneckenberg** (Aussichtspunkt wenige Meter links vom Hauptweg) durch das **Naturschutzgebiet Ebnet** und links um den Steingrubenberg herum zum **Katzenstein**. Anschließend senkt sich der Weg am **Bildstöckle** vorbei zur **Infotafel** in **Oberrotweil** 5 hinab. Hier liegt exakt die Hälfte der Wegstrecke hinter uns. Im Ort gibt es mehrere Übernachtungsmöglichkeiten, zudem kann man die Tour am **Bahnhof** beenden und anderntags fortsetzen.
Der Weiterweg führt uns in westlicher Richtung aus Oberrotweil hinaus über eine wenig ausgeprägte Kuppe zum Ortsrand von **Burkheim** 6. Mit dem Hotel Kreuz Post liegt ein Übernachtungsbetrieb unmittelbar an der Wegstrecke. Ein Höhepunkt der Tour ist sicherlich der Besuch der Burkheimer Altstadt mit ihren charmanten Gassen und dem Schloss. Danach stehen wieder typische Weinbergwege auf dem Programm, ehe wir in den Wäldern beim **Wegkreuz Erlacher** über der Abbruchkante zum Rhein einige abschüssige Pfadpassagen zu meistern haben. Die Schwierigkeiten enden

Am Böhmischberg mit Blick nach Westen.

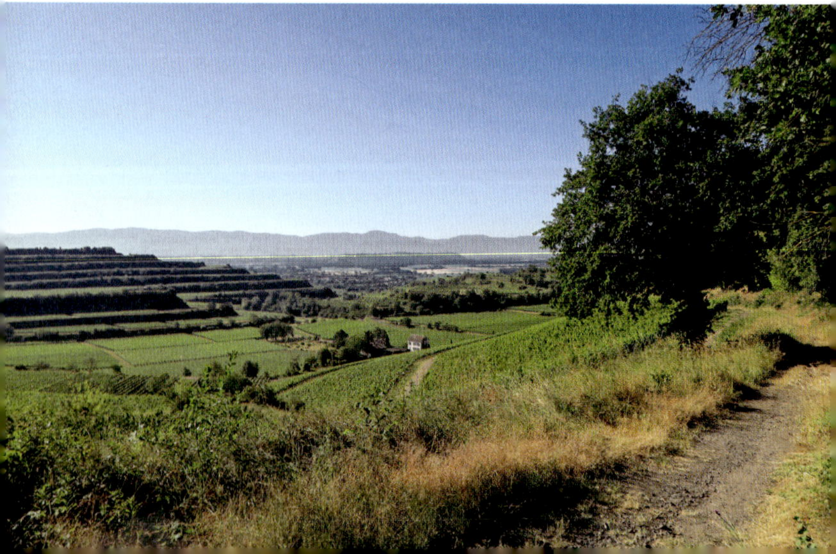

an der **Burg Sponeck** 7, und einfach zu begehende Wege bringen uns zum nahen **Parkplatz Sponeck** hinab. Von dort folgen wir kurzzeitig der Sponeckstraße, wechseln jedoch bald linker Hand auf einen Wirtschaftsweg, der flach hinüber nach **Jechtingen** 8 führt. An der Dorfstraße bleiben wir geradeaus, erreichen auf der Rosenstraße den **Bahnhof** und steigen hinter den letzten Häusern rechts in die Reben auf, wobei sich schöne Rückblicke auf den Ort ergeben. Dies ist die letzte Steigung auf der langen Wanderung. Beim **Jechtinger Ried** biegen wir scharf links ab, um anschließend den Hochberg zu gewinnen, welcher der Länge nach überquert wird. Dabei schweift der Blick über die nahe Umgebung zur Eichertkapelle und zu den Sendeanlagen auf dem Eichert. Am Wegweiser **Hochberg** stößt der Kirschbaumpfad zur Route. Gemeinsam führen sie beinahe durchgehend auf Schotter unserem Zielort entgegen. Dort beenden wir unsere Wanderung am **Bahnhof** von **Sasbach** 9. Der Wiedehopfpfad ist noch weiter bis zur Limburg am Rhein beschildert. Wer auch diesen letzten Abschnitt noch begehen möchte, muss mit einer weiteren Stunde Gehzeit rechnen (siehe Variante).

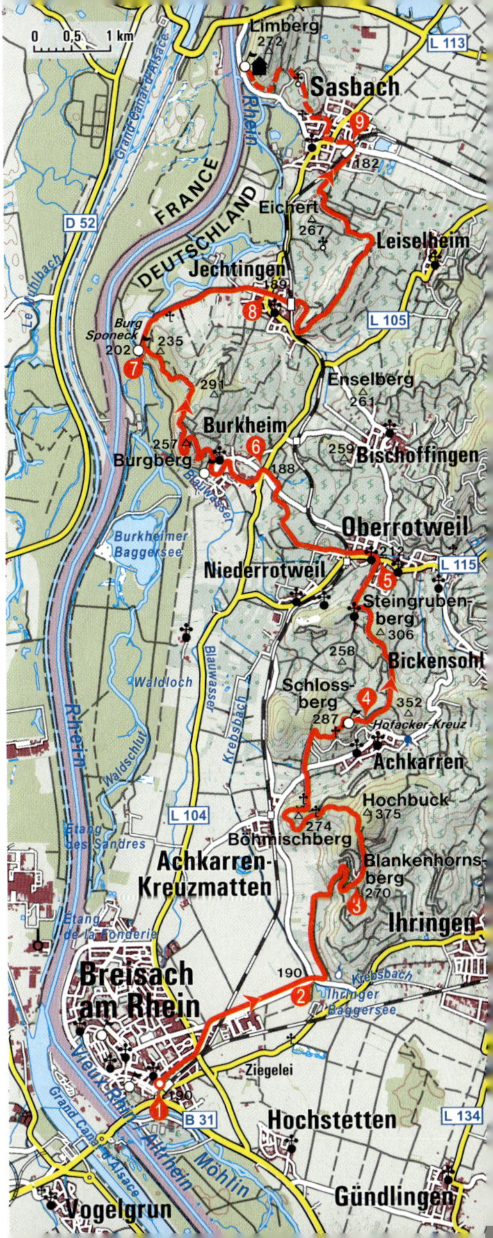

23 Bienenfresserpfad

5.20h

Von Ihringen nach Königschaffhausen

Mit seinem farbenprächtigen Gefieder zählt der Bienenfresser zu den elegantesten Vogelarten hierzulande. Im Herbst verlassen die Tiere Europa und steuern ihre Winterquartiere in Afrika an. Galt er in den 1980er-Jahren in Deutschland noch als ausgestorben, siedeln hier mittlerweile wieder mehr als 1000 Brutpaare. In den Lösswänden des Kaiserstuhls finden die Vögel erstklassige Lebensräume. Mithilfe ihrer spitzen Schnäbel, mit denen sie im Flug Insekten erbeuten, graben sie tiefe Nisthöhlen in das weiche Sediment, wo ab Mai die Eiablage und die Brut erfolgen. Zwischen Ihringen und Königschaffhausen wurde dem Bienenfresser ein eigener Themenpfad gewidmet. Zwar ist er auch an anderen Stellen im Tourengebiet anzutreffen, dennoch sind die Chancen dafür in den Hohlgassen bei Ihringen und Bickensohl im Frühsommer besonders groß.

Ausgangspunkt: Ihringen, 196 m, Parkmöglichkeiten am Bahnhof in der Bahnhofstraße.
Zielpunkt: Königschaffhausen (Stadt Endingen am Kaiserstuhl), 185 m, Parkmöglichkeiten am Bahnhof in der Bahnhofstraße. Rückkehr nach Ihringen mit der Breisgau-S-Bahn über Breisach.
ÖPNV: Breisgau-S-Bahn nach Ihringen/ab Königschaffhausen.
Karte: Breisach am Rhein (W246).
Anforderungen: Technisch einfache, jedoch recht lange Wanderung mit wenigen kurzen Steilstufen; überwiegend einfache Wege im Weinberg.
Einkehr: Zahlreiche Möglichkeiten in Ihringen; mehrere Optionen in Bickensohl, Oberrotweil und Bischoffingen sowie in Königschaffhausen.

Vom **Bahnhof** in **Ihringen** ❶ führt der Bienenfresserpfad im Gleichlauf mit dem Neunlindenpfad an der Ostseite der Winzergenossenschaft und am Schulzentrum vorbei zum **Kirchplatz** vor der Evangelischen Kirche. In der Schlichtengasse, einem beeindruckenden Lösshohlweg, betreten wir die Kulturlandschaft des Kaiserstuhls und gewinnen die ersten Höhenmeter. Mit schönen Rückblicken über unseren Startort gelangen wir durch die Pöppigasse weiter bergan und erreichen bald den Wegweiser im **Pöppital** ❷, von wo wir nun gemeinsam mit dem Kaiserstuhlpfad am Waldrand

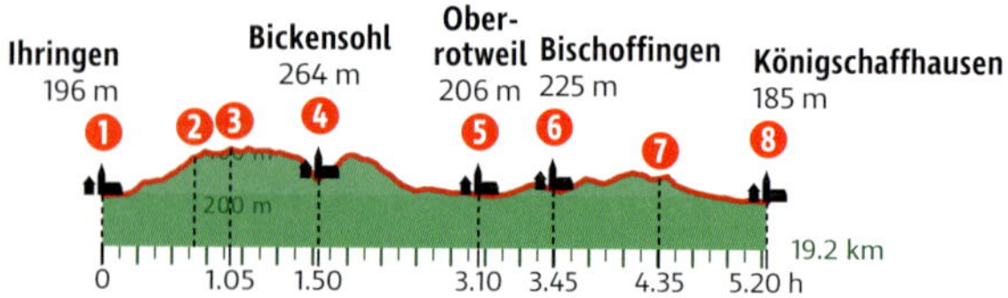

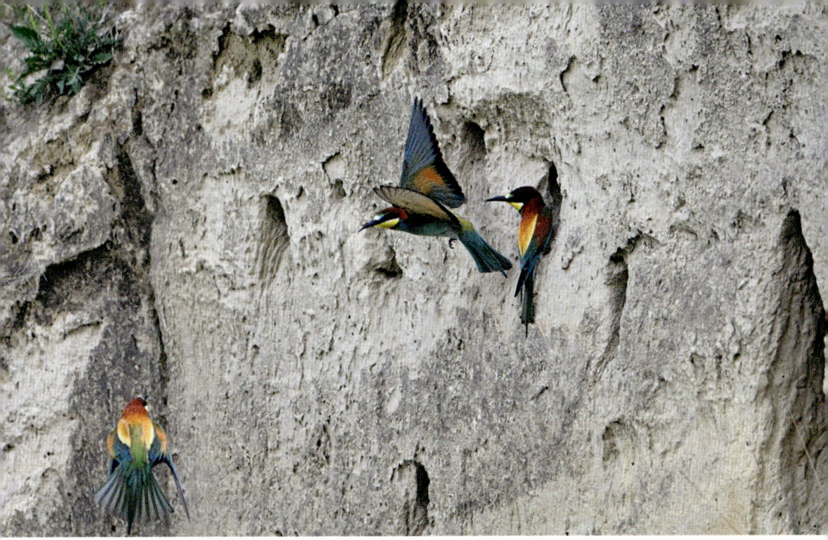

Bienenfresser finden in den Lösswänden ideale Voraussetzungen, um ihre Bruthöhlen anzulegen.

entlang weiter bergwärts wandern. Eine kurze Asphaltpassage bringt uns schließlich zum **Jägerdenkmal** auf dem **Kreuzenbuck** ❸, 371 m. Sitzbänke bieten sich hier für eine erste aussichtsreiche Pause an.

Anschließend bestimmen Schotterwege den Weitermarsch in nördlicher Grundrichtung zum **Wanderparkplatz Rischbühl**. Linker Hand umrundet unser Weg eine Geländekuppe, ehe er am Wegweiser **Schiebebuck** nach rechts führt und sich kurzzeitig sehr steil nach **Bickensohl** ❹ hinab senkt. Der Vogtsburger Stadtteil ist bekannt für seine Lösshohlwege, und mit der **Eichgasse** steuern wir auch den bekanntesten unter ihnen an. Zwischen leuchtend gelben Wänden wandern wir auf herrlichen Wegen und Pfaden zum oberen Ende der Eichgasse hinauf, hier links und weiter zu **Arnos Hüttle**, wo wir den Kaiserstuhlpfad verabschieden. Der Bienenfresserpfad führt uns stattdessen geradeaus weiter zum **Wanderparkplatz Rüttibuck** und auf der Zufahrt hinab zur L115 am Oberrotweiler **Schwimmbad**. Kurz darauf vereinigt sich unsere Tour am Wegweiser **Am Badenberg** mit dem Badbergpfad und setzt sich nach links fort. Hinter den letzten Häusern und den hoch aufragenden Hängen des Kaiserstuhls gelangen wir in die Ortsmitte und entlang der Bahnhofstraße zum **Bahnhof** von **Oberrotweil** ❺.

Diesen lassen wir links liegen, überqueren die Gleise und halten uns halbrechts auf einen Feldweg, auf dem wir flach geradeaus wandern und beim Wegweiser **Schotten** rechts abbiegen. Kurze Zeit später überqueren wir

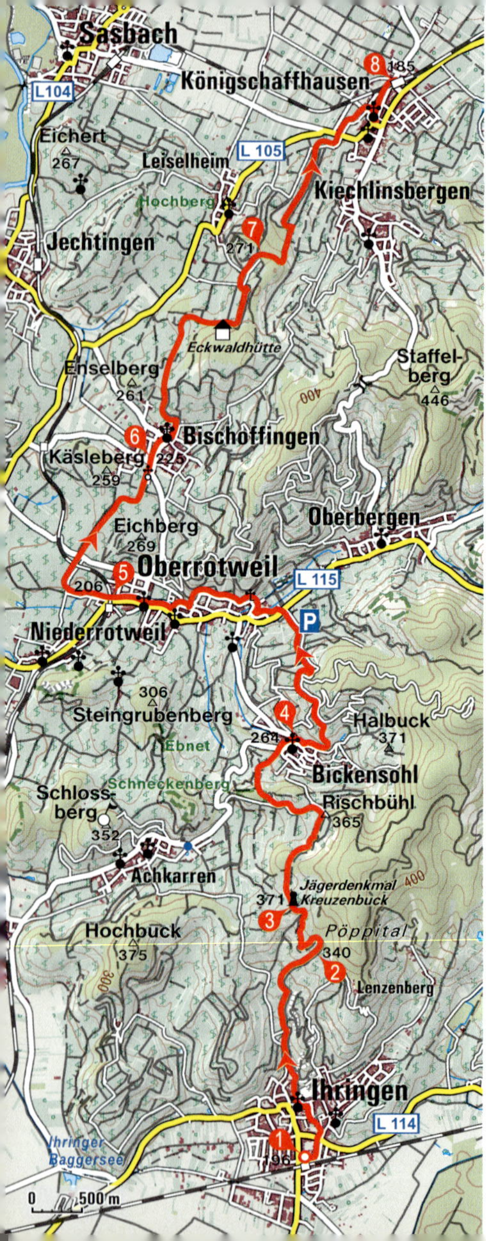

abermals die Gleise sowie die K4925 und steigen zwischen Weinreben sanft bergan. Vom Abzweig **Abern** ist es nicht mehr weit zum Amthofplatz in **Bischoffingen** 6. Der Ort ist bekannt für seine Lavendelfelder, die im Frühsommer einen einzigartigen Duft verbreiten. Auch Bischoffingen wird der Länge nach durchwandert. Hinter dem Friedhof tauchen wir ansteigend wieder in die Weinberge ein, während auf der linken Seite der Blick über den Enselberg nach Burkheim schweift. Am **Herrenberg** halten wir uns rechts und erreichen in Schatten spendendem Wald die **Eckwaldhütte** nebst Grillstelle. Von hier strebt unser Wanderweg dem **Hüttenbühl** 7 zu, wo der Kirschbaumpfad zur Route stößt. Gemeinsam gewinnen beide Routen eine Anhöhe im Wald und senken sich auf kurzzeitig steilen Pfaden ins **Tiefental** hinab. Der Bienenfresserpfad bleibt geradeaus, biegt kurz darauf scharf links ab und folgt der Länge nach einem kleinen Taleinschnitt. An dessen Ende überqueren wir die L105 und nähern uns dem Zielort. Am Ortsrand geht es noch einige Meter zur Kirche hinauf, ehe die Untere Guldenstraße nach links zum **Bahnhof** von **Königschaffhausen** 8 leitet.

Hinter den Reben zeigt sich Burkheim.

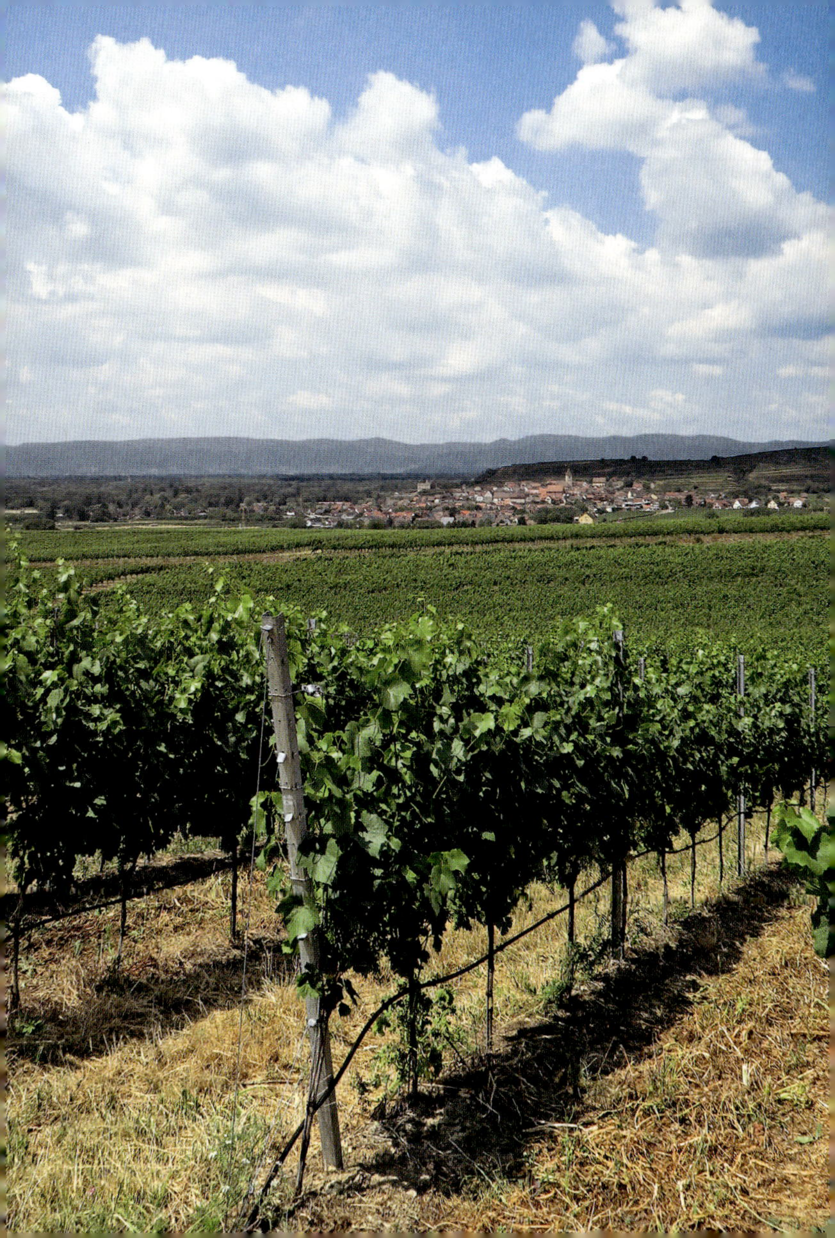

↗ 150 m | ↘ 150 m | 10.0 km

24 Nimburg – Nimberg

2.40 h

Auf dem Nimbergpfad

Wie beim deutlich größeren Tuniberg handelt es sich auch beim Nimberg um eine Erhebung aus Gesteinen des Erdmittelalters, welche nacheiszeitlich mit Löss überdeckt wurden. Geologisch betrachtet ist er somit eine von mehreren Bruchschollen, die im Zuge der Absenkung des Oberrheingrabens vom Grundgebirgssockel des Schwarzwalds hinabrutschten, und die ihre Umgebung heute um einige Dutzend Meter überragen. Über eine flachwellige Lössbrücke besitzt der Nimberg nach Süden Anschluss an den Marchhügel. Der Nimbergpfad, dem dieser Wandervorschlag in weiten Teilen folgt, verbindet die attraktivsten Punkte des kleinen Höhenzugs in einer einfachen Rundwanderung. Ansonsten erfreut sich das Gebiet vor allem als Naherholungsziel der Breisgaumetropole Freiburg großer Beliebtheit. Zum Nordic-Walking und Inline-Skating sind mehrere Strecken ausgewiesen.

Ausgangspunkt: Nimburg (Gemeinde Teningen), 185 m, Parkmöglichkeiten am Bahnhof in der Breisacher Straße.
ÖPNV: Breisgau-S-Bahn nach Nimburg.
Karte: Breisach am Rhein (W246).
Anforderungen: Einfache Rundwanderung; im ersten Teil eine steile Treppe (umgehbar).
Einkehr: Unterwegs auf dem Nimberg keine; am Ausgangspunkt: Bahnhöfle, So. Ruhetag; weitere Möglichkeiten in Nimburg.

Wir beginnen unseren Spaziergang über den Nimberg am **Bahnhof** in **Nimburg** ❶ mit der roten Querweg-Raute in östlicher Richtung. Zunächst wandern wir über die Dreisam, queren die L114 und erreichen danach die ersten Häuser von Nimburg, wo mit der Einmündung der Kaiserstuhlstraße unser Rundkurs beginnt. Wir bleiben jedoch geradeaus dem Querweg Schwarzwald – Kaiserstuhl – Rhein treu und folgen diesem noch, bis kurz vor dem Ortsende rechter Hand die Burgstraße zur Route stößt. Auf dieser nach rechts und sogleich links auf einen Fußweg, der mithilfe einer steilen Treppe einige Höhenmeter gewinnt. Oben angekommen halten wir uns bei einem Gartengrundstück rechts und wandern über den nach oben führenden Grasweg aufs aussichtsreiche **Beckebürgli** ❷ mit dem Gefallenendenkmal (hierher auch via Langstraße unter Umgehung der steilen Treppe). Nun kurz zurück und hinab zum Wegweiser **Sonnhalde** am Rand von Nimburg, hier zweimal links und durch die Reben nach Süden. Wenig später ist linker Hand ein Aussichtspunkt ausgeschildert, wo sich eine hübsche Sicht zum Schwarzwald mit dem markanten Kandel bietet.

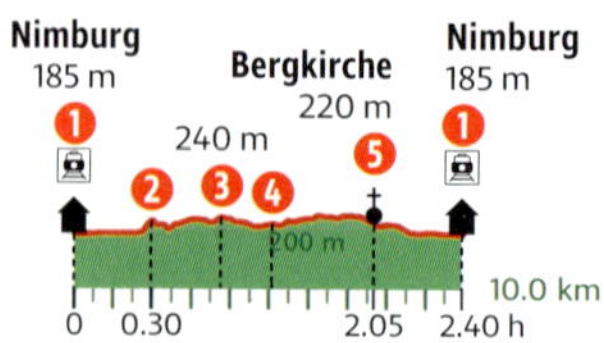

Am Abzweig **Ziegelbreite** ❸ führt der Nimbergpfad nach Bottingen hinab. Stattdessen

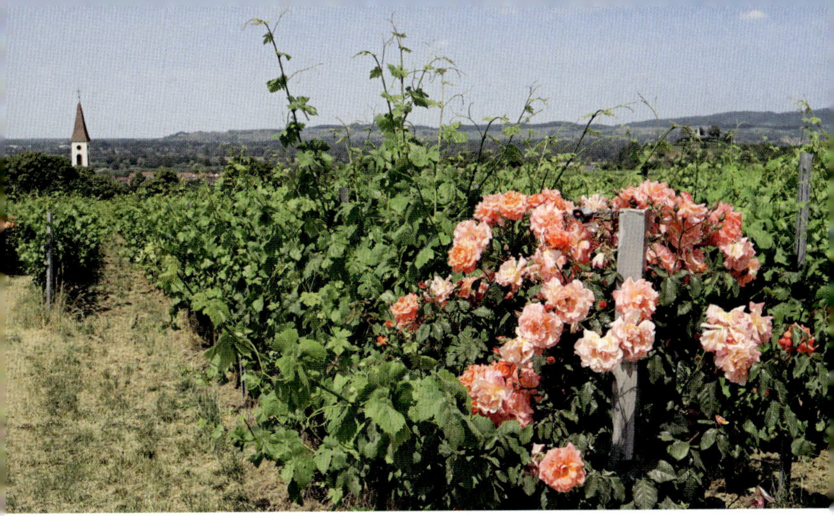

Auf dem Weg zur Bergkirche mit dem von Weitem sichtbaren Turm.

steuern wir geradeaus direkt den **Hirtenbuck** an, wo der Nimbergpfad wieder zu unserer Route tritt. In leicht welligem Terrain erreichen wir am Wegweiser **Hohkinzig** ❹ den südlichsten Punkt unserer Tour. Gemeinsam mit dem Marchhügelpfad (Kombinationsmöglichkeit mit Tour 25) biegen wir scharf rechts ab. Am Abzweig **Kolben** verabschieden wir den Marchhügelpfad nach Westen und wandern geradeaus und danach mit einigen Richtungswechseln durch offene Rebflur zur im Jahr 1517 erbauten **Bergkirche** ❺ von Nimburg. Das Gotteshaus liegt in erhabener Position und bildet eine weithin sichtbare Landmarke. Vom Parkplatz unterhalb der Kirche führt uns der Alte Kirchpfad zum Nimburger Ortsrand. Durch ein Wohngebiet senkt sich die Route zum Ziegelhofbrunnen hinab, dann leitet die Kaiserstuhlstraße in einem Bogen zur Breisacher Straße zurück. Über die vom Hinweg bekannte Strecke wandern wir abschließend nach links zum **Ausgangspunkt** ❶ am Bahnhof zurück.

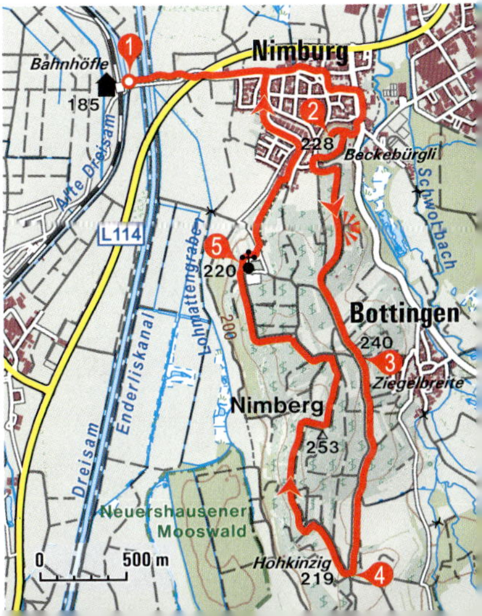

↗ 110 m | ↘ 110 m | 16.1 km

4.10 h

25 Hugstetten – Marchhügel

Dreisamniederungspfad und Marchhügelpfad

Die Kombination aus Dreisamniederungspfad und Marchhügelpfad ergibt eine großzügige Runde durch die March. Unterwegs erfahren wir auf zahlreichen Schautafeln interessante Hintergründe zur Landschaftsgeschichte sowie zur Tier- und Pflanzenwelt des Landstrichs im Freiburger Norden. Der Dreisamniederungspfad bildet gleichzeitig den Auftakt zum Burgunderpfad, der auf einer Länge von mehr als 27 Kilometern die March mit Munzingen verbindet und dabei einmal längs über den Tuniberg führt. Als Variante wird hier der nördliche Teil bis Gottenheim beschrieben, der am Münstudsee vorbei durch die Wälder führt. Wer den gesamten Burgunderpfad bis nach Munzingen begehen möchte (durchgehend separat beschildert), muss mit etwa sechs Stunden Gehzeit ab Hugstetten rechnen.

Ausgangspunkt: Hugstetten (Gemeinde March), 203 m, Parkmöglichkeiten am Bahnhof in der Straße Am Bahnhof.
ÖPNV: Breisgau-S-Bahn nach Hugstetten.
Karte: Breisach am Rhein (W246).
Anforderungen: Einfache Route, die nur punktuell etwas aufsteilt.
Einkehr: Unterwegs keine; am Ausgangspunkt (Bahnhof): Gleis 1, tägl. geöffnet, gleis1-restaurant.de; weitere Möglichkeiten in Hugstetten.

Variante: Vom Wegpunkt Beim Querwehr ❸ links zum Matthias-Ginter-Sportpark des SC March und mit der gelben Raute nach links zum Münstudsee (Angelgewässer, Grillplatz, Bänke). Den Abzweig Ketsch passierend führt die Route auf dem Breitmattweg zur B31 und durchs Gewerbegebiet weiter nach Gottenheim zum Bahnhof (4,2 km; 10 Hm; 1.00 Std.; Schwierigkeit: leicht).

Am **Bahnhof** in **Hugstetten** ❶ informiert eine Schautafel über den Verlauf von Dreisamniederungs- und Marchhügelpfad. Wir begehen die Runde im Uhrzeigersinn und verlassen Hugstetten auf der Königsberger Straße. An deren Ende kurz auf Treppenstufen hinauf und links parallel zur L116, ehe die Markierung nach rechts zum **Waldspielplatz** weist. Wir überqueren die Dreisam, folgen ihr einen Moment flussabwärts und halten uns halblinks auf einen Pfad, der ein Waldstück zum Wegpunkt **Am Steinbuckweiher** ❷ quert. Das Gewässer dient der Fischerei und ist für andere Wasseraktivitäten gesperrt. Nach wenigen Minuten auf der Straße führt die Route in einigen Kurven bei einem Spielplatz durch den Wald und überquert abermals die Dreisam.

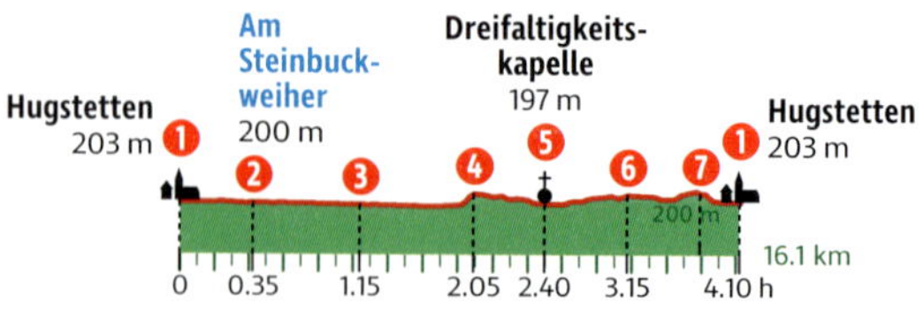

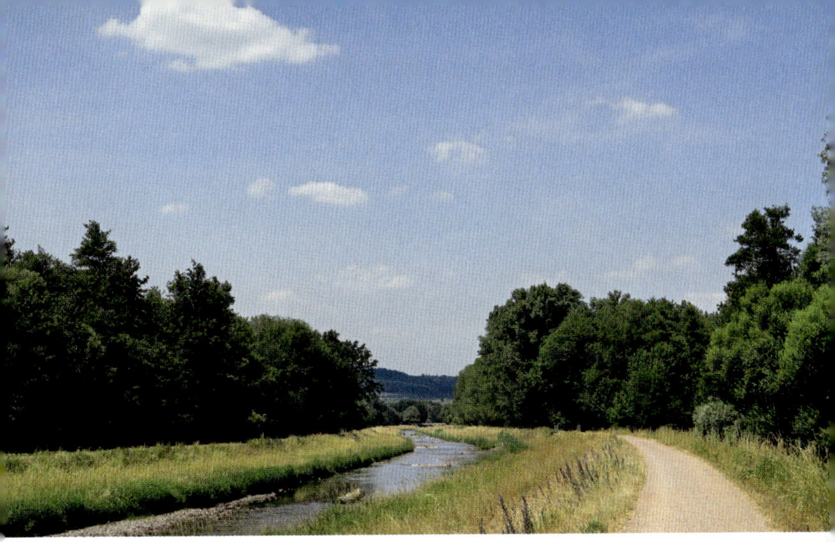

Gemütlicher Spazierweg entlang der Dreisam.

Von der **Alten Dreisambrücke** wandern wir ostseitig am Ufer entlang zum Wegpunkt **Beim Querwehr** ❸, wo sich der Burgunderpfad (siehe Variante) nach links verabschiedet.

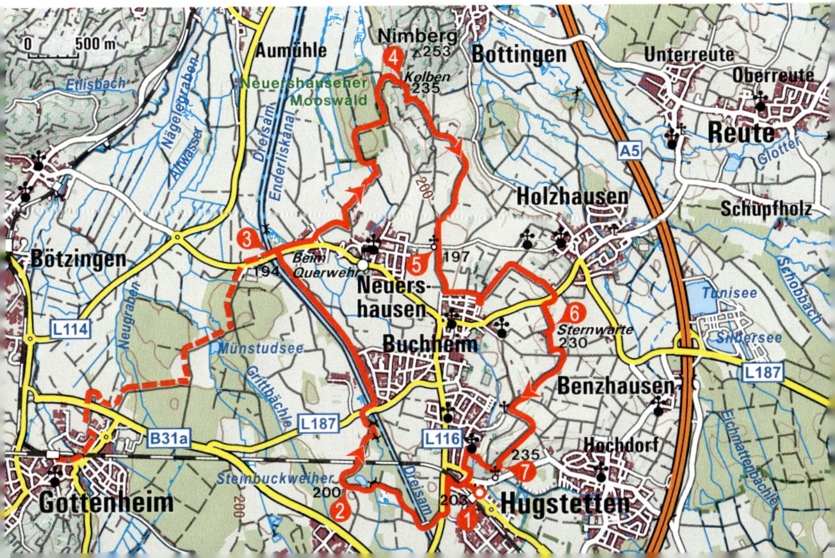

Auf dem Radweg nähern wir uns parallel zur L116 dem Ort Neuershausen, biegen nach dem kleinen Gewerbegebiet links und sogleich wieder rechts ab. Wir passieren einen landwirtschaftlichen Betrieb und gelangen durch Felder in den Neuershausener Mooswald. Im Wald rechts abbiegend schickt uns die gelbe Raute vor den Aufschwung des Nimbergs, hier links und kurze Zeit später rechts bergan. Kurzzeitig steilt der Anstieg ein wenig auf, jedoch liegt die Mehrzahl der Höhenmeter am Abzweig **Kolben** 4 bereits hinter uns, und wir wandern gemeinsam mit dem Nimbergpfad (Kombinationsmöglichkeit mit Tour 24) rechter Hand zum Wegweiser **Hohkinzig**. Hier verabschieden wir uns vom Nimbergpfad und gehen geradeaus zum **Feldkreuz Hohkinzig**. Wir schlendern durch die weitläufige, aussichtsreiche Hügellandschaft und folgen dabei immer dem auf den Wegweisern separat ausgewiesenen Marchhügelpfad.

An der **Dreifaltigkeitskapelle** 5 überqueren wir den Kapellenweg, halten uns geradeaus in Richtung Buchheim und biegen vor den ersten Häusern links ab. Nur kurz tangieren wir den Ort bis zu einem Spielplatz, tauchen gleich wieder in offene Feldflur ein, und wandern über das **Bergle** zur Buchheimer Straße (L187). Nun kurz rechts, dann links über die Straße hinweg und sanft ansteigend zur **Sternwarte** 6. Wer sich für Astronomie begeistert, findet im dortigen Planetenweg eine interessante Spazierrunde. An der Sternwarte wandern wir rechts, sogleich wieder links und zwischen landwirtschaftlichen Gebäuden hindurch bis zum Wegweiser **Roter Stein**. In der Folge verlieren wir einige Höhenmeter, ehe wir vor dem Friedhof von Hugstetten linker Hand den letzten Anstieg beginnen. Dieser führt uns später nach rechts zum **Aussichtspunkt Belvedere** auf dem **Marchhügel** 7. Eine Tafel benennt die Gipfel im Blickfeld, unter uns kann man die roten Felsen des anstehenden Gesteins erkennen. Gleichzeitig betreten wir hier den Englischen Garten von Hugstetten, wo uns ein angenehmer Waldweg an einem Pavillon vorbei zu Tal führt. Bei der evangelischen Kirche überqueren wir den Mühlbach und wandern entlang von Dorfstraße, Landstraße und Kurzackerweg zum **Ausgangspunkt** 1 zurück.

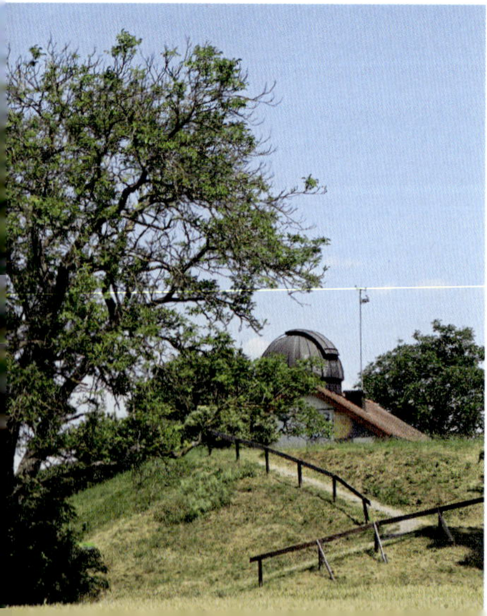

In der Sternwarte March können Interessierte nach Voranmeldung den Nachthimmel beobachten.

↗ 30 m | ↘ 30 m | 9.6 km

2.20 h

Opfingen – Mooswald – Opfinger See

26

Badeausflug am Tuniberg

Der ausgedehnte Mooswald zwischen den Gewerbeflächen im Freiburger Westen und den Tuniberggemeinden Tiengen und Opfingen wird von der Autobahn 5 zerschnitten. Durch den Bau der Fernverkehrsstraße entstand eine Vielzahl von Baggerseen, denn für den Trassenbau waren ungeheure Mengen an Kies nötig. Dieser ist im Oberrheinischen Tiefland reichlich vorhanden und wird an etlichen Stellen abgebaggert, jedoch nicht mehr am Opfinger See, unserem Wanderziel. Der kleine und der große See bieten Raum zum Spazierengehen, Grillen und für andere Formen der Naherholung. An den beiden Baggerseen gibt es zudem ausgewiesene Badebereiche mit Liegewiesen, aber auch Ruhezonen, in denen sich die Natur ungestört entwickeln kann.

Ausgangspunkt: Opfingen (Stadt Freiburg), 205 m, Parkplatz Schule in der Straße Am Sportplatz.
ÖPNV: Bus Linie 32 (Haid – Opfingen – Waltershofen), Haltestelle »Opfingen, Gewerbestraße« oder Linie 33 (Haid – Opfingen – Munzingen), Haltestelle »Opfingen, Hofmattstraße«.
Karte: Breisach am Rhein (W246).
Anforderungen: Einfacher Spaziergang auf bequemen Wegen; nicht mit den ansonsten typischen Rauten, sondern teils separat markiert; GPS dennoch hilfreich.
Einkehr: An der Route: Kiosk am Opfinger See; mehrere Möglichkeiten in Opfingen.
Variante: Vom Parkplatz am Opfinger See ❸ auf dem Westlichen Seeweg nach Norden, weiter um den Waltershofener See und auf dem Östlichen Seeweg (i. d. R. Lärmbelästigung durch die Autobahn) zurück (5,3 km; 20 Hm; 1.15 Std.; Schwierigkeit: leicht).

Vom **Parkplatz Schule** in **Opfingen** ❶ gehen wir auf der Straße Am Sportplatz in südlicher Richtung zum Kreisverkehr und verlassen den Ort nach links. Unmittelbar nach Überquerung des Bachlaufs biegen wir rechts auf den Mooswaldrundweg ein, der den Großteil unserer Route vorzeichnet. Ihm folgen wir entlang des Gewässers, ehe wir linker Hand abbiegen und den unscheinbaren Blankenberg hin zu einigen Bauernhöfen überqueren. Dort wandern wir zwischen den Hofstellen hindurch, einige Minuten am Waldrand entlang und schließlich auf dem Waldmösleweg in den **Mooswald** ❷ hinein.

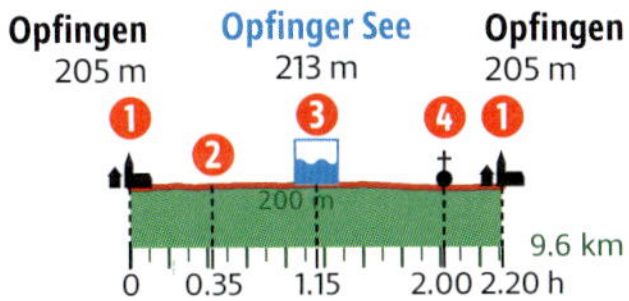

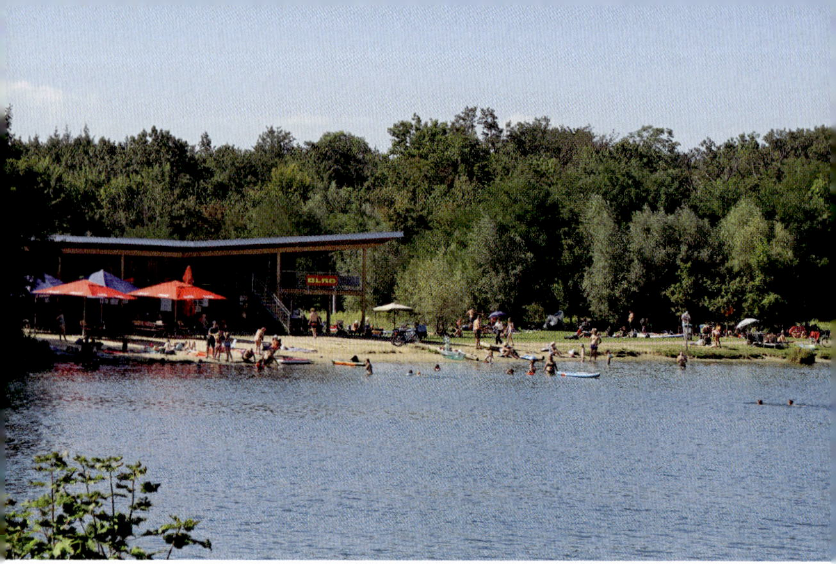

Mehrere Strandabschnitte laden am Opfinger Baggersee zum Baden ein.

Kurz vor der Autobahn 5, die sich in diesem Teil der Wanderung leider akustisch bemerkbar macht, wechseln wir links auf den Wangener Weg. Er leitet uns an der **Skulptur »Die Eiche«** vorbei (kurz darauf zweigt ein Pfad nach links zum Kleinen Opfinger See ab, FKK-Bereich) zur Freiburger Straße (K9853). Nun nach rechts und für 400 Meter auf dem Radweg, ehe man halbrechts mittels einer Unterführung gefahrlos die Straße queren kann. Auf der gegenüberliegenden Seite treffen wir auf einen Parkplatz (siehe Variante), halten uns rechts und biegen nach der Schranke links auf einen Pfad ab, der uns zum Kiosk am **Opfinger See** 3 führt. Schöner als der Mooswaldrundweg ist hier der Uferweg, der beinahe komplett um den See herum verläuft. Wir folgen ihm auf der Westseite des Gewässers bis zu seinem Ende, wobei mehrfach Gelegenheit besteht, eine Pause auf einer Bank einzulegen (zudem Picknickplätze, Grillstelle, Liegewiese).

Kurz nach einer weiteren Bank endet der begehbare Teil des Ufers (Schild: Ruhezone, Naturschutz), sodass wir vor besagter Bank links abbiegen und wenige Meter weiter auf einen breiteren Schotterweg, den Westlichen Seeweg, treffen. Auf diesem gehen wir nun nach links, bei der Verzweigung geradeaus und an der T-Kreuzung rechts, und nun wandern wir wieder auf dem Mooswaldrundweg, der hier auf dem Sankt Nikolauser Sträßle verläuft. Ohne Orientierungsprobleme gelangen wir nach einiger Zeit im Wald wieder in freies Gelände. Nachdem wir eine Gärtnerei passiert haben, biegen wir kurz vor **Sankt Nikolaus** 4 am Bach links ab und folgen dem

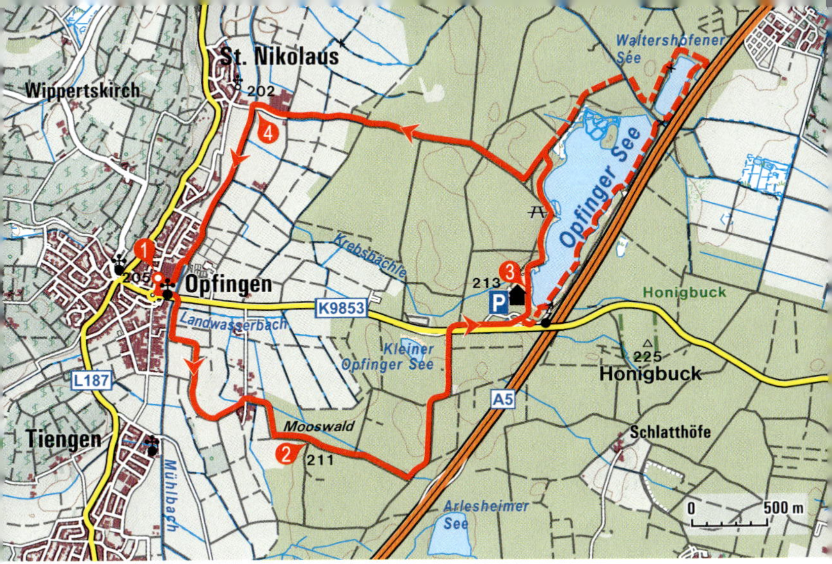

Fuß-/Radweg zurück in Richtung Opfingen. Beim Beachvolleyballfeld an den **Sportanlagen** wechseln wir auf die andere Uferseite und wandern an der Schule vorbei zum **Ausgangspunkt** ❶ zurück.

Einige Uferbereiche sind aus Naturschutzgründen als Ruhezonen ausgewiesen.

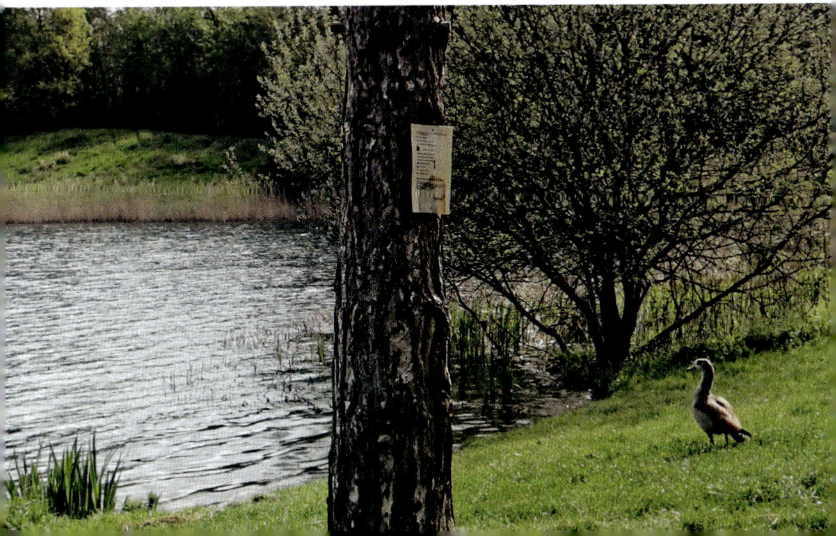

↗ 250 m | ↘ 250 m | 12.8 km

27 Gottenheim – Waltershofen

3.30 h

Gemütlicher Rundgang im »Freiburger Obstgarten«

Als schräggestellte geologische Bruchscholle erhebt sich der Tuniberg 120 Meter über das Oberrheinische Tiefland. Über die Mengener Brücke hat das kleine Gebirge Anschluss an die Schwarzwald-Vorberge und trennt so den Breisgau vom Markgräflerland ab. Ähnlich wie im Kaiserstuhl ermöglichen die klimatische Gunstlage sowie die fruchtbaren Böden den Anbau von Sonderkulturen, insbesondere Weinreben, aber auch Obst und Spargel. Freizeitsportlern bietet der Tuniberg eine Fülle an Möglichkeiten: Von kleineren Radtouren über Inlineskating hin zu gemütlichen Weinbergwanderungen. In »Freiburgs Obstgarten« wird jedem etwas geboten.

Ausgangspunkt: Gottenheim, 193 m, Parkmöglichkeiten am Bahnhof in der Bahnhofstraße.
ÖPNV: Breisgau-S-Bahn nach Gottenheim.
Karte: Breisach am Rhein (W246).

Anforderungen: Typische, einfache Weinbergwanderung, die abwechselnd auf Asphalt-, Schotter- und Graswegen verläuft.
Einkehr: Mehrere Möglichkeiten in Gottenheim und in Waltershofen.

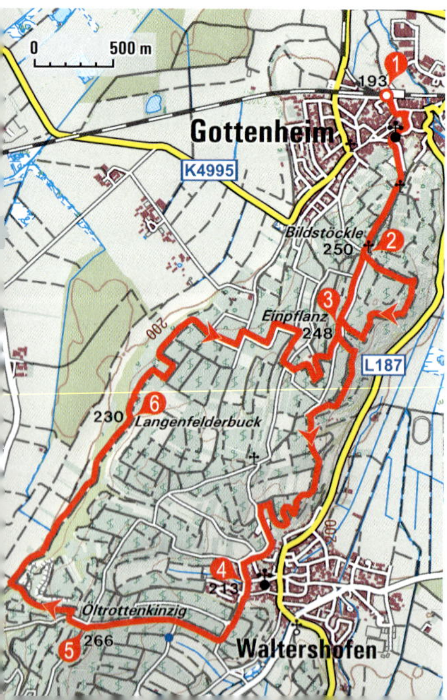

Vom **Bahnhof** in **Gottenheim** ❶ gehen wir auf der Bahnhofstraße zur Hauptstraße (L115), dort links und am **Rathaus** rechts in die Rathausgasse. Die gelbe Raute weist uns an der Kirche Sankt Stephan vorbei hinauf und den Friedhof passierend aus der Bebauung hinaus. Über einen Lösshohlweg gelangen wir in die Hügellandschaft des Tunibergs und können am Aussichtspavillon bei einem Wasserbehälter eine erste schöne Sicht über die Umgebung genießen. Am **Bildstöckle** ❷ folgen wir dem Tuniberg-Ostweg für eine Extrarunde, biegen beim Wegweiser **Kriegacker** scharf links ab, ehe am Abzweig **Einpflanz** ❸ der große Rundkurs beginnt.

Die gelbe Raute leitet uns, oft mit schönen Ausblicken in die Freiburger Bucht und zum Schwarzwald, auf unterschiedlichem Belag süd-

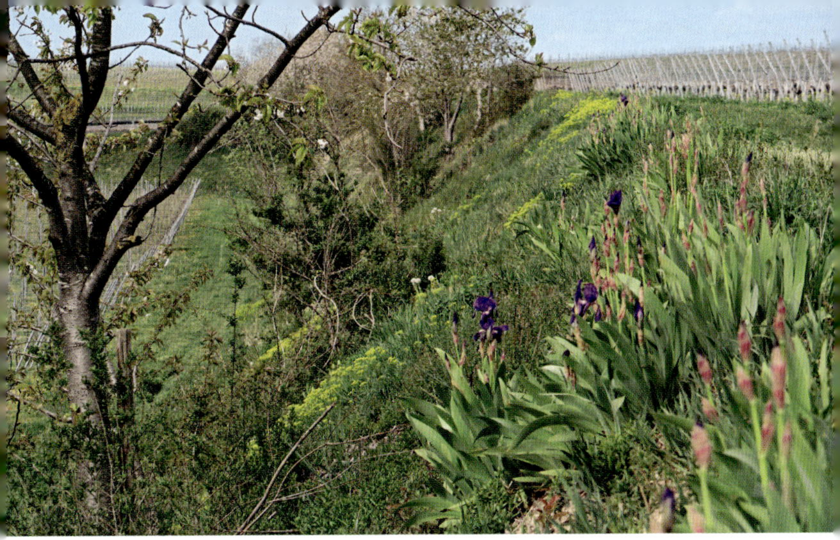

Schwertlilien und andere Blumen versehen die Hänge der Weinterrassen mit bunten Farbtupfern.

wärts. Kleine Asphaltstraßen wechseln mit Schotterpassagen und Graswegen ab, gelegentlich ermöglichen Bänke eine Panoramarast. Am **Kähnerbrunnen** in **Waltershofen** 4 besteht die Möglichkeit, in den Ort zu wandern (Gasthaus, Bushaltestelle). Ansonsten beginnen wir den sofortigen Wiederanstieg, halten uns beim Abzweig **Hitzel** halbrechts und gelangen mit Vogesenblick über den **Schönberg** zur **Öltrottenkinzig** 5. Bei einem weiteren Wegweiser mit demselben Namen halten wir uns rechts und gehen anschließend linker Hand einen Hohlweg hinab. Kurz bevor er am Tuniberg-Westrand die Ebene erreicht, folgen wir dem mit der gelben Raute markierten Burgunderpfad nach rechts, wandern an efeuumrankten Bäumen vorbei nordwärts und gelangen dabei in einem sanften Anstieg auf den **Langenfelderbuck** 6.

Mit etlichen Richtungswechseln führt uns der Burgunderpfad durch Weinreben und Streuobstwiesen, wobei nun der Kaiserstuhl mit seinen höchsten Gipfeln ins Blickfeld rückt. Beim Wegweiser **Einpflanz** 3 erreichen wir bekanntes Gelände, gehen diesmal direkt zum **Bildstöckle** 2 und gewinnen wenige Meter weiter den bekannten Rastplatz beim Wasserbehälter. Über den Weg vom Beginn wandern wir abschließend zum **Bahnhof** in **Gottenheim** 1 zurück.

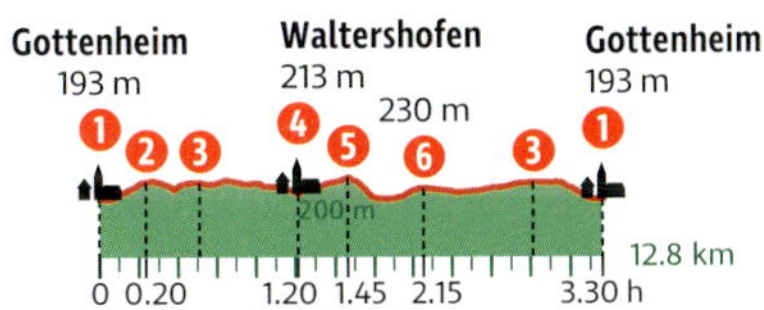

28 Munzingen – Opfingen – Gottenheim

4.30 h

Von Süd nach Nord über den Tuniberg

Für alle, die den Tuniberg in seiner ganzen Vielfalt erleben möchten, drängt sich die lange Durchquerung von Süd nach Nord auf. Je nach Lust und Laune lässt sich dieser Tourenvorschlag aber auch individuellen Wünschen anpassen, denn die Winzerdörfer Opfingen und Waltershofen, die wir zwischendurch passieren, sind sehr gut an den öffentlichen Nahverkehr angeschlossen. Wer nur einen Kurzbesuch plant, kann zudem einen der Opfinger Themenwege begehen.

Ausgangspunkt: Munzingen (Stadt Freiburg), 210 m, Endhaltestelle Windhäuslegasse, auch Parkmöglichkeiten.
Zielpunkt: Gottenheim, 193 m, Bahnhof, Parkmöglichkeiten in der Bahnhofstraße. Von Gottenheim mit der Breisgau-S-Bahn nach Freiburg, dann Straßenbahn Linie 3 zur Munzinger Straße (Haid) und Bus Linie 33 zurück nach Munzingen.
ÖPNV: Bus Linie 33 (Haid – Tiengen – Munzingen), Haltestelle »Munzingen, Windhäuslegasse«.
Karte: Breisach am Rhein (W246).
Anforderungen: Typische Weinbergwanderung auf kleinen Asphaltstraßen und einfachen Wiesenwegen; anspruchsvolle Orientierung; GPS hilfreich.
Einkehr: Mehrere Möglichkeiten in Munzingen, Opfingen, Waltershofen und Gottenheim; unterwegs etwas abseits der Route: Griestal-Strauße, im Sommerhalbjahr tägl. geöffnet, griestal-strausse.de.

In **Munzingen** ❶ beginnen wir den sanften Aufstieg zum Tuniberg auf der Windhäuslegasse. Hinter den letzten Wohnhäusern macht die Asphaltstraße eine Linksbiegung und leitet zum Wegweiser **Kapellenberg** empor, wo sich der kurze Abstecher zur **Erentrudiskapelle** lohnt. Das kleine Gotteshaus thront in erhabener Position über der Umgebung und offeriert einen erstklassigen Fernblick. Anschließend geht es zurück zum **Kapellenberg** und mit der gelben Raute geradeaus entlang der Reben weiter. Am Wegweiser **Panoramaweg** ❷ empfiehlt sich die äußerst lohnende Extraschleife über die höchste Erhebung im Tuniberg (312 m), ehe nach einem zweiten Wegweiser mit Namen **Panoramaweg** ein kurzer Wiesenabschnitt wartet. Bei der Verzweigung **Wannental** halten wir uns halbrechts und steuern mit einigen Richtungswechseln das Wegedreieck **Rebtal** ❸ an. Nun auf dem Sträßlein nach links wenige Meter recht flach bergan und zum Abzweig **Am Wäldele**. Vor dem Waldstück biegen wir rechts ab und wandern am Rand der Weinterrasse zum Wegweiser **Griebler** ❹. Wir überschreiten eine weitere von unzäh-

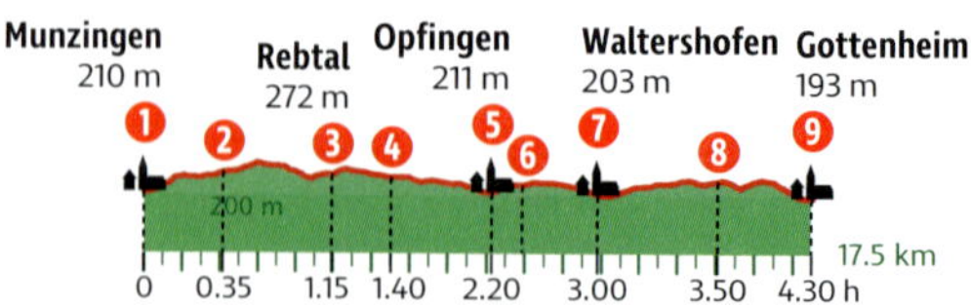

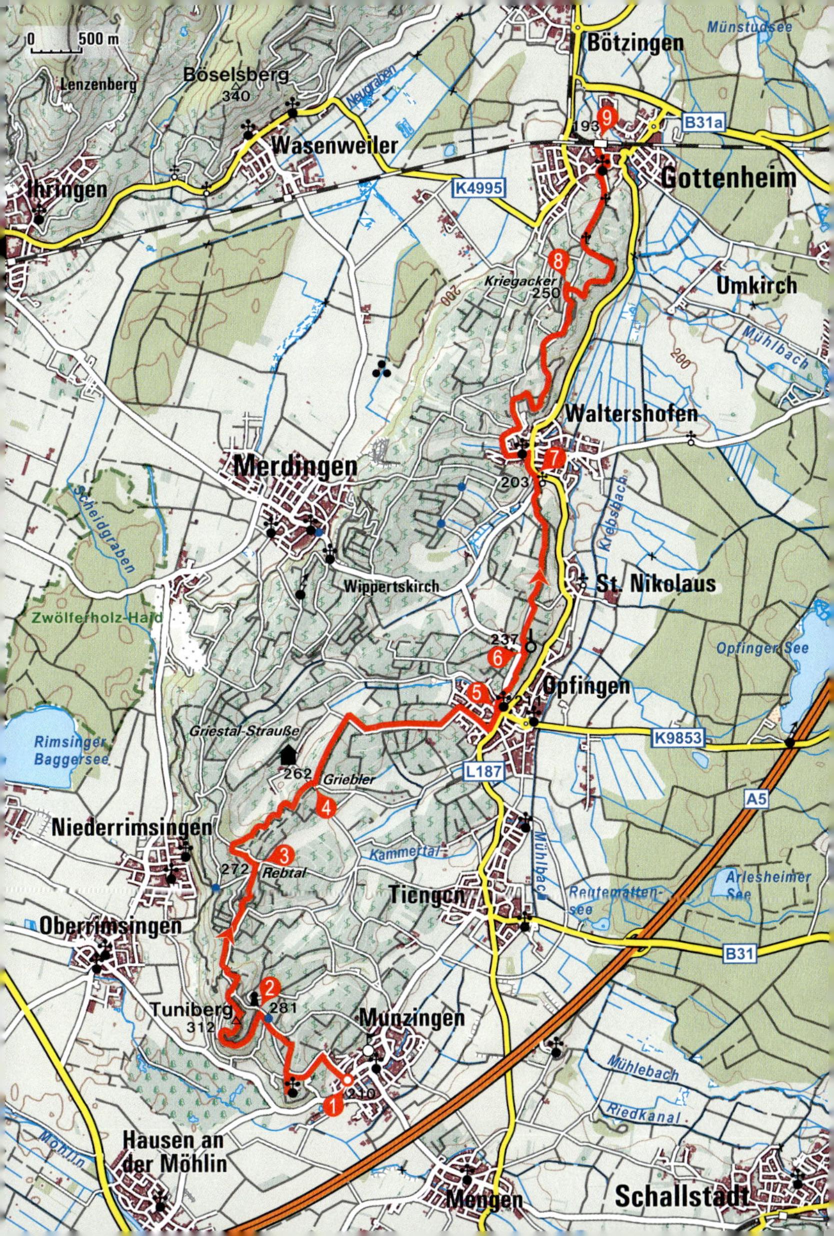
0 500 m
Lenzenberg
Böselsberg
340
Wasenweiler
Ihringen
Neugraben
K4995
Bötzingen
Münstudsee
193
9
B31a
Gottenheim
8
Kriegacker
250
Umkirch
Mühlbach
200
Waltershofen
7
203
Merdingen
Scheidgraben
Krebsbach
Wippertskirch
St. Nikolaus
Zwölferholz-Haid
237
6
Opfinger See
5
Opfingen
K9853
Griestal-Strauße
Rimsinger Baggersee
262
Griebler
L187
A5
4
Niederrimsingen
3
Kammertal
272
Rebtal
Tiengen
Mühlbach
Arlesheimer See
Reutematten-see
Oberrimsingen
B31
2
Tuniberg
312
281
Munzingen
Mühlebach
210
1
Riedkanal
Möhlin
Hausen an der Möhlin
Mengen
Schallstadt

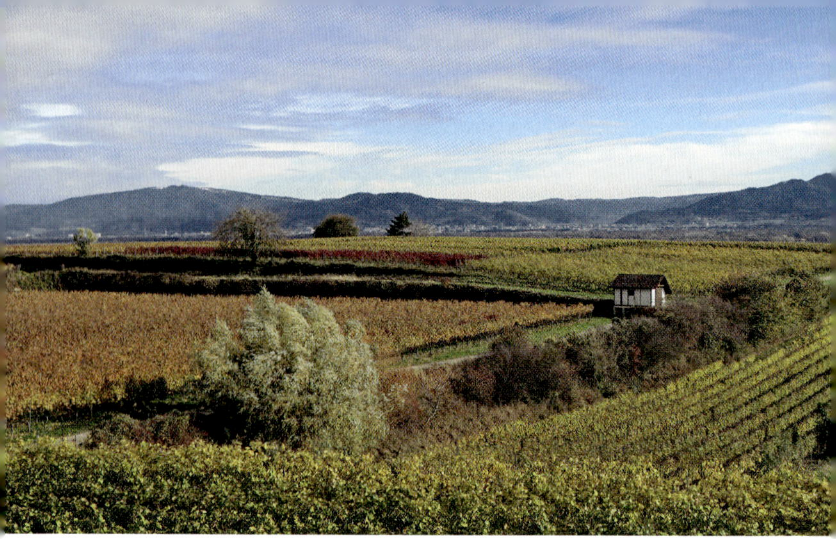

Blick vom Tuniberg auf Kandel, Freiburg und Dreisamtal.

ligen Kuppen und gelangen zum Abzweig **Griestal**, wo der Wechsel von der Tuniberg-Westseite zu seinem östlichen Rand erfolgt.

Rechter Hand schickt uns die gelbe Raute an einigen Höfen vorbei zum Ortsrand und über die Straße Am Dreschschopf nach **Opfingen** 5 hinab. Am Rathaus in der Ortsmitte beginnt der Aufstieg auf einer Treppe zur historischen Bergkirche von 1778. Anschließend überqueren wir den Friedhof und folgen den Rautenmarkierungen sowie den Zeichen der Opfinger Themenwege zum **Weinlehrpfadturm** 6. Die kleine hölzerne Aussichtskonstruktion rückt insbesondere die Schwarzwaldgipfel in den Blick, von denen Kandel, Schauinsland und Belchen als markante Silhouette hervortreten. Weiter folgen wir dem Tuniberg-Ostweg immer grob nach Norden, zunächst zur **St. Nikolaus-Kinzig** und schließlich etwas linkshaltend zum Kreisverkehr in **Waltershofen** 7 hinab.

Zunächst geht es auf der Sonnenbrunnenstraße durch den Ort, dann links auf dem Benleweg und Am Kähnerbrunnen aus der Bebauung heraus. Wir beginnen den letzten Abschnitt einer typischen Weinbergwanderung, das bedeutet häufige Richtungswechsel, bei denen stets gut auf die gelbe Raute zu achten ist. Beim Abzweig **Kriegacker** 8 lohnt sich noch eine Extraschleife auf dem Tuniberg-Ostweg, ehe wir im Pavillon oberhalb vom **Bildstöckle** eine abschließende Rast auf der langen, schattenlosen Durchquerung des Weinbaugebiets im Freiburger Westen einlegen können. Die katholische Kirche Sankt Stephan passierend senkt sich die gelbe Raute zum **Bahnhof** in **Gottenheim** 9.

↗ 200 m | ↘ 200 m | 9.9 km

2.40 h

Merdingen – Attilafelsen

Auf den Spuren des Hunnenkönigs?

Am Westrand des Tunibergs liegt der Winzer- und Ferienort Merdingen, von dem wir uns zum Attilafelsen aufmachen. Dieser ist eigentlich nicht sonderlich spektakulär, vielmehr nur eine gewöhnliche Lösswand, die mit einem entsprechenden Schriftzug versehen ist. Umso spannender ist der Umstand, wie der Attilafelsen zu seinem Namen kam. Am 1. April 1955 ließ Otto Fischer, Bürgermeister von Niederrimsingen, über die Presse berichten, dass man an besagter Stelle das Grab des Hunnenkönigs Attila gefunden habe. Der Aprilscherz verfehlte seine Wirkung nicht: Werbewirksam verbreitete sich das Gerücht in aller Welt. Und auch wenn man weder Gold noch anderen Grabschmuck fand, so hat sich der Name Attilafelsen für die Reblage bis heute gehalten. Im Anschluss an die Tour lohnt sich noch ein Besuch des Rimsinger Baggersees, der zu den beliebtesten Badeseen in der Region gehört.

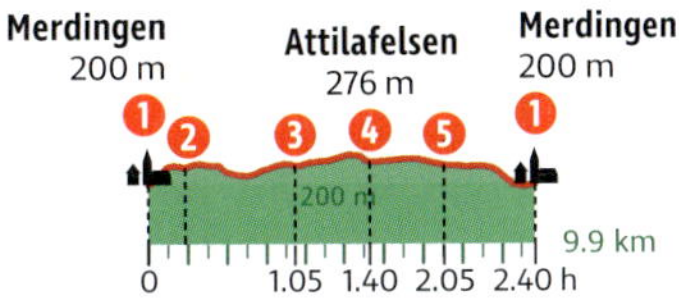

Ausgangspunkt: Merdingen, 200 m, Stockbrunnen. Parkmöglichkeiten u. a. an der katholischen Kirche in der Kirchgasse.
ÖPNV: Bus Linie 31 (Paduaallee – Merdingen – Breisach), Haltestelle »Merdingen, Sonne«.
Karte: Breisach am Rhein (W246).

Anforderungen: Einige steile Treppen; ansonsten bequeme Wege auf Asphalt, Schotter und Gras.
Einkehr: Wenig abseits der Route: Griestal-Strauße, im Sommerhalbjahr tägl. geöffnet, griestal-strausse.de; mehrere Möglichkeiten in Merdingen.

Rosenstöcke sind im Weinberg nicht nur schön anzuschauen, sondern auch nützlich, da sie drohende Krankheiten wie den Mehltau früher anzeigen als die Rebe.

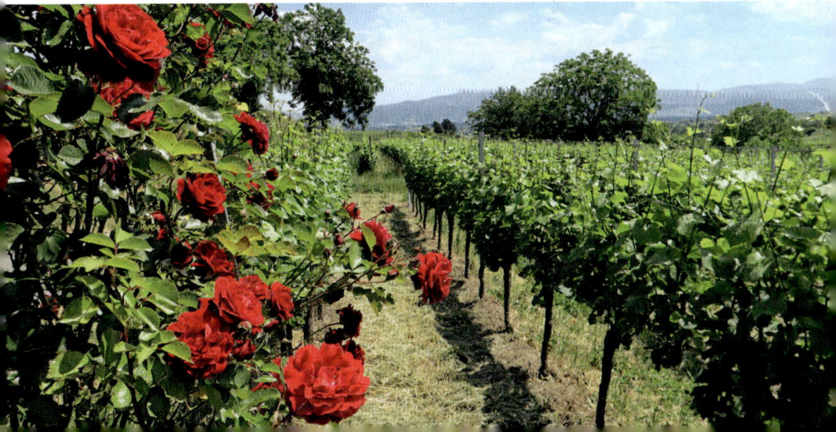

Vom **Stockbrunnen** im Winzerort **Merdingen** ❶ gehen wir kurz entlang der Ortsdurchfahrt (K4979) sanft bergan, ehe uns die gelbe Raute hinter dem letzten Gebäude links auf einen steilen Treppenweg schickt. Dieser erklimmt eine erste Weinterrasse. Über eine zweite Treppe gelangen wir eine weitere Ebene hinauf, dann senkt sich die Route auf Stufen zum Wegweiser **Vierwegen** ❷ am Passübergang zwischen Merdingen und Waltershofen hinab. Nach Überquerung der K4979 leitet ein Asphaltweg über den **Engertstein**, wo ein Denkmal an die einstige Flurbereinigung erinnert und Bänke eine erste Aussichtsrast ermöglichen.

Linker Hand gelangen wir mit einigen Richtungswechseln in ein weites Tal hinab, eine Holztafel informiert über Wander- und Radwege im Tuniberg. Oberhalb des **Griestals** wandern wir gemütlich weiter zum Abzweig **Griebler** ❸, wo wir einen Abstecher zur Griestal-Strauße unternehmen können. Das Gasthaus ist nur wenige Minuten von der Route entfernt und lädt mit regionalen Köstlichkeiten zur Pause ein, eine willkommene Gelegenheit auf dieser schattenlosen Rundtour. Bald geht es über grasige Pfade entlang der Weinterrassen weiter südwärts, stets begleitet von herrlichen Ausblicken zum Schwarzwald. **Am Wäldele** biegen wir beim kleinen Waldstück rechts ab, am Wegweiser **Grümling** links sowie wenige Meter weiter am **Bändlemäder** erneut rechts. Treppenstufen führen uns eine Geländestufe hinab, dann sind es nur noch ein paar Schritte zum Rastplatz am **Attilafelsen** ❹.

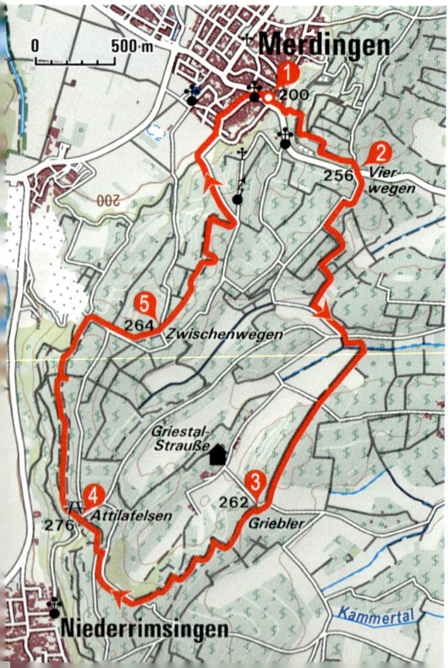

Der Rückweg in unseren Zielort erfolgt zumeist am Tuniberg-Westrand, sodass uns unter Umständen die Nachmittagssonne ordentlich einheizt. In nördlicher Grundrichtung wandern wir mit der gelben Raute auf dem Burgunderpfad durch die Rebhänge und genießen auf dieser Seite das Panorama zu den Vogesen. Die Kreuzung **Zwischenwegen** ❺ passierend sind es bald wieder unbefestigte Wege, auf denen wir durch die Kulturlandschaft schlendern. Schließlich beginnt am Wegweiser **Bensental** halblinks der Abstieg durch eine Hohlgasse nach Merdingen, wo wir entlang der Kirchgasse unseren **Ausgangspunkt** ❶ erreichen.

Die sehenswerte Barockkirche Sankt Remigius liegt im dicht bebauten Ortskern von Merdingen.

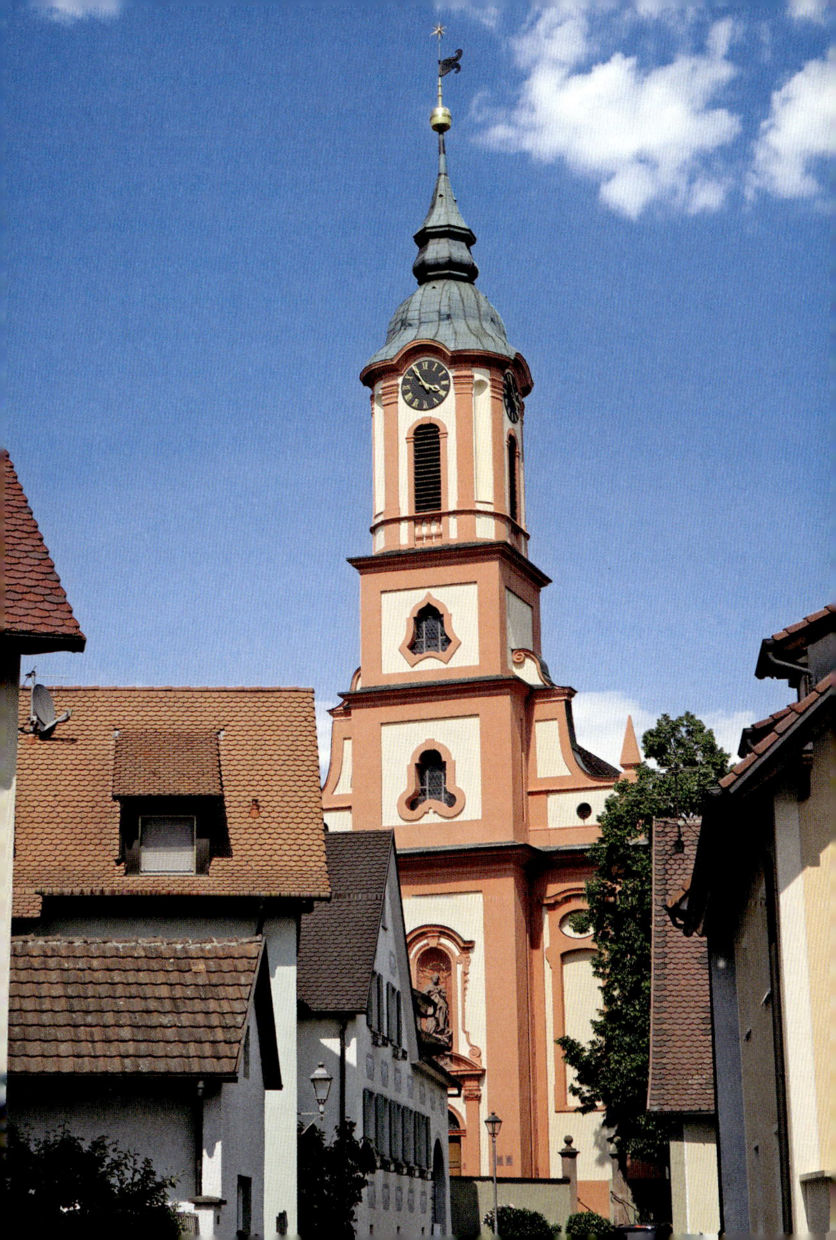

TOP

↗ 160 m | ↘ 160 m | 8.3 km

30 Munzingen – Erentrudiskapelle

2.15 h

Wo der Tuniberg am schönsten ist

Da es sich beim Tuniberg um eine nach Nordosten einfallende geologische Scholle handelt, ragen die südwestlichen Teile am höchsten aus dem Oberrheinischen Tiefland heraus. Hier befindet sich nicht nur die 312 Meter messende höchste Erhebung des Hügellands, sondern mit der Erentrudiskapelle auch einer der schönsten Aussichtsplätze. Das kleine Gotteshaus liegt in erhabener Position über der Ebene und gewährt traumhafte Ausblicke zum Schwarzwaldrand mit dem markanten Belchen.

Ausgangspunkt: Munzingen (Stadt Freiburg), 210 m, Endhaltestelle Windhäuslegasse, auch Parkmöglichkeiten.
ÖPNV: Bus Linie 33 (Haid – Tiengen – Munzingen), Haltestelle »Munzingen, Windhäuslegasse«.

Karte: Breisach am Rhein (W246).
Anforderungen: Einfache Rundwanderung auf bequemen Wegen; teils anspruchsvolle Orientierung.
Einkehr: Unterwegs keine; mehrere Möglichkeiten in Munzingen.

In **Munzingen** ❶ wandern wir von der Endhaltestelle Windhäuslegasse entlang der St.-Erentrudis-Straße (K9864) auf dem Fuß- und Radweg ortsauswärts, am Kreisverkehr geradeaus und bei den Sportanlagen rechts zum unmittelbar vor dem **Oberen Steingrüble** gelegenen Wegweiser **Mühlenbrunnenweiher**, wo der Rundkurs beginnt. Diesen begehen wir im Uhrzeigersinn und folgen linker Hand der gelben Raute. Auf bequemen Wegen geht es ohne große Höhenunterschiede zu den **Weingärten**. Während sich auf der rechten Seite vom Weg der Tuniberg erhebt, sehen wir links Golfer ihrem Hobby nachgehen. Unser Wanderweg folgt ab den Gärten dem Burgunderpfad durch die steilen Rebhänge zum Wegpunkt **Franziskaner** ❷.
Weiter geht es, zumeist sanft ansteigend, zu einem weiteren Wegweiser, der unseren Umkehrpunkt markiert. Hier verabschieden wir uns vom Burgunderpfad, biegen scharf (beinahe 360°) rechts ab und gelangen wenige Meter weiter zu einer Panoramaliege, die einen wunderbaren Blick nach Westen gewährt. Dem Sträßlein treu bleibend treffen wir einige Minuten später am Abzweig **Maiblumengasse** ❸ auf den bei Radfahrern beliebten Tuniberg-Höhenweg. Diesem folgen wir in südlicher Grundrichtung, wobei wir den Wegpunkt **Wannental** passieren (kurz darauf anstatt auf der Straße alternativ durch die Reben, nicht durchgehend beschildert).

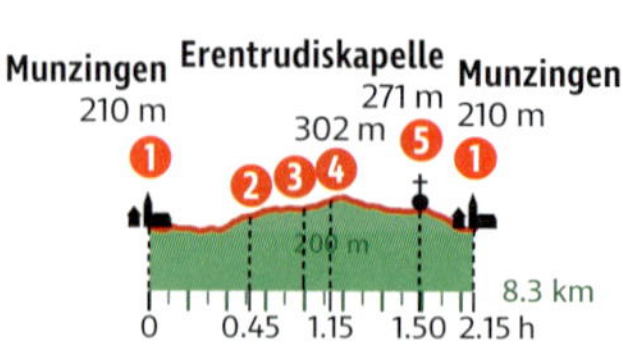

Beim Abzweig **Panoramaweg** ❹ beginnen wir eine aussichtsreiche Schleife, welche uns über den 312 Meter messenden höchsten Punkt im Tuniberg führt.

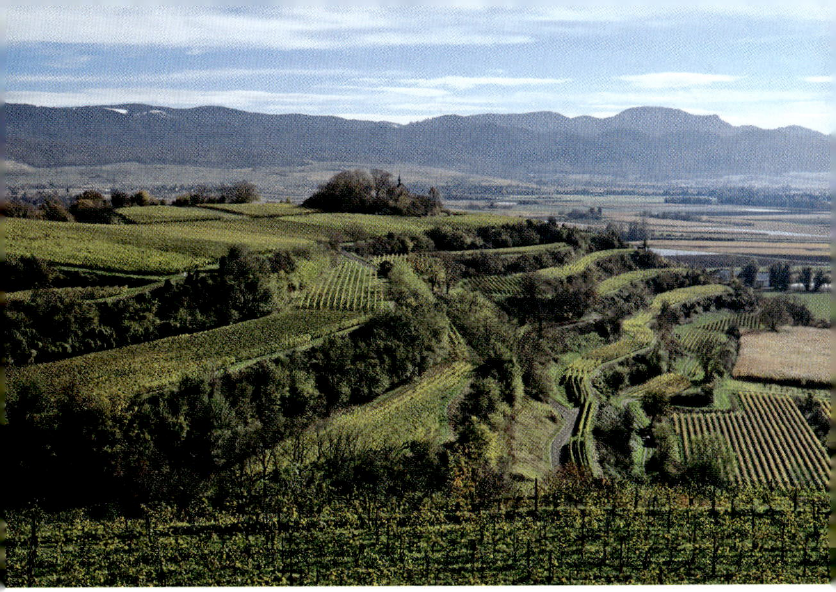

Vom Panoramaweg schweift der Blick über die Erentrudiskapelle zum Belchen.

Auf der südlichsten Erhebung ist mit der Erentrudiskapelle bereits das letzte Ziel unserer Wanderung zu erkennen. Dem Gotteshaus nähern wir uns via **Kinziggasse** sowie über einen Grasweg zwischen den Reben. Schließlich wandern wir über einen kurzen Pfad zur **Erentrudiskapelle** 5 hinauf. Von den Bänken genießen wir einen Blick ins Elsass, oder wir verbringen die Pause unter Schatten spendenden Bäumen. Vom Parkplatz unterhalb der Kapelle senkt sich die gelbe Raute in einer letzten ausladenden Schleife zum Beginn des Rundkurses zurück. Zum Abschluss der Tour können wir das Naturdenkmal **Oberes Steingrüble** noch einmal in Ruhe bewundern. Es handelt sich dabei um den ehemaligen Munzinger Kalksteinbruch, der u. a. Turmfalken und Fledermäusen eine Heimat bietet. Über den Weg vom Beginn gelangen wir zum Start in **Munzingen** 1 zurück.

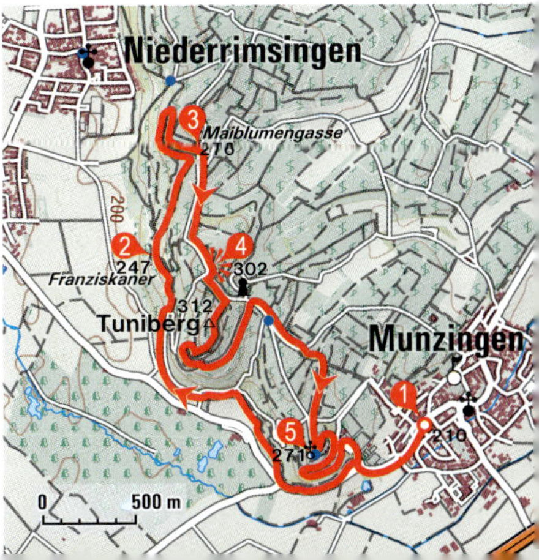

↗ 110 m | ↘ 110 m | 5.4 km

31 Stadtrundgang Breisach – Rheinaue

1.30 h

Auf Entdeckungstour in der Breisacher Altstadt

Die idyllisch am Rheinufer gelegene Europastadt Breisach besitzt eine bewegte Stadtgeschichte, welche bis in die Antike zurückreicht. Nach den Kelten wussten auch die Römer die strategisch günstige Lage am Rhein zu schätzen und errichteten auf dem »Mons Brisiacus« eine Festung, die im Laufe der Jahrhunderte mehrfach umgebaut und erweitert wurde. Im Mittelalter erblühte Breisach zu einer wichtigen Handelsstadt und erhielt im 14. Jahrhundert das Stadtrecht. In dieser Epoche entstand das Stephansmünster, bis heute Wahrzeichen und von Weitem zu erkennende Landmarke im Oberrheinischen Tiefland. Die Stadt besaß auch im Heiligen Römischen Reich eine tragende Rolle und wurde zum Handels- und Verwaltungszentrum ausgebaut. Zahlreiche prächtige Bauwerke, wie etwa das Alte Rathaus, zeugen noch heute von dieser Blütezeit. Im 17. Jahrhundert wurde Breisach im Dreißigjährigen Krieg von den Schweden erobert, konnte sich jedoch in der Folge rasch erholen. Im Laufe der Jahrhunderte war die Stadt mehrfach Schauplatz tragischer Ereignisse. So wurde sie im Zweiten Weltkrieg schwer beschädigt und fast vollständig zerstört. Nach dem Krieg fand der Wiederaufbau unter Beachtung historischer Baustile statt. Gegenwärtig ist unser Ausflugsziel ein blühendes Städtchen, das nicht nur durch seine einzigartige Lage am Rhein, sondern auch durch seine reiche Geschichte und Kultur begeistert. In der Altstadt mit ihren malerischen Gassen und Plätzen lässt sich das mittelalterliche Flair noch immer spüren. Darüber hinaus ist Breisach bekannt für seine ausgezeichneten Weine und kulinarischen Spezialitäten und zieht insbesondere im Sommer beständig Touristen aus aller Welt an. Dieser Spaziergang lädt dazu ein, die Stadt in Ruhe zu erkunden. Wer mehr Zeit mitbringt, kann im Anschluss noch einen Ausflug in die Rheinaue unternehmen und die Tour mit der sehr lohnenden Variante verlängern.

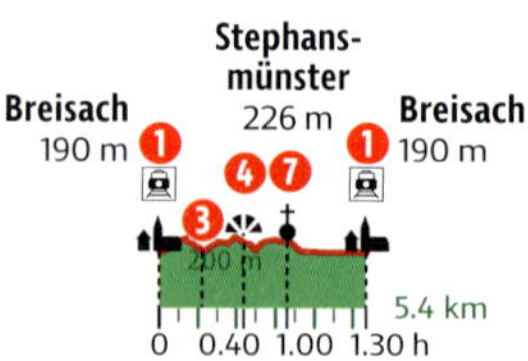

Ausgangspunkt: Breisach, 190 m, Parkmöglichkeiten am Bahnhof in der Bahnhofstraße.
ÖPNV: Breisgau-S-Bahn nach Breisach.
Karte: Breisach am Rhein (W246).
Anforderungen: Einfacher Stadtrundgang; einige Treppen.
Einkehr: Zahlreiche Gastronomiebetriebe in der ganzen Stadt.

Variante: Von der Rheinuferstraße auf dem Rheindamm weiter flussaufwärts. Nach 3,4 Kilometern tritt von links der Rheinauenweg hinzu, der unseren Rückweg markiert. Zuletzt auf schönem Fußweg entlang der Möhlin und dann am Freibad vorbei zur Möhlinbrücke 8 (7,8 km, 20 Hm und 1.50 Std. zusätzlich; Schwierigkeit: leicht).

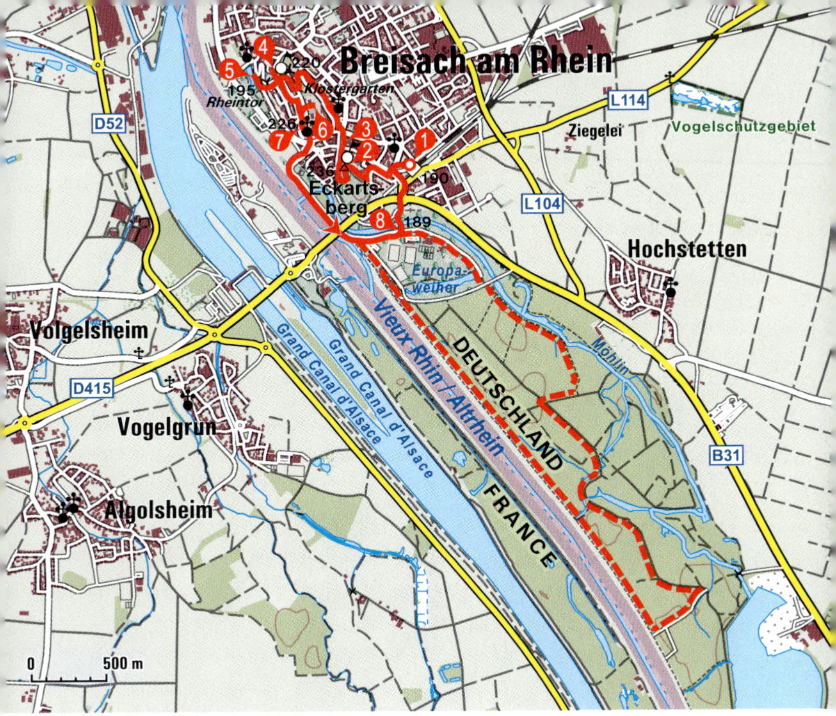

Unser Rundgang durch **Breisach** beginnt am **Bahnhof** ❶. Zunächst wandern wir mit der Rautenmarkierung des Querwegs in westlicher Richtung zum nahen Kreisverkehr, dort links und wenige Meter weiter rechts in den Harelungenweg. An der folgenden Kreuzung halten wir uns links und steigen anschließend auf dem Artur-Uhl-Weg auf den geschichtsträchtigen **Eckartsberg** ❷ hinauf, von wo sich das wohl schönste Panorama zum Münsterberg öffnet. Von der Aussichtsplattform kurz zurück, dann nach Süden und rechter Hand eine steile Treppe hinab. Unten halten wir uns rechts, gehen am Gymnasium vorbei und erreichen auf der Straße Marienau die Stadtmitte mit **Marktplatz** ❸ und Europabrunnen.
Nun entlang einiger Gastronomiebetriebe weiter geradeaus, links durch das **Gutgesellentor** und rechts in die Muggensturmstraße. Auf Höhe der Sektkellerei Geldermann erlaubt linker Hand eine Treppe den Aufstieg zum Münsterberg. Oben angekommen geht es nach rechts via Kapuzinergasse und Tullagasse zum **Aussichtspunkt Burg** ❹. Die Goldengasse leitet uns weiter zum **Kapftor**, wo wir den Münsterberg kurzzeitig verlassen, um zum sehenswerten **Rheintor** ❺ abzusteigen. Das Gebäude, welches heute

das Museum für Stadtgeschichte beheimatet, lag vor der Rheinbegradigung unmittelbar am großen Fluss. Auf bekannter Route gehen wir zurück auf den Münsterberg und wenden uns auf der Radbrunnenallee dem **Radbrunnenturm** zu. Über Jahrhunderte stellte dieser die Versorgung der Oberstadt mit Wasser sicher. Links gelangen wir in wenigen Schritten wieder zur Kapuzinergasse, wo wir nach rechts zum nahen **Klostergarten** 6 kommen. Das liebevoll gepflegte Areal mit Blumen und Kräutern gewährt einen herrlichen Ausblick zum Kaiserstuhl.

Höhepunkt unserer Stadtbesichtigung ist anschließend der Besuch des **Stephansmünsters** 7. Der dreischiffige Sakralbau aus dem Hochmittelalter ist ein unverkennbares Wahrzeichen hoch über dem Rhein. Vom Chor gelangen wir auf der Südseite des Bauwerks auf Treppenstufen zur Münsterbergstraße hinab, hier links und durch das **Hagenbachtor** hindurch weiter abwärts. Eine weitere Treppe gewährt rechts den Abstieg in die Unterstadt, wo wir auf der Rheinuferstraße zum Rhein schlendern. Flussaufwärts folgen wir dem Fußweg (siehe Variante) parallel zur Straße bis zur **Möhlinbrücke** 8. Von hier gelangen wir auf dem mit der roten Raute markierten Querweg rasch zum **Bahnhof** 1 zurück.

Rechts: Blick vom Eckartsberg über den Marktplatz zum Stephansmünster.
Unten: An der Rheinpromenade.

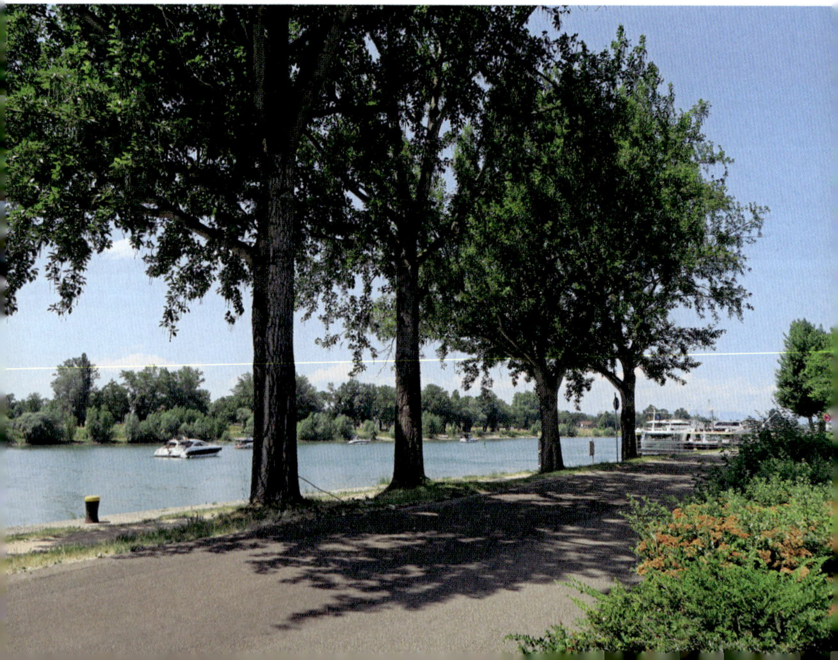

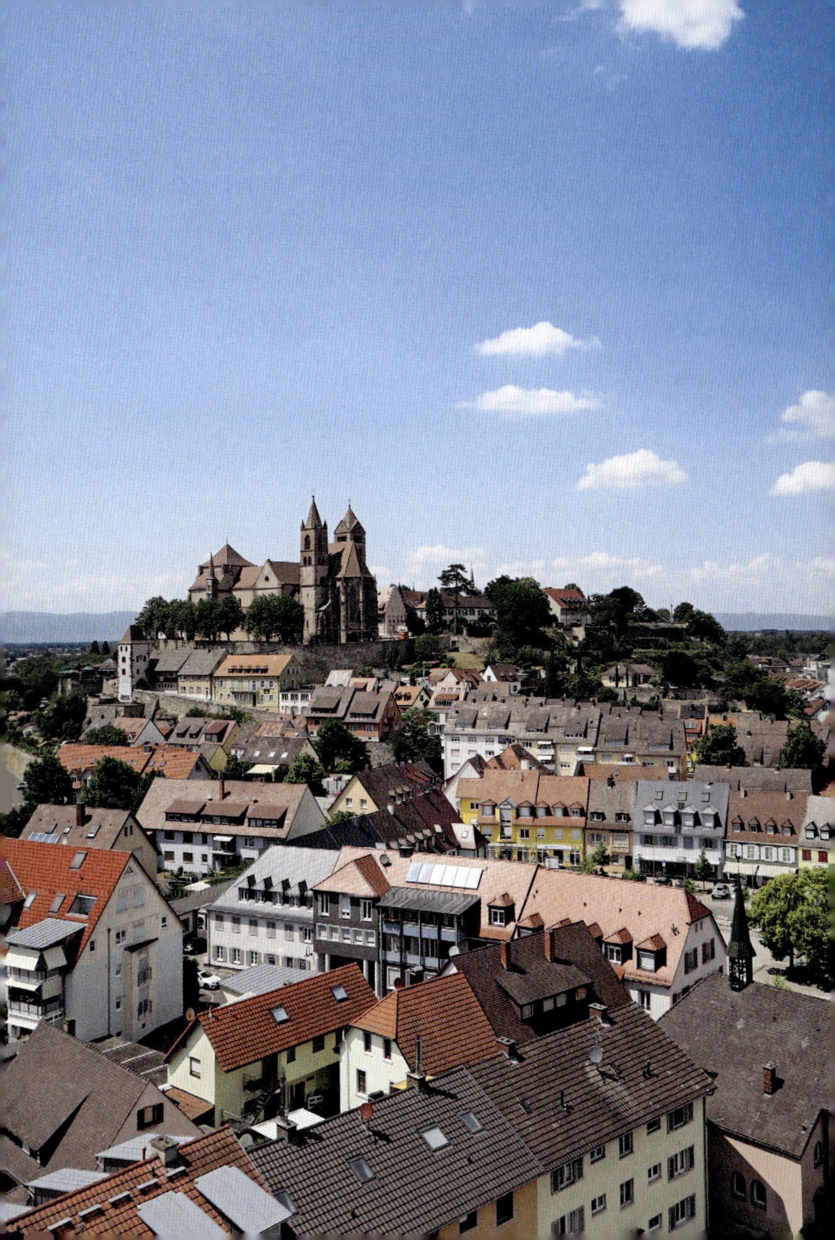

TOP

32 Naturlehrpfad Rheinaue Wyhl

↗ 20 m | ↘ 20 m | 4.0 km

1.00 h

Informativer Spaziergang durch die Auenlandschaft

Der Naturlehrpfad Rheinaue führt als gut einstündiger Rundweg durch die Auenlandschaft bei Wyhl am Kaiserstuhl. Der Lehrpfad bietet Besuchern die Möglichkeit, die vielfältige Tier- und Pflanzenwelt der Rheinaue zu erkunden und mehr über die Geschichte und Bedeutung des Flussökosystems zu erfahren. Der Lehrpfad führt entlang von Feuchtwiesen, Auwäldern und Flusslandschaften und bietet mehrere Stationen mit Informationen zu verschiedenen Themen wie zum Beispiel Vogel- und Pflanzenarten, Überschwemmungen und Renaturierungsmaßnahmen. Unterwegs können auch unzählige Vogelarten beobachtet werden, darunter Gänse, Schwäne und mit etwas Glück der seltene Eisvogel. Der Naturlehrpfad ist mit seinen informativen Lehrtafeln für Familien wie auch für Schulen und Gruppen ein interessantes Ausflugsziel. Durch die erlebnisorientierte Vermittlung von Wissen über die Rheinaue soll ein Bewusstsein für die Bedeutung des Flussökosystems und den Schutz der Biodiversität geschaffen werden.

Übernächste Seite: Auf attraktiven Pfaden und kleinen Brücken durchzieht der Naturlehrpfad die Auenlandschaft am Rhein.
Unten: Zahlreiche Infotafeln geben Auskunft über den Lebensraum Rheinaue.

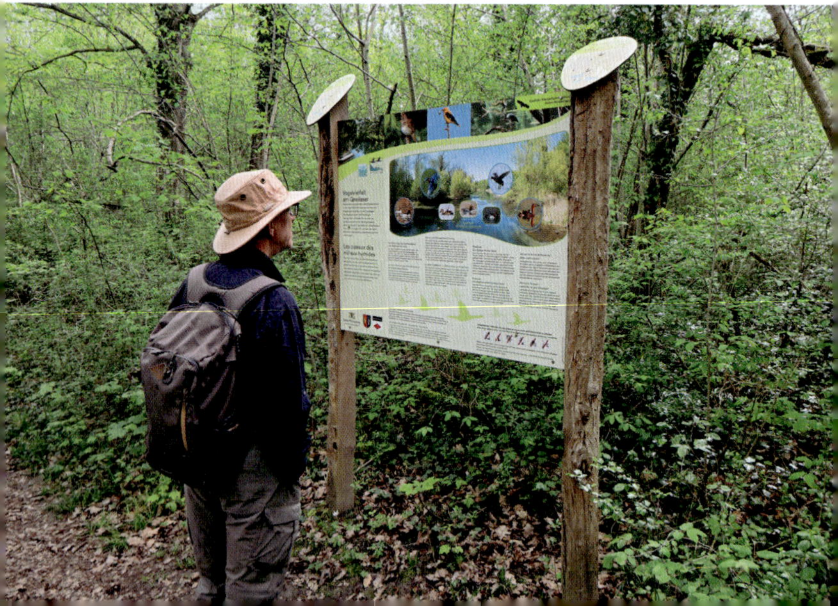

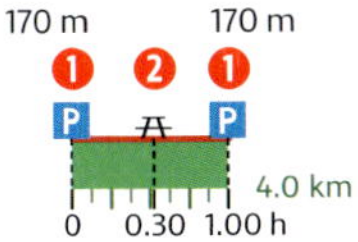

Ausgangspunkt: Wanderparkplatz Naturlehrpfad westlich von Wyhl in der Rheinstraße, 170 m.
ÖPNV: Nein.
Karte: Breisach am Rhein (W246).
Anforderungen: Leichte, jedoch zuweilen sumpfige Pfade.
Einkehr: Keine.
Hinweis: Das sehr schöne Naturerlebnis wird durch den Betriebslärm der unmittelbar angrenzenden Kiesgrube erheblich gemindert. Am besten unternehmen Sie die Tour daher an einem Sonn- oder Feiertag, auch wenn dann mehr Wanderer unterwegs sind.

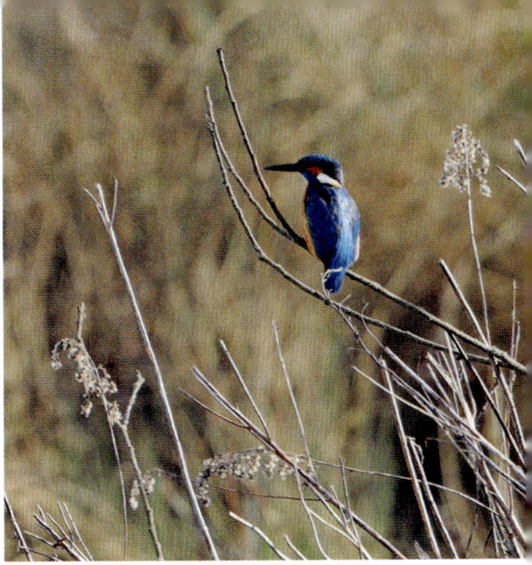

Der Eisvogel gehört mit seinem bunten Gefieder zu den attraktivsten Fotomotiven der hiesigen Vogelwelt.

Vom **Wanderparkplatz 1** begeht man die abwechslungsreiche Tour üblicherweise im Uhrzeigersinn, sodass wir uns auf den Schotterweg links der Stellfläche orientieren. Bereits nach wenigen Metern weist uns der Richtungspfeil auf einen schmalen Pfad, der am Seerosenteich vorbei in die Auwälder leitet. Als uriger Waldpfad schlängelt sich die Route entlang mehrerer Infostationen in Richtung Grienwasser, einem Altarm des Rheins. In Hörweite der Kiesgrube folgt der Naturlehrpfad dem Wasserlauf zurück zur Rheinstraße mit dem **Auswandererdenkmal**.

Nun kurz links auf der Straße über die Brücke und für eine Schleife wiederum links in den Wald. Bevor wir ein drittes Mal die Rheinstraße überqueren, erreichen wir einen **Grillplatz 2**, wo Tische und Bänke zur Rast laden. Anschließend beginnt die zweite Hälfte mit einer weiteren Pfadpassage in Richtung Grienwasser, welches wir jetzt auf einer Holzbrücke überqueren. Nachdem wir den Hochwasserdamm gewonnen haben, steuert der Naturlehrpfad ein Bienenhotel am Wasserlauf des Mühlbachs an, ehe er auf dem Rheinauenweg rasch zurück zum **Ausgangspunkt 1** leitet.

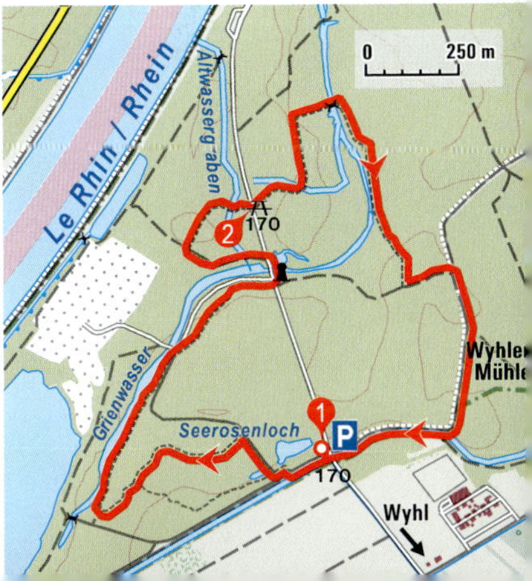

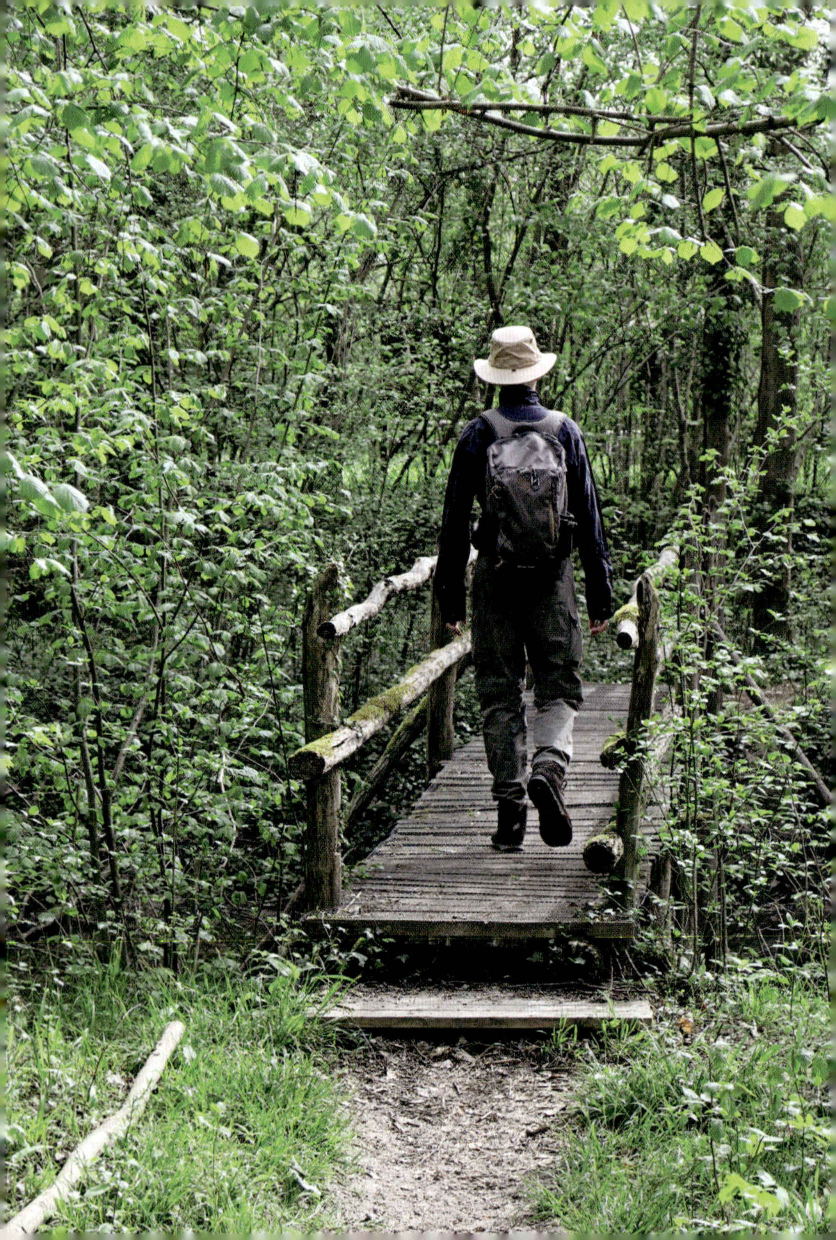

3.45 h

Weisweil – Rheinaue

Auf dem Rheinauenweg

Der Rheinauenweg ist einer der 24 Fernwanderwege des Schwarzwaldvereins. Auf einer Länge von 160 Kilometern verbindet er die Städte Kehl und Weil am Rhein miteinander. Da kaum Höhenunterschiede zu bewältigen sind, schaffen die meisten Wanderer die Strecke in sieben Tagesmärschen. Der Weg ist mit zwei blauen Wellen in einer weißen Raute markiert. Etwa die Hälfte dieses Tourenvorschlags verläuft auf dem Rheinauenweg, der uns in einer großzügigen Runde durch die einzigartige Landschaft der Auenwälder führt. Durch Benutzung des Skulpturenwegs (Variante) kann man die Tour in eine nördliche und eine südliche Hälfte aufteilen.

Ausgangspunkt: Grundschule Weisweil, 170 m, Rheinstraße, Parkmöglichkeiten.
ÖPNV: Bus Linie 106 (Endingen – Weisweil – Kenzingen), Haltestelle »Weisweil, Kirche«, wenige Minuten zur Route.
Karte: Breisach am Rhein (W246).
Anforderungen: Mittellange, technisch sehr einfache Wanderung auf bequemen Wegen; da diese so gut wie gar nicht markiert sind, ist die Benutzung des GPS-Tracks unbedingt erforderlich.
Einkehr: Unterwegs keine; mehrere Möglichkeiten in Weisweil.
Variante: Zwischen den Wegpunkten 1 und 3 und auch noch weiter in Richtung Rhein verläuft der Skulpturenweg, auf dem man etliche Holzkunstwerke betrachten kann. Von 3 zurück nach Weisweil 1,0 km und 15 Min.

Von der Grundschule in **Weisweil** 1 gehen wir wenige Meter auf der Rheinstraße in Richtung Ortsmitte und biegen sogleich rechts auf den Fußweg ein, der die Bebauung entlang des Flusses Wanggießen nach Süden verlässt. Wir gelangen zum **Mühlbach**, der den nächsten Abschnitt unserer Wanderung begleitet. Zwischen Bachlauf und Feldern führt uns die gelegentlich mit der Jakobsmuschel markierte Route zuletzt in einer langen Geraden zum Waldrand mit einer Wegespinne, wo fünf Wege aufeinandertreffen. Wir tauchen nach halbrechts in den

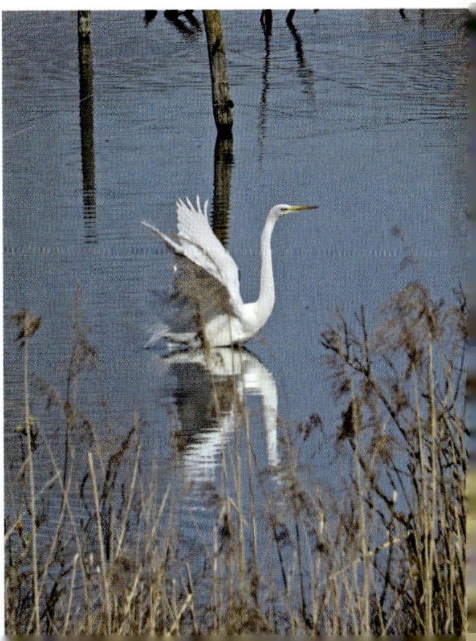

Auch auf dieser Wanderung hat man gute Chancen, heimische Tiere zu beobachten.

Wald ein und treffen nach wenigen Minuten am **Rheindamm** ❷ auf den Rheinauenweg. Der nur selten markierte Fernwanderweg folgt einige Minuten dem Hochwasserschutzbauwerk nach Nordosten, wechselt jedoch bei erster Gelegenheit links auf einen breiten Schotterweg. Nachdem wir das **Grienwasser** überquert haben, ist eine Kreuzung der nächste Orientierungspunkt. Hier rechts und bei der folgenden Verzweigung links, dann passieren wir eine Grüninsel im Schotterweg und halten uns danach tendenziell nach rechts. Auf dem Alten und dem Neuen Großkopfweg erreichen wir eine Brücke über das Grienwasser sowie die **Rheinstraße** ❸ (siehe Variante). Anstatt nun der Straße zu folgen, gehen wir geradeaus auf einen Pfad in den Wald, folgen diesem um eine Linkskurve und treffen nach wenigen Minuten auf einer Schotterstraße wieder den Rheinauenweg. Auf dem breiten Weg nach rechts, nach einer Zeit lang in einem Rechtsbogen über den Hochwasserdamm und hinter einem Flusslauf zu einem Wegedreieck mit Rastbank und Holztafel. Hier zweigen wir mit dem Rheinauenweg links ab und laufen nach einer kurzen Passage in offener Feldflur auf dem **Rheindamm** weiter nach Nordwesten. Bei einer Kreuzung verlassen wir das Bauwerk, wandern noch einmal einige Minuten durch den Auwald und treffen bei der L104 auf den **Leopoldskanal** ❹. Der nach dem badischen Großherzog benannte künstliche Flusslauf leitet das Wasser der Elz von Riegel in den Rhein.

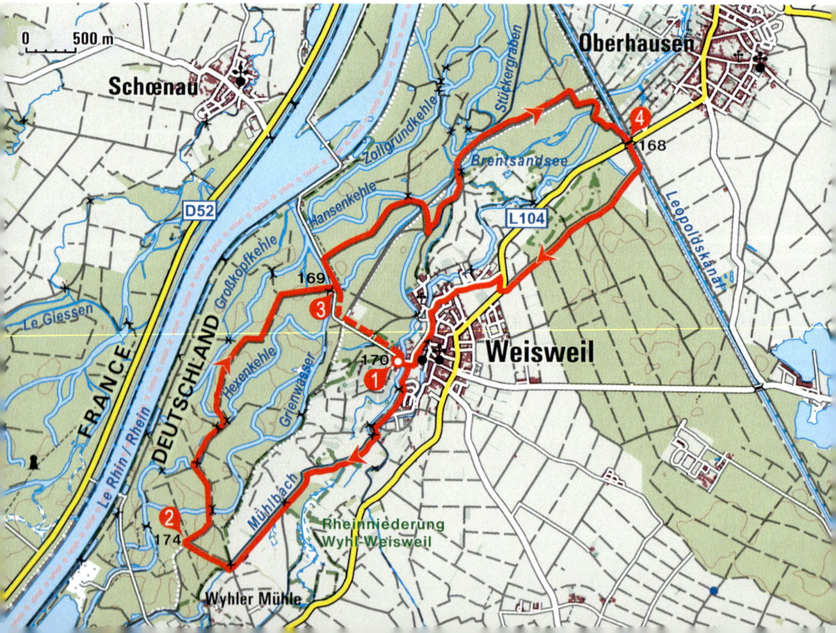

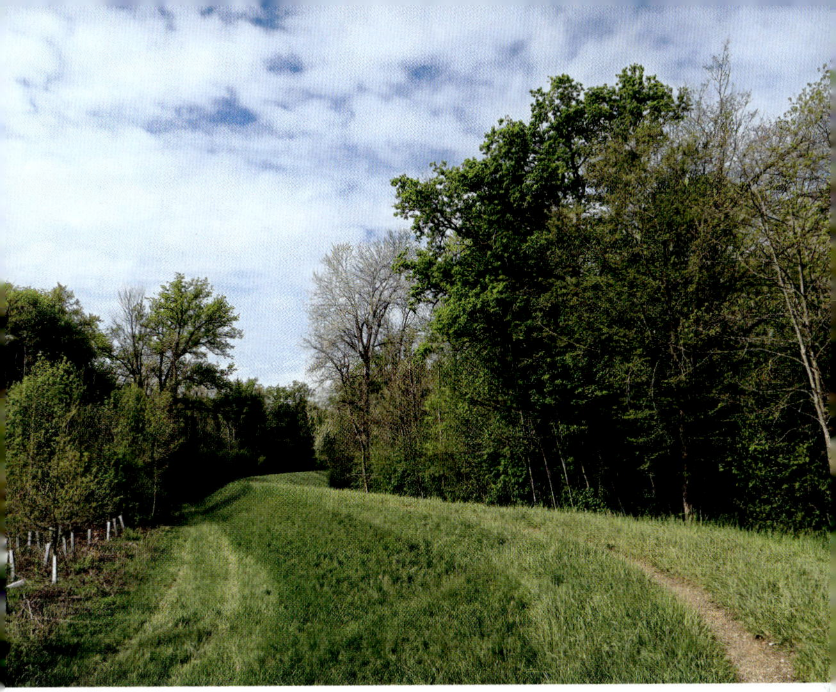

Abschnittsweise verläuft die Tour auf dem Rheindamm.

Hier beginnt auch unser Rückweg nach Weisweil. Zunächst gehen wir kurz auf dem unteren Weg parallel zum Kanal, dann rechtshaltend für einen Moment durch Streuobstwiesen und wieder in den Wald hinein. Das Muschelzeichen des Badischen Jakobswegs schickt uns zur Oberhauser Straße (L104) kurz vor Weisweil und auf dieser für einige Meter nach rechts. Bei erster Gelegenheit wechseln wir nach links auf die Mühlenstraße, wandern am Gelände des Reitvereins und der Sudgetreide vorbei und passieren bald die ersten Wohnhäuser. Eine Brücke ermöglicht das Überqueren des Mühlbachs, ehe links ein bequemer Fußweg zwischen Gärten und Streuobstwiesen zurück zum **Ausgangspunkt 1** führt.

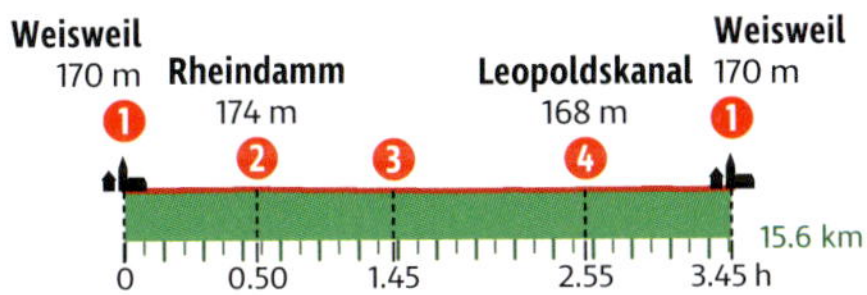

↗ 20 m | ↘ 20 m | 5.6 km

34 Taubergießen: Gänseweg

1.20 h

Taubergießen I

Das Naturschutzgebiet Taubergießen in der Nähe von Rust ist bekannt für seine einzigartige Flora und Fauna und gehört zu den bedeutendsten Feuchtgebieten Europas. Die Landschaft ist geprägt von einem weitläufigen Netz aus Flüssen, Bächen und Seen, die von dichten Wäldern und Wiesen umgeben sind. Das Gebiet beherbergt eine Vielzahl von Tier- und Pflanzenarten, darunter seltene Vögel, Amphibien und Schmetterlinge. Besucher können das Gebiet mit dem Kanu, aber auch auf mehreren Wanderwegen erkunden, von denen drei Kurztouren in diesem Wanderführer vorgestellt werden. Die einfachen Spaziergänge eignen sich vor allem für all jene, die keine größeren Touren unternehmen möchten oder können, denn es sind kaum Höhenunterschiede zu überwinden. Entlang der Wege gibt es immer wieder Aussichtspunkte, von denen aus man einen Blick auf die Tier- und Pflanzenwelt des schützenswerten Refugiums werfen kann.

Ausgangspunkt: Parkplatz Rheingasse/Weier, 165 m, westlich von Rheinhausen.
ÖPNV: Nein.
Karte: Breisach am Rhein (W246).

Anforderungen: Leichter Spaziergang auf bequemen Wegen.
Einkehr: Keine.
Hinweis: Bei hohem Wasserstand kann die Furt unpassierbar sein.

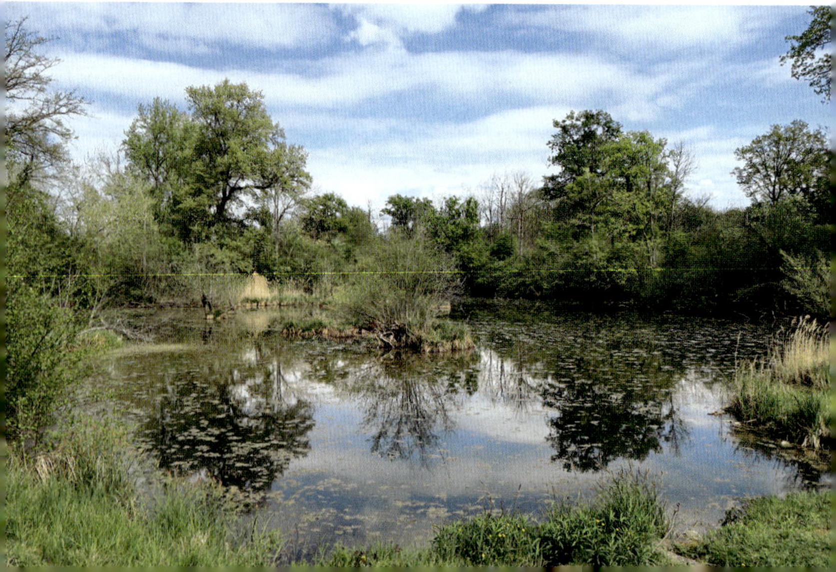

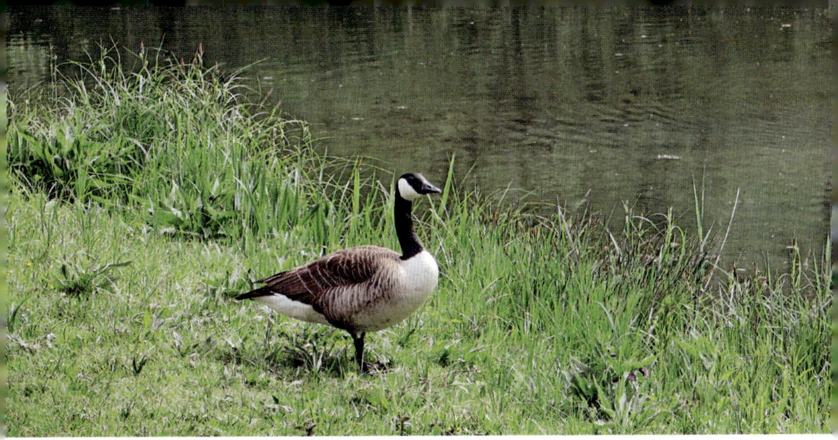

Kanadagans, eine von mehreren heimischen Gänsearten, am Altrhein.

Von der Infotafel am Parkplatz **Rheingasse** ❶ gehen wir in nördlicher Richtung zum nahen Rheindamm, wo sich der Gänseweg teilt. Wir begehen die Runde im Gegenuhrzeigersinn und wandern auf dem Hochwasserschutzbauwerk weiter. Bald kommen die Fahrgeschäfte des Europaparks ins Blickfeld. Nun ist es nicht mehr weit bis zu einer Kreuzung, wo der Gänseweg den Rheindamm nach links verlässt. Eine kleine Straße leitet zu einer Furt (s. Hinweis) durch den **Altrhein** ❷. Von einer Sitzbank aus kann man häufig Wasservögel beobachten, darunter Gänse, Enten und Schwäne. Weiter führt uns die Route schnurgerade durch den Wald, dann zu einer Linkskurve und zur **Mündung** des **Leopoldskanals** ❸ in den Rhein. Der nach dem badischen Großherzog benannte künstliche Flusslauf zeichnet unseren Rückweg vor. Auf einem bequemen Weg wandern wir südwärts, zuletzt je einmal links und einmal rechts haltend, wieder zum **Ausgangspunkt** ❶.

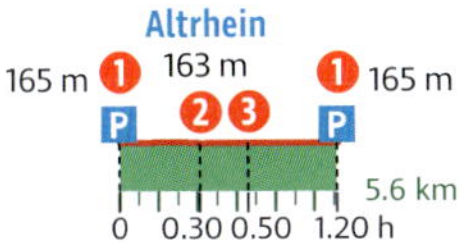

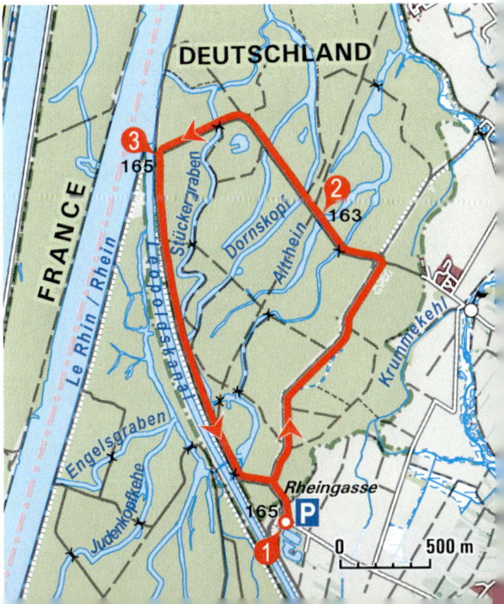

Typische Auenlandschaft am Altrhein.

↗ 10 m | ↘ 10 m | 4.2 km

35 Taubergießen: Schwarzspechtweg

1.00 h

Taubergießen II

Für Vogelliebhaber ist das Taubergießen ein Paradies. Das Gebiet gilt als wichtiger Brut- und Rastplatz für etliche Vogelarten, darunter Graugänse, Fischadler und Reiher. Mit etwas Glück kann man auch seltene Arten wie den Schwarzspecht oder den Eisvogel beobachten. Der Schwarzspecht ist ein großer, auffälliger Specht mit einem glänzend schwarzen Gefieder und einem roten Scheitel. Er ist im Taubergießen beheimatet und bevorzugt hier vor allem die großen, alten Bäume der Feucht- und Auwälder. Der Schwarzspecht ist ein wichtiger Teil des Ökosystems des Taubergießens. Er ernährt sich vor allem von Insekten, die er in den Baumstämmen und im Unterholz des Waldes findet. Gleichzeitig ist er auch selbst ein Bestandteil der Nahrungskette und wird von Greifvögeln wie Habichten und Sperbern gejagt.

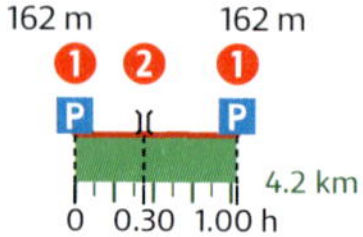

Ausgangspunkt: Parkplatz Steinsporer, 162 m, westlich von Rust.
ÖPNV: Nein.
Karte: Lahr/Schwarzwald (W239).
Anforderungen: Leichter Spaziergang auf bequemen Wegen.
Einkehr: Keine.
Variante: Vom Abzweig bei der Brücke ❷ geht man über diese hinweg und geradeaus weiter zum Rhein. Auf dem Uferweg kann man die Tour beliebig verlängern. Vom Abzweig zum Rhein hin und zurück 1,6 km und gut 20 Min. Gehzeit.
Hinweis: Bei hohem Wasserstand können die Furten unpassierbar sein.

Der Schwarzspechtweg besitzt seinen Ausgangspunkt am **Parkplatz Steinsporer** ❶ in unmittelbarer Nähe zum Europapark. Dementsprechend vernehmen wir oft akustisch die Begeisterung der zahlreichen Besucher auf den nahen Fahrgeschäften. Bereits nach wenigen Schritten ändert sich jedoch die Geräuschkulisse. Es sind vor allem Singvögel, deren Rufe uns auf dem Weg in den Wald begleiten. Vor der ersten Brücke biegen wir links ab und erreichen kurz darauf eine **Furt**, mittels der wir den Altrhein queren.

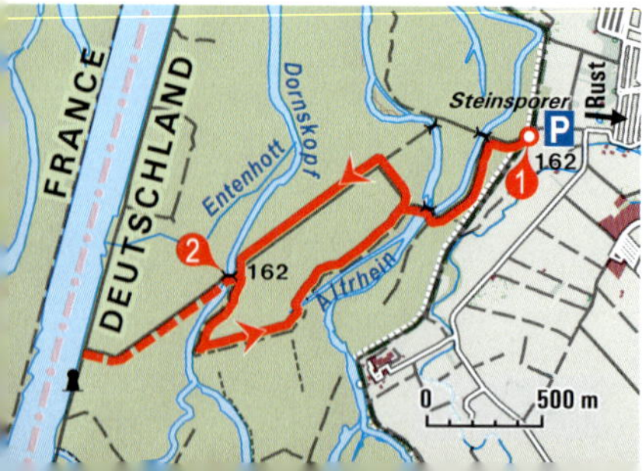

Hier, sowie an verschiedenen Stellen im weiteren Verlauf der Tour, kann der Weg bei hohem Wasserstand unpassierbar sein. Bei der nahen Verzweigung halten wir uns rechts und begehen den Rundkurs entgegen dem Uhrzeigersinn.
Wir biegen einmal links ab und begehen eine lange Gerade, die uns zu einem Abzweig vor einer **Brücke** ❷

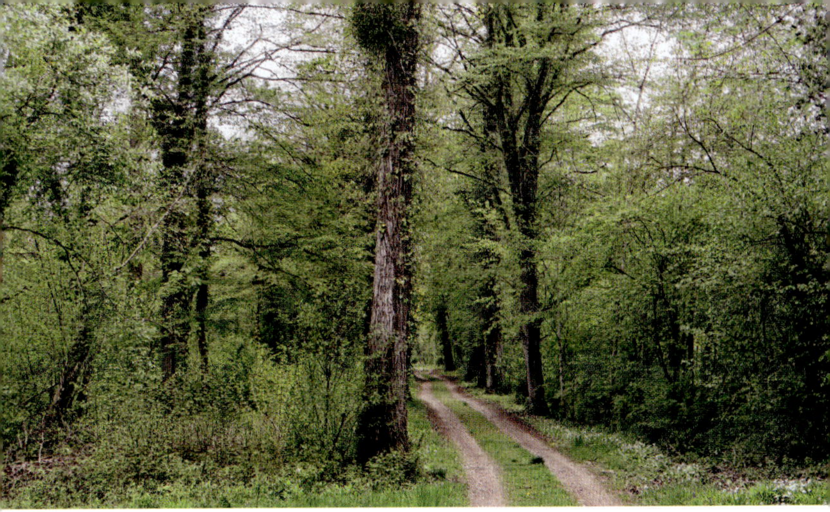

Die Spazierrouten im Naturschutzgebiet Taubergießen verlaufen grundsätzlich als einfache Wege im Wechsel durch dichte Wälder und entlang von Wasserarmen.

führt (siehe Variante). Vor der Brücke halten wir uns links. Der Schatten des Waldes bewirkt oft eine angenehme Kühle, zudem können wir hier nicht selten ein lautes Konzert der Singvögel erleben. Einige bei hohem Wasserstand unpassierbare Niederungen durchquerend gelangen wir ansonsten unschwierig zur **Furt** und zum **Parkplatz** ❶ zurück.

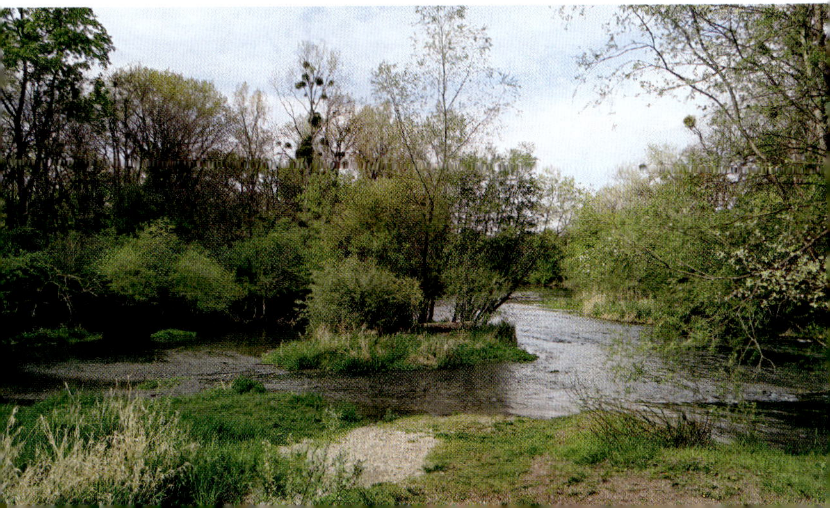

↗ 10 m | ↘ 10 m | 4.7 km

36 Taubergießen: Pirolweg

1.10 h

Taubergießen III

Der Pirol ist ein attraktiver Singvogel mit einem leuchtend gelben Gefieder und einer schwarzen Maske. Er ist auch im Naturschutzgebiet Taubergießen zu finden. Der Pirol bevorzugt hier die offenen Flusslandschaften und Feuchtwälder. Die ruhige Atmosphäre und die ungestörte Natur des Taubergießens bieten dem ansonsten scheuen Vogel einen perfekten Lebensraum. Besonders im Frühjahr und Sommer ist der Gesang des Pirols zu hören. Um ihn zu Gesicht zu bekommen, bedarf es aber Glück, denn aufgrund des dichten Blattwerks der Bäume ist es meist schwierig, den Vogel zu entdecken. Wie viele andere Vogelarten im Taubergießen ist auch der Pirol auf den Schutz seiner Lebensräume angewiesen. Durch die Pflege und den Erhalt der Feuchtwälder und Flusslandschaften wird versucht, dies zu gewährleisten.

Ausgangspunkt: Parkplatz Zuckerbrücke, 161 m, nordwestlich von Rust.
ÖPNV: Nein.
Karte: Lahr/Schwarzwald (W239).
Anforderungen: Leichter Spaziergang auf bequemen Wegen.
Einkehr: Keine.
Variante: Vom Wegpunkt 2 direkt zurück zur Zuckerbrücke 1; 0,4 km, wenige Minuten.

Schautafeln auf dem Pirolweg nahe der Zuckerbrücke.

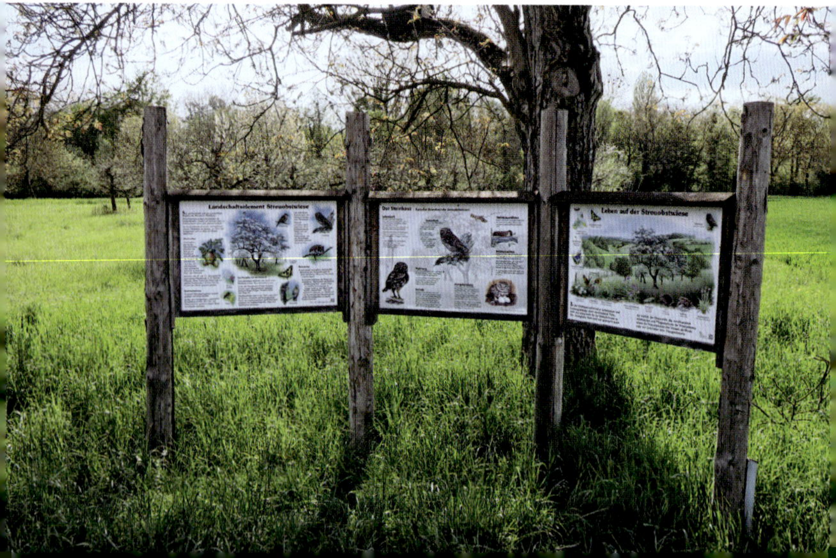

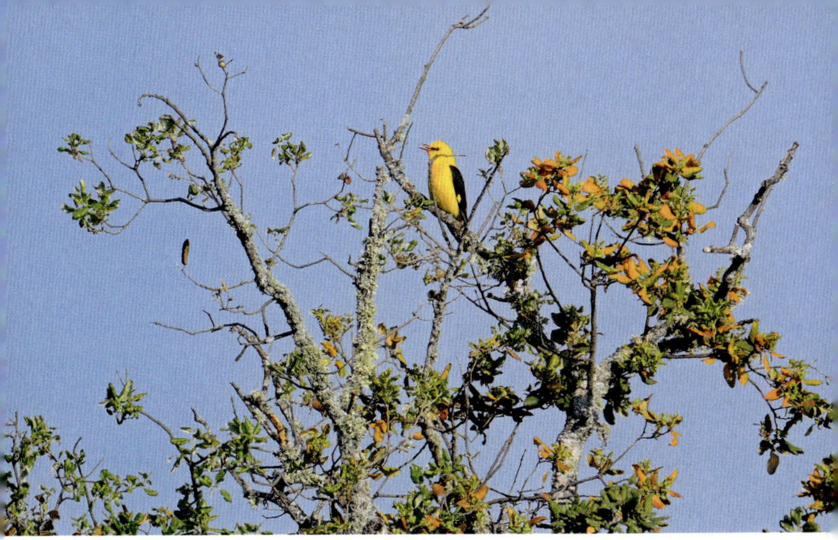

Mit seinem gelben Gefieder ist der Pirol in der Regel leicht zu erkennen.

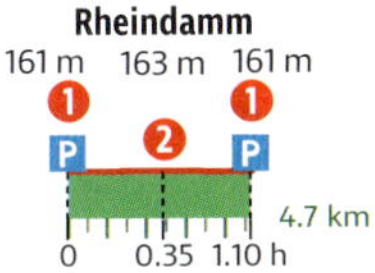

Der kleine Ausflug ins Taubergießen beginnt am Parkplatz **Zuckerbrücke** ❶, 161 m. Beim nahen Bootseinstieg überqueren wir die Blinde Elz in nördlicher Richtung und biegen kurz darauf rechts sowie wenig später links ab. Streuobstwiesen wechseln mit offener Feldflur und kleinen Waldstücken ab, wo wir mit etwas Glück heimische Wildtiere, darunter Vögel, häufig auch Niederwild, beobachten können. Nach abermaligem Queren der Blinden Elz nähert sich der Pirolweg dem **Rheindamm**. Wie auf allen Touren im Taubergießen erläutern einige Infotafeln verschiedene Themen zum Lebensraum Rheinaue.

Der Rundkurs führt uns zunächst vom Hochwasserschutzbauwerk wieder hinab und durch ein Waldstück zu einem Flussarm. Kurz darauf erreichen wir wieder den **Rheindamm** ❷, diesmal 600 Meter weiter südlich als vorher (siehe Variante). Gemütlich schlendern wir auf dem breiten Damm nordwärts und genießen dabei den Blick zum Schwarzwald sowie auf die uns umgebende Landschaft. Abschließend wandern wir auf dem Hinweg zum **Ausgangspunkt** ❶ zurück.

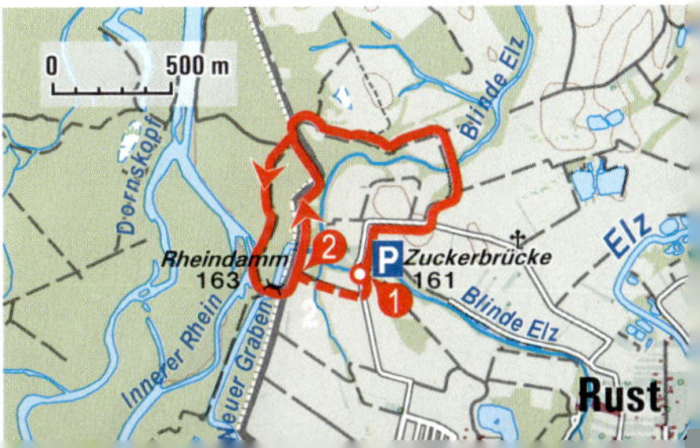

↗ 80 m | ↘ 80 m | 5.6 km

37 Buchholz – Denzlingen

1.30 h

Spaziergang zur Severinskapelle

Zwischen Denzlingen und dem Waldkircher Stadtteil Buchholz tritt die Elz aus ihrem breiten Tal hinaus ins Oberrheinische Tiefland. Etwas oberhalb liegt auf dem Mauracher Berg die Ruine der Severinskapelle von 1497. Im Spätmittelalter fanden hier Wallfahrten statt, jedoch wurde die Kirche bereits kurz nach ihrem Bau dem Verfall überlassen. Seither ist sie Ruine und heute ein beliebtes Naherholungsziel. Auf dem Vorplatz befinden sich Bänke und eine Grillstelle. Der kurze Spaziergang kann auf dem Querweg Schwarzwald – Kaiserstuhl – Rhein bis nach Nimburg fortgeführt und so zu einer tagesfüllenden Wanderung erweitert werden (siehe Variante).

Ausgangspunkt: Buchholz (Stadt Waldkirch), 240 m, Parkmöglichkeiten am Bahnhof in der Eisenbahnstraße.
Zielpunkt: Denzlingen, 235 m, Parkmöglichkeiten am Bahnhof in der Bahnhofstraße. Rückkehr nach Buchholz mit der Breisgau-S-Bahn.
ÖPNV: Breisgau-S-Bahn nach Buchholz/ab Denzlingen.
Karte: Freiburg im Breisgau (W247).
Anforderungen: Unschwieriger Spaziergang; einige Treppen.
Einkehr: Unterwegs keine; mehrere Möglichkeiten in Buchholz; zahlreiche Möglichkeiten in Denzlingen; an der Variante Optionen in Nimburg, darunter am Ziel der Variante: Bahnhöfle, So. Ruhetag.
Variante: Vom Rondell Città della Pieve in Denzlingen weiter auf dem Querweg Schwarzwald – Kaiserstuhl – Rhein zunächst wenig ansprechend entlang der Straße und durch ein Gewerbegebiet. Anschließend durch stille Wälder zur B3 und weiter zum Wasserwerk. Schöne Pfade leiten durchs Nonnenhölzle zum Sportplatz Reute. An den Siedlungshöfen weiter zur A5 und nach Nimburg. Der Bahnhof befindet sich etwas außerhalb im Westen von Nimburg. Viele breite Wege, insgesamt mäßig attraktiv (zusätzlich 12,0 km; kaum Höhenunterschiede; 3.00 Std.; Schwierigkeit: leicht).

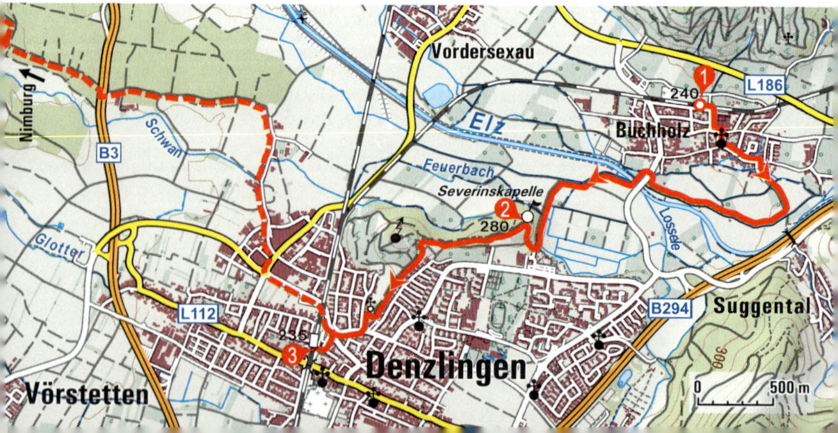

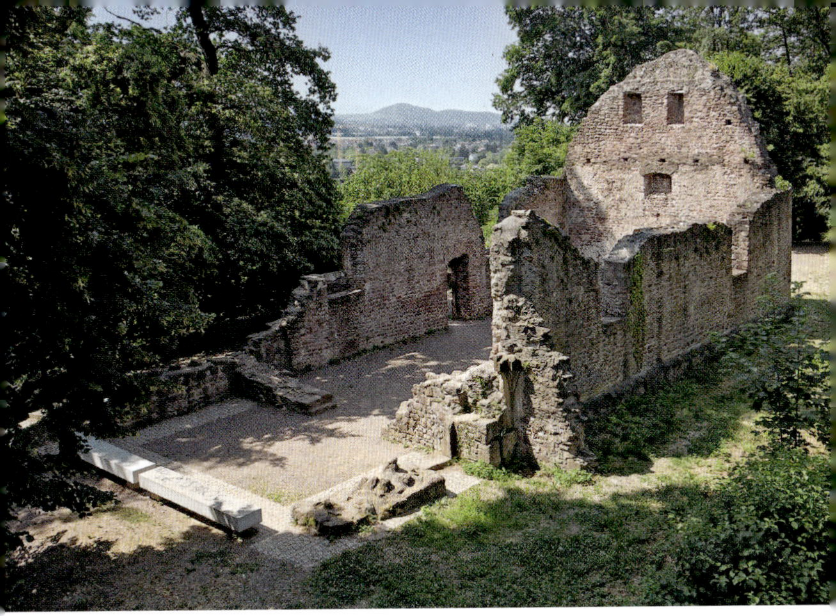

Ruine der Severinskapelle oberhalb von Denzlingen.

Vom **Bahnhof** in **Buchholz** ❶ (Kombinationsmöglichkeit mit Tour 38) folgen wir der gelben Raute und dem Breisgauer Weinweg in südlicher Richtung durch den Ort, passieren die Kirche sowie einige Verpflegungsmöglichkeiten und tauchen zwischen Streuobstwiesen und Feldern ins breite Elztal ein. **Am Elzsteg** wechseln wir vom Signet des Breisgauer Weinwegs auf die rote Querweg-Raute und biegen nach Westen ab. Kurz darauf überqueren wir die Elz parallel zur K5103 und halten uns hinter der Brücke rechts. Voraus ist bereits der unscheinbare Mauracher Berg zu erkennen. Zunächst geht es jedoch flach durch das Gewann **Weihermatten** zum **Mauracher Hof**. Nun auf breiten Treppenstufen in mäßiger Steigung hinauf zum sagenumwobenen Gemäuer der **Severinskapelle** ❷.
Weiter führt uns die Route durch Schatten spendenden Wald über den sanft geschwungenen Mauracher Berg in eine kleine Einsattelung und wiederum einige Meter empor, ehe der Abstieg, zuletzt über eine Treppe, zu einem Spielplatz hinabführt. Über die Brestenbergstraße gelangen wir zur Hindenburgstraße, hier rechts und zum **Rondell Città della Pieve** (siehe Variante). Der benachbarte **Bahnhof** von **Denzlingen** ❸ ist von hier aus rasch erreicht.

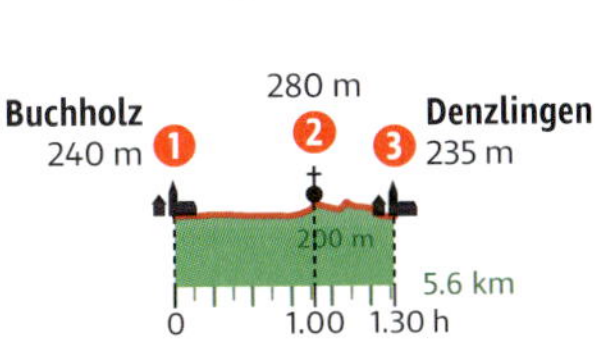

TOP

38

↗ 410 m | ↘ 450 m | 15.9 km

Buchholz – Ruine Hochburg – Emmendingen

4.30 h

Höhepunkte am Schwarzwald-Westrand

Die Vorbergzone am Westrand des Schwarzwalds zeigt sich in ihrem Erscheinungsbild dem Kaiserstuhl ähnlich: Schmucke Ortschaften liegen zwischen sanft geschwungenen Höhen und terrassierten Weinbergen. Zudem findet man hier allerhand spannende Ausflugsziele, darunter mehrere Burgruinen, welche die wechselvolle Geschichte der Region bezeugen. Auf unserer Tour kommen wir an der Hochburg vorbei, einer mittelalterlichen Festung, die mit ihren beachtlichen Ausmaßen die drittgrößte Burganlage in Baden ist. Nur eine Stunde später stehen wir an einem weiteren Highlight: Der Eichbergturm zählt zu den höchsten Aussichtstürmen im Land und gewährt eine spektakuläre Rundsicht. Gegen Ende der Wanderung können wir am Rastplatz bei der Wöpplinsberger Kapelle oder im Stadtgarten von Emmendingen noch gemütlich pausieren, ehe uns die Rheintalbahn nach Hause bringt.

Ausgangspunkt: Buchholz (Stadt Waldkirch), 240 m, Parkmöglichkeiten am Bahnhof in der Eisenbahnstraße.
Zielpunkt: Emmendingen, 200 m, Parkmöglichkeiten am Bahnhof in der Bahnhofstraße. Rückkehr nach Buchholz mit der Breisgau-S-Bahn über Denzlingen.

ÖPNV: Breisgau-S-Bahn nach Buchholz/ab Emmendingen.
Karte: Freiburg im Breisgau (W247).
Anforderungen: Einfache Wanderung, die aufgrund der Anstiege etwas Kondition erfordert.
Einkehr: Mehrere Möglichkeiten in Buchholz, Sexau und Emmendingen.

Diese in jeder Hinsicht lohnende Unternehmung beginnt am **Bahnhof** in **Buchholz** ❶ (Kombinationsmöglichkeit mit Tour 37), von wo wir mit dem Wegzeichen des Breisgauer Weinwegs in nördlicher Richtung die Vorberge des Schwarzwalds ansteuern. In einer S-Kurve steigen wir am **Fohrenbühl** vorbei durch Weinreben bergan, ehe sich vom **Scheibenbühl** ein erster schöner Rückblick über die Elztalmündung ins Oberrheinische Tiefland bietet. Bereits im Wald angekommen, überschreiten wir den unscheinbaren **Mörtelbuck** zum Wegweiser **Am Husarendobel** ❷, und steigen jenseitig recht steil ins Tal des **Reichenbächles** ab. Geradeaus beginnt der soforti-

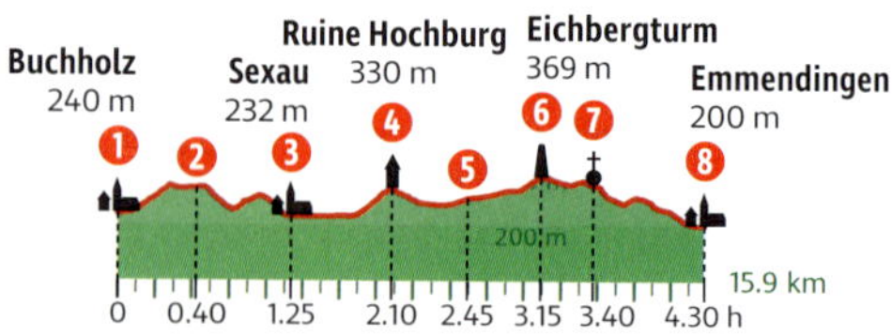

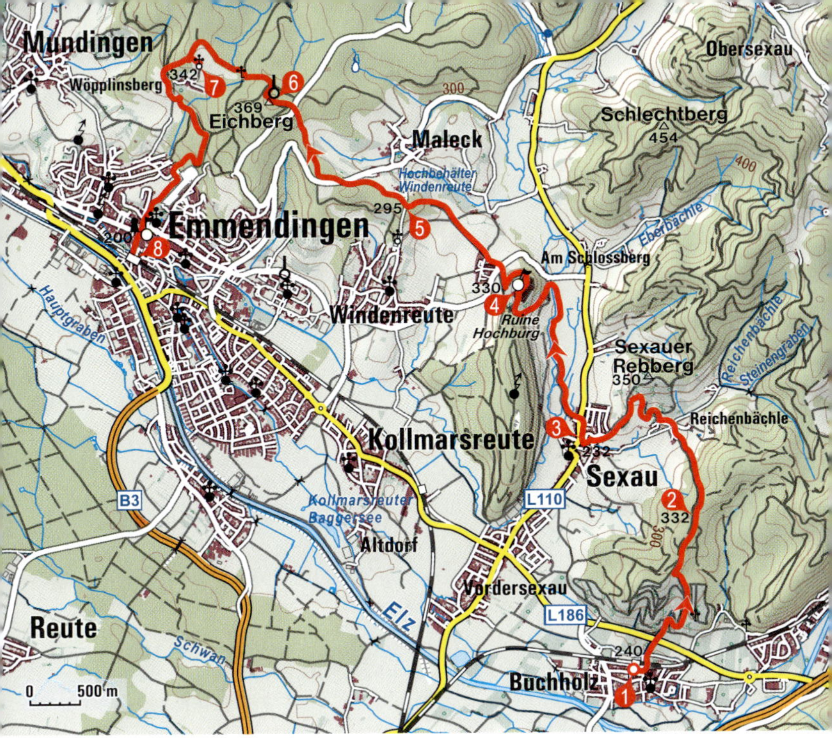

ge Wiederanstieg auf den **Sexauer Rebberg**, der hübsche Ausblicke über Sexau offeriert. Zwischen Weinreben und Streuobstwiesen senkt sich die Route auf dem Rebbergweg in die Ortsmitte von **Sexau** ❸ hinab. Hier halten wir uns auf der Dorfstraße (L110) kurz rechts, ehe wir am Abzweig **Stockmatten** sogleich links einschwenken und flach die breite Talsohle entlang schlendern. Der Weg verjüngt sich, folgt dem munter plätschernden Brettenbach und strebt dem Wegpunkt **Holzmühle** zu. Zwei Mal links haltend führt uns der Breisgauer Weinweg hinter einem Haus in einen Anstieg, der beim Wegweiser **Am Hornwald** in einem Geländesattel endet. Die **Ruine Hochburg** ❹ wird abschließend durch einen Treppenaufgang erreicht. Für die Besichtigung der Burganlage sollten wir ein wenig Zeit einplanen, zudem eignet sich der Ort gut für eine erste Rast.
Absteigend erreichen wir das Hofgut **Domäne Hochburg** und wandern zunächst noch durch offene Feldflur über den aussichtsreichen Höhenzug des Staudenbuckels zur **Langgasse**. Bald taucht der Weg mit der gelben Raute in den Wald ein, wo wir am **Hochbehälter Windenreute** ❺ eine

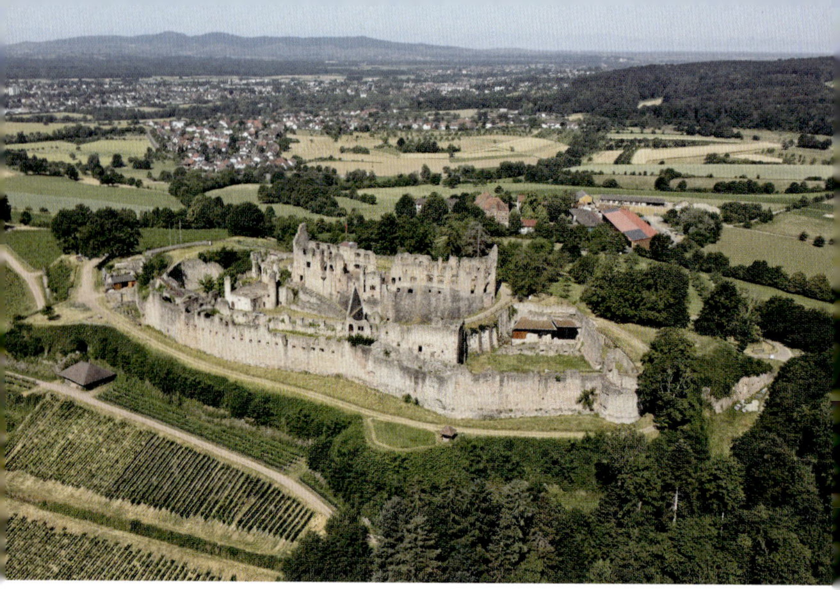

Die Hochburg bei Emmendingen ist eines von mehreren spannenden Zielen unterwegs.

kleine Straße überqueren. Am Abzweig **Hinterhau** tritt erneut der Breisgauer Weinweg zur Route. Mit dem Weintraubensignet geht es zur **Tennenbacher Straße** und vollends hinauf zum **Eichbergturm** 6, 369 m. Das Bauwerk beeindruckt durch seine gewaltige Höhe von mehr als 50 Metern. Auch wenn der Aufstieg schweißtreibend ist, sollten wir uns diesen nicht entgehen lassen. Nur wenige andere Türme garantieren ein derartiges Gefühl der Ausgesetztheit hoch über der Umgebung. Der Blick vom höchsten frei zugänglichen Aussichtsturm Baden-Württembergs schweift über bekannte Schwarzwaldgipfel (u. a. Kandel, Hünersedel) und die Rheinebene zum Kaiserstuhl und zu den Vogesen.

Auf dem Gipfel trennen wir uns vom Breisgauer Weinweg und folgen in hübschem Laubwald der gelben Raute zur **Gebrannten Eiche** hinab. Am Waldrand entlang führt uns der Weg zum Wegweiser **Zimmerholz**, hier links und auf einem kurzen Stichweg zur **Wöpplinsberger Kapelle** 7, wo abermals Bänke und ein Tisch zur Rast laden. Am Wegpunkt **Wöpplinsberg** treffen wir auf die blaue Raute, die unseren Rückweg vorzeichnet. Sie leitet uns zielsicher durch den **Schaukelwald** zum Emmendinger Stadtgarten hinab. Hinter dem gepflegten Areal ist die sehenswerte Stadtmitte mit der Bonifatiuskirche erreicht, etliche Gaststätten ermöglichen einen angemessenen Tourenabschluss. Der Weg zum **Bahnhof** von **Emmendingen** 8 nimmt nur noch wenige Minuten in Anspruch.

↗ 360 m | ↘ 370 m | 16.3 km

4.30 h

Köndringen – Bombach – Kenzingen

39

Auf dem Breisgauer Weinweg

Zwischen Gernsbach und Grenzach-Wyhlen erschließen mit einer Länge von insgesamt fast 300 Kilometern drei Fernwanderwege die Vorbergzone des Schwarzwalds: Der Ortenauer Weinpfad, der Breisgauer Weinweg sowie das Markgräfler Wiiwegli. Sie sind jeweils mit einer roten Raute sowie einem Weintraubensignet markiert. Im steten Auf und Ab führen sie durch die Rebhänge und informieren auf unzähligen Schautafeln über das Thema Weinbau. Für uns ist heute meistens die grüne Weintraube richtungsweisend, sie ist das Wegsymbol des mittleren Abschnitts, welcher Diersburg in der Ortenau mit Freiburg im Breisgau verbindet. Unterwegs kommen wir am sagenumwobenen Gruselisloch vorbei, einer Kalksteinhöhle im Forlenwald.

Ausgangspunkt: Köndringen (Gemeinde Teningen), 187 m, Parkmöglichkeiten am Bahnhof in der Bahnhofstraße.
Zielpunkt: Kenzingen, 175 m, Parkmöglichkeiten am Bahnhof in der Eisenbahnstraße. Rückkehr nach Köndringen mit der Breisgau-S-Bahn.
ÖPNV: Breisgau-S-Bahn nach Köndringen/ab Kenzingen.
Karte: Breisach am Rhein (W246).
Anforderungen: Überwiegend Asphalt und Schotter, teils auch angenehme Wald- und Graswege; kurze Steilstücke und zu Beginn eine Treppe.
Einkehr: Unterwegs keine; an der Variante: Burgschenke, am Wochenende geöffnet; jeweils mehrere Möglichkeiten in Köndringen und Kenzingen.
Variante: Vom Vögelisberg ❷ via Wegscheide und Fuchsbug zur Ruine Landeck (hin und zurück zusätzlich 4,4 km, 100 Hm, 1.15 Std.; Schwierigkeit: leicht).

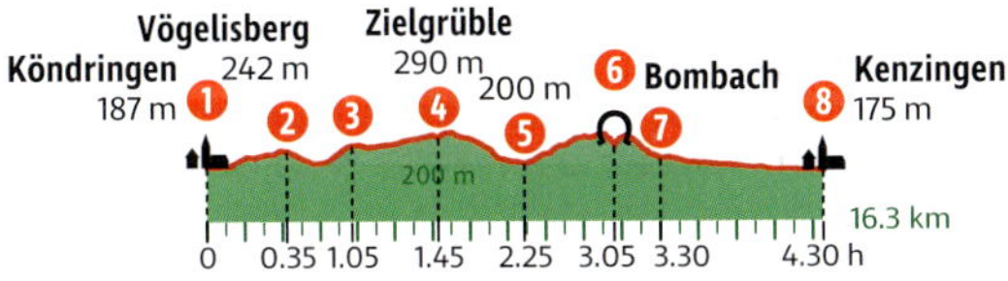

Von der Nordseite der Gleise am **Bahnhof** in **Köndringen** ❶ wandern wir auf der Bahnhofstraße nach rechts und dann linker Hand auf einem Fußweg am Seegraben entlang zur **Kirche**. Kurz darauf folgen wir der Hauptstraße sowie dem Seegraben nach rechts und überqueren die Fahrbahn an einer Fußgängerampel, behalten die Grundrichtung jedoch bei. Bald weist die gelbe Raute links den Landecker Weg hinauf, wo uns eine Lösshohlgasse mit einer beeindruckenden Steilwand empfängt. Ein kurzes Stück hinter den letzten Häusern steigen wir rechtsseitig über eine Treppe auf eine Weinterrasse hinauf, dann öffnet sich der Blick zum Schwarzwald mit dem markanten Kandel. Auch der Eichbergturm ist zu erkennen, ebenso wenig

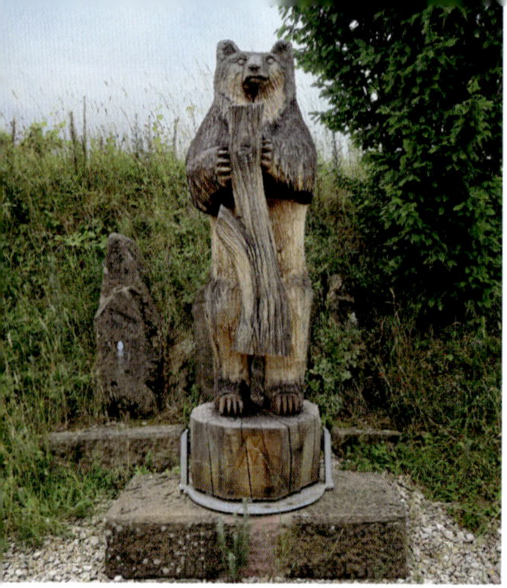

Skulptur Sankt-Gallus-Bär.

später die Ruine der Burg Landeck. Mit geringen Höhenunterschieden führt die Tour, zuletzt auf Asphalt, in Kurven durch die Reben und trifft auf dem **Vögelisberg** ❷ (siehe Variante) auf den Breisgauer Weinweg, der unsere Route bis Bombach vorzeichnet.

Weiterhin sind es kleine Straßen, die in den Taleinschnitt zwischen Köndringen und Heimbach hinabführen. Nachdem uns eine Schotterpiste zur K5115 gebracht hat, überqueren wir die Fahrbahn, halten uns rechts und erreichen ansteigend den Abzweig auf dem **Schadmannsberg** ❸. Nun zwei Mal nach rechts und kurz durch den Wald, dann an diesem entlang mit teils hübscher Aussicht zum Sankt-Gallus-Bären auf dem **Blumberg**. Die Holzschnitzerei erinnert an den irischen Mönch Gallus, welcher der Legende nach einen Bären gehorchen ließ. Weiter führt uns der Breisgauer Weinweg halblinks hinauf, an einer Madonna und am Rankackerkreuz vorbei zum Abzweig **Zielgrüble** ❹. Hier biegen wir scharf links ab und wandern bald aussichtsreich zu einem am Waldrand gelegenen Rastplatz mit Tisch und Bänken. Geradeaus senkt sich die Route zum **Schützenhaus Malterdingen** hinab. Wir halten uns rechts und überwinden absteigend eine kurze Steilstufe im Wolfental. Unten angekommen geht es nach links, an einem Aussiedlerhof vorbei zum Wegweiser im **Fernecker Tal** ❺. Wir biegen rechts ab, überqueren die L113 und wandern gegenüber auf einem Pfad, dann eine ganz kurze Stufe hinauf, und schließlich auf bequemen Wegen weiter bergwärts. Nachdem wir einige Minuten im Bereich des Waldrands unterwegs waren, biegt die Route unvermittelt scharf links ab, überwindet eine Steilstufe im Wald und leitet vom Abzweig **Ob dem Kirchtal** zur

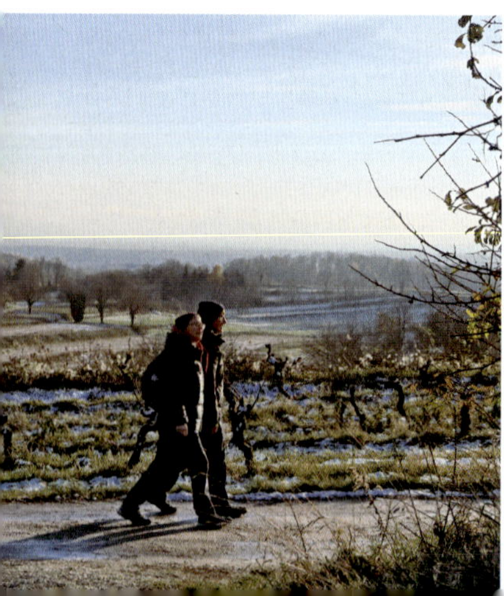

Die leichten Spazierwege sind ganzjährig gut begehbar.

Kreuzung **Hasenbank**. Zwischen Wald und Reben steuert die Markierung einen nahen Grillplatz mit Schutzhütte an. Wer mag, kann von hier den unmarkierten Abstecher zum **Gruselisloch** 6 unternehmen: Unmittelbar vor dem Grillplatz links auf einem Waldweg zu einer Wegespinne mit Panoramaliege, dort geradeaus auf einen schmalen Waldpfad, der nach 50 Metern zur kleinen Höhle führt; zurück auf derselben Strecke.
Nach dem Grillplatz bleiben wir der Weintraubenmarkierung treu, steigen am Waldrand bergab und erreichen nach einer markanten Serpentine das **Langtalkreuz** in **Bombach** 7. Sofern wir die letzte Stunde nicht mit dem Bus abkürzen wollen, verabschieden wir uns vom Breisgauer Weinweg und wechseln links auf den bequemen Talweg. Dieser führt uns am Abenteuerwald vorbei zum **Wanderparkplatz Nestbruch**. Am Kenzinger Ortsrand passieren wir das **Alte Pumphäusle** und das Schwabentor. Vom **Rathausplatz** halten wir uns weiterhin geradeaus und erreichen rasch den **Bahnhof** von **Kenzingen** 8.

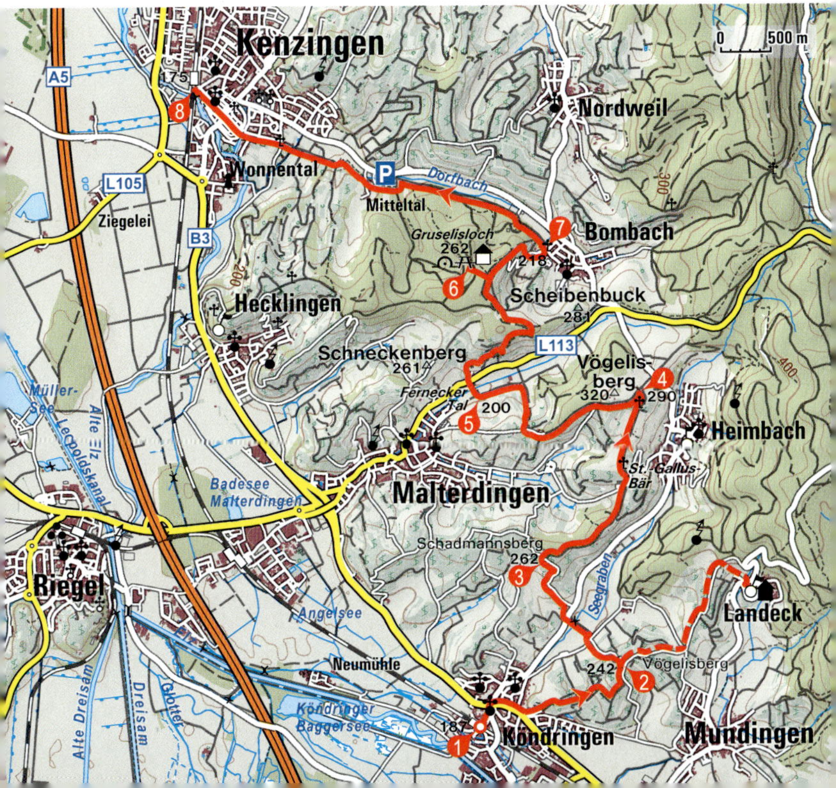

↗ 210 m | ↘ 210 m | 12.9 km

40 Ettenheim – Heubergturm

3.20 h

Aussichtsturm über der Barockstadt

Südlich von Ettenheim lässt sich seit Ende der 1960er-Jahre vom 12,5 m hohen Heubergturm das Panorama noch besser betrachten. Mit der angeschlossenen Gaststätte zählt er zu den beliebtesten Ausflugszielen im Umkreis. Da man rund um den Turm besonders schöne Sonnenuntergänge erleben kann, werden die Abende häufig für eine lockere Spazierrunde genutzt. Unsere Wanderung beginnt und endet in der Barockstadt Ettenheim mit ihrem sehenswerten Ortsbild und der Kirche Sankt Bartholomäus. Die Rundwanderung lässt sich problemlos in zwei Kurztouren halbieren und so den eigenen Bedürfnissen anpassen.

Ausgangspunkt: Ettenheim, 175 m, Parkplatz in der Straße Auf den Espen, Parkmöglichkeiten.
ÖPNV: Bus Linie 113 (Rust – Ettenheim – Lahr), Haltestelle »Ettenheim, Gymnasium«, wenige Minuten zur Route.
Karte: Lahr/Schwarzwald (W239) und Breisach am Rhein (W246).
Anforderungen: Einfache Rundwanderung ohne steile Passagen.
Einkehr: An der Route: Heubergturm, Mo. bis Mi. Ruhetag, zumheuberg.de; zahlreiche Möglichkeiten in Ettenheim.
Variante: Zwischen dem Ausgangspunkt ❶ und dem Abzweig Am Osterbach ❹ lässt sich die Tour auf einem kurzen Wiesenpfad halbieren.

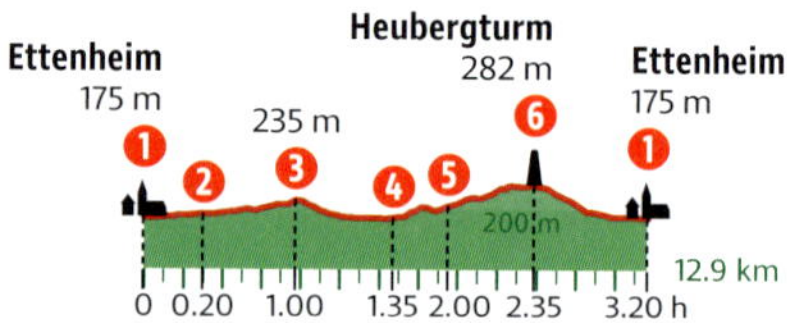

Vom **Parkplatz Am Quartier** in **Ettenheim** ❶ gehen wir zurück zur Straße Auf den Espen (K5346) und am Wegweiser schräg links auf einer kleinen Holzbrücke über den Kanal (gelbe Raute; nicht vor dem Kanal auf den Breisgauer Weinweg, dies ist die Variante). Die hier bereits als Naturerlebnispfad ausgeschilderte Route führt hinter einigen Wohnhäusern vorbei, dann links in die Stehlinstraße und auf dieser entlang. Beim Lebensmittelgeschäft überqueren wir die L103, halten uns rechts und schwenken kurz darauf links in die Straße Im Filmersbach ein. Wir verlassen Ettenheim und erreichen bald die ersten **Fischteiche** ❷, die nun für eine Weile den Weg begleiten. Dieser ist zunächst breit, geht jedoch später in einen hübschen Wiesenpfad über, der uns an einigen Infostationen an den Fischteichen entlang führt.

Schließlich verlassen wir das Naturschutzgebiet, passieren den Wegpunkt **Steltenbach** und gehen auf kleinen Asphaltstraßen weiter. Mit einigen Richtungswechseln leitet uns die gelbe Raute durch eine Mischung aus Kornfeldern und Streuobstwiesen, ehe sie am Abzweig **Hörd** ❸ den Breisgauer Weinweg erreicht. Mit dem grünen Weintraubensignet in roter Raute senkt sich die Route auf Asphalt zur L103 hinab. Hier kurz rechts parallel zur Fahrbahn, dann diese nach links überqueren und zum nahen **Rückhaltebecken**. Wir übersteigen rechter Hand den Hochwasserdamm und folgen anschließend dem Kanal am Sportplatz vorbei. Das Gewässer nach links überquerend

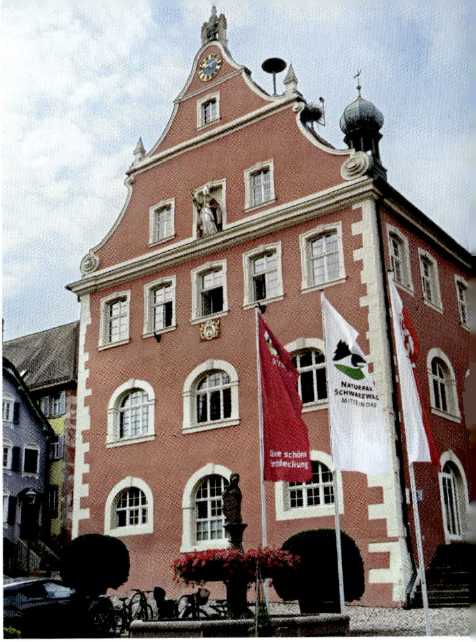

Oben: Im Ortskern der Barockstadt Ettenheim.
Unten: Der Heubergturm inmitten von Weinbergen – bei klarer Sicht ein beliebtes Ziel.

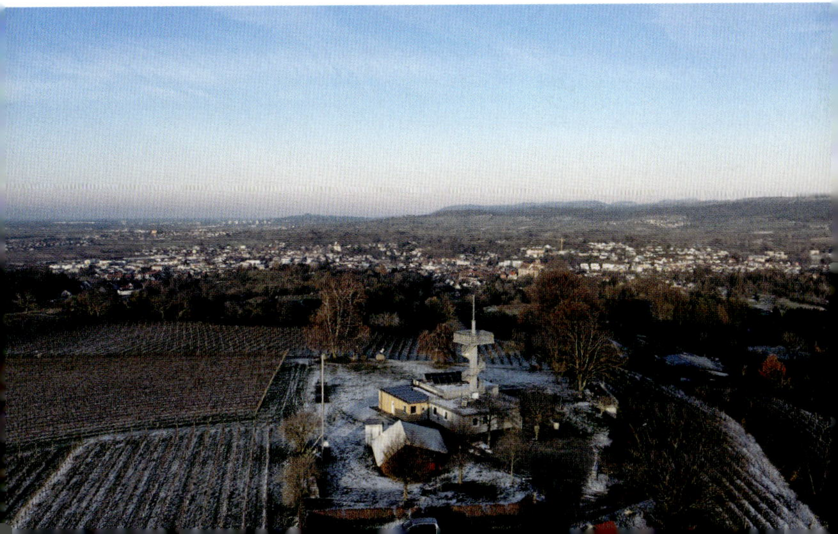

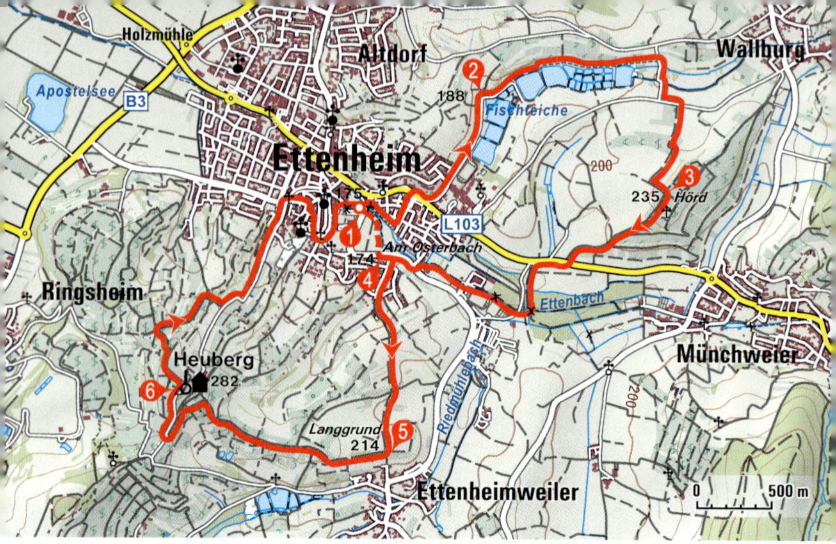

treffen wir auf den Mühlenweg (K5346) und erreichen den Abzweig **Am Osterbach** ❹ (siehe Variante).
Südlich davon leitet uns die gelbe Raute auf der Straße Im Osterbach durch ein Wohngebiet aus der Bebauung hinaus. Wir passieren ein Gebäude vom Schützenverein und finden uns bald in offener Feldflur wieder. Unter alten Walnussbäumen führt der bequeme Weg durch die eine oder andere Lösshohlgasse. Am Abzweig **Langgrund** ❺ biegen wir rechts ab und setzen unseren Weg mit einem sanften Anstieg fort. Oben angekommen können wir bereits den Heubergturm erkennen. Die Richtung konsequent beibehaltend stoßen wir kurz unterhalb des Gipfels auf die **Heuberg-Hohlgasse** mit ihren gelben Lösswänden. Hier links und am Wegweiser **Heuberg** scharf rechts, dann ist der **Heubergturm** ❻, 282 m, erreicht. In der angeschlossenen Wirtschaft bietet sich die Möglichkeit zur Einkehr, ansonsten genießen wir den Rundblick über die Umgebung ins Oberrheinische Tiefland und zum Schwarzwald. Seit dem Abzweig vor dem Heubergturm sind wir wieder auf dem Breisgauer Weinweg unterwegs und wandern gemütlich durch Reblagen am Wegpunkt **Rappentanz** vorbei zurück in Richtung Ettenheim. Dort angekommen biegen wir am **Prinzengarten** rechts in die sehenswerte Altstadt ab und schlendern durch diese zum **Oberen Stadttor**. Hier ist linker Hand der **Viehmarktplatz** ausgeschildert, von wo ein Fußweg in wenigen Minuten zum **Ausgangspunkt** ❶ zurück führt.

Blick auf Ettenheim, wo wir vor oder nach der Tour die sehenswerte Altstadt besichtigen können.

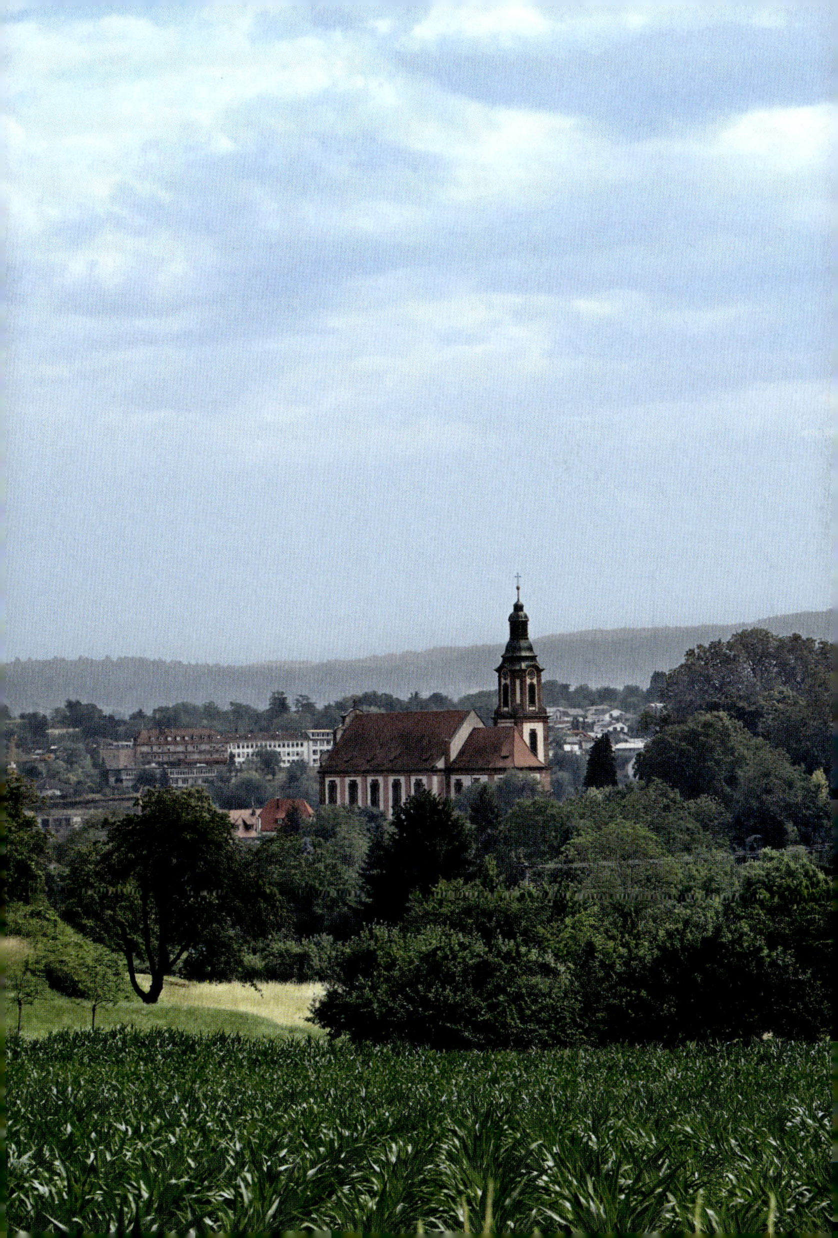

STICHWORTVERZEICHNIS

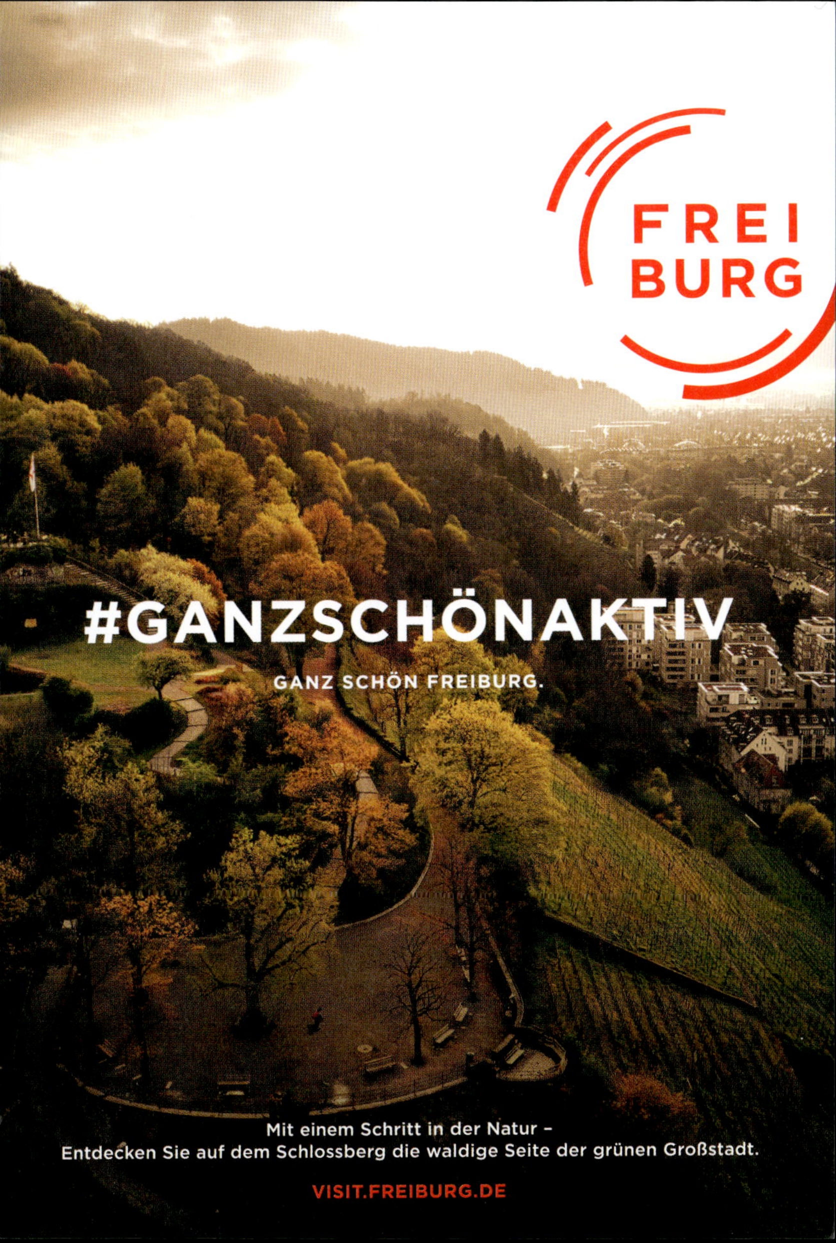
FREI
BURG
#GANZSCHÖNAKTIV
GANZ SCHÖN FREIBURG.
Mit einem Schritt in der Natur –
Entdecken Sie auf dem Schlossberg die waldige Seite der grünen Großstadt.
VISIT.FREIBURG.DE